The Spread Mind

Why Consciousness and the World Are One

弥散的心智

一场意识本质的认知之旅

Riccardo Manzotti

［意］里卡多·曼佐蒂 著

李恒威 武 锐 译

北京联合出版公司
Beijing United Publishing Co.,Ltd.

图书在版编目（CIP）数据

弥散的心智：一场意识本质的认知之旅 /（意）里卡多·曼佐蒂著；李恒威，武锐译. — 北京：北京联合出版公司，2019.5

书名原文：The Spread Mind: Why Consciousness and the World Are One

ISBN 978-7-5596-2971-5

Ⅰ.①弥… Ⅱ.①里… ②李… ③武... Ⅲ.①意识论 Ⅳ.①B016.98

中国版本图书馆CIP数据核字（2019）第038567号

北京市版权局著作权合同登记号：01-2019-0902号

© 2017 Riccardo Manzotti

First published by OR Books.

弥散的心智：一场意识本质的认知之旅

作　　者：（意）里卡多·曼佐蒂

译　　者：李恒威　武　锐

产品经理：张　婧

责任编辑：郑晓斌　徐　樟

特约编辑：金宛霖

- -

北京联合出版公司出版

（北京市西城区德外大街83号楼9层　100088）

北京联合天畅文化传播公司发行

天津旭丰源印刷有限公司印刷　新华书店经销

字数 235千字　710mm×1000mm　1/16　印张 19

2019年5月第1版　2019年5月第1次印刷

ISBN 978-7-5596-2971-5

定价：68.00元

- -

概念与逻辑的专制崩溃之日，就是精神解放之时。

——日本禅宗大师铃木大拙

目 录 C O N T E N T S

导 言

在《弥散的心智》这本书中，我提出了一种自然观，这种自然观对传统的将显象（appearance）与实在（reality）、体验（experience）与客体（objects）、心智（mind）与自然（nature）割裂的观点提出了质疑。我讨论和修正了一些关键概念，诸如存在（existence）、体验、显象、意识（consciousness）、表征（representation）、关系（relation）、因果作用（causation）、同一性（identity）和现在（the now）。我的想法很简单，即"意识体验不是内在的幽灵，而是我所意识到的客体本身"。我对一个苹果的体验就是苹果本身。这种想法也许有点出人意料。主体即客体，这怎么可能？我的见解是，物理客体与心智世界之间的分离缘于对"物理客体"这一概念的过分简单化。如果认识到构成我们生活的外在客体并非独立存在而是相对于我们的身体而存在的，那么我们就无须将我们的体验置于内在的心智领域。这样，我们的体验与我们身体周围的那些物理客体就是完全同一的。不过，客体不是独立存在而是相对存在的，因此它们像我们的体验一样弥散在空间和时间中——客体与体验，两者是同一的。

这个假设并非建立在"扶手椅"式的哲学思辨上，而是来自过去几十年心理学和神经科学积累的大量数据。为了使弥散心智理论成为一种令人信服的观点，我将重新审视关于知觉（perception）、错觉（illusions）、幻觉（hallucinations）和梦的实证证据（empirical evidence）。我将说明，所有的心智体验都可以解释为知觉。

哲学家和科学家通常认为，人的体验与实在世界——至少在原则上——仅有一种偶然的联系（contingent link）：一个是物理实在，另一个是我们主观定性的不可靠的体验。而我将描绘一幅不同的图景，它也许会令人惊讶。我将表明体验与实在是同一的。如果是这样的话，那么体验——故而还有意识——将与自然浑然一体。体验将不再是物理世界的附加物，而是它的一个子集——这就等同于有机体是物理世界的一个子集。本书会详细阐述这一观点，并将其扩展为一个关于意识和物理客体的原创且全面的理论，即"弥散心智理论"。

这一关键直觉——**一个人对客体的体验就是其所体验的客体本身**——提出了一种关于意识的新观点，即**所有体验都是对物理客体的知觉**。这本书从"自然就是存在着的一切"这个前提出发，认为如果自然是由客体构成的，那么体验也必须是由客体构成的。故而，明确地说明"弥散的心智"的前提有着双重目的。它既解释了体验是由什么构成的，又修正了物理世界中"客体"的概念。客体不再是被动的存在者（entity），而是主动的原因（active cause）。

到目前为止，将体验还原为神经元及其神经脉冲的传递——它们通常被认为是意识的物理基础——并不能令人满意地解释有意识的心智，因为体验与脑一点都不相似。相比之下，我提出的解释与之截然不同：意识体验不是脑编造的异象，而是人无时无刻不在体验的物理世界的子集。这一子集不是由脑内部的神经放电构成的，而是由人的身体以外的物理客体构成的。意识是物理的，在人的身体之外。我们的心智是物理的，但也许讽刺的是，它既不是我们的身体，也不是我们的脑（或它们的任何属性）。

这个观点也会让我们对"人（person）"这一模糊的概念有新的认识。人并不是他们的身体。人是弥散在空间和时间中的客体和事件的集合。**更恰当地说，人是一个因果上相对于身体而存在的世界。身体是促使人所体验的客体在此时此地产生影响的代理者**（the proxy）。就此而言，人就像一块鹅卵石或一场雷雨，是世界的物理部分，只不过世界并不等同于个人的身体。

如果体验与物理客体是同一的，那么我所提出的解决方案就可以解决另一个棘手的问题，即心智与世界的关系问题。实际上，人不能观察到任何关系。关系不能被拍摄到，关系也不能被测量。关系——诸如意向性、语义学、表征——从未实际可见。关系是被假设出来的，以填充我们所珍爱的理论与日常生活之间的概念鸿沟，它不像星星、树木和电子那样有迹可循。在这一点上，弥散心智理论提出了一个激进的看法。世界上没有任何种类的关系，只有客体，一切事物都与自身同一。如果一个人对世界的体验就是人所体验的世界本身，那么就不需要任何难以实证的关系。在物理世界中，**只需要一种关系，并且它确实是可以获得的**，那就是同一性。一旦我们重新将自己放置在世界中，我们就不再需要任何桥接关系（bridging relation）了。可以说，我们已经在那里了。

我所提出的观点并不需要特定的存在论支持，而是要瓦解那些根深蒂固的概念区分，将自然看作因果相关的客体的统一。一旦我们抛开显象与实在之间所谓的鸿沟，自然和体验将不再需要分开描述。"它们是什么"与"它们显现成什么"的传统分离就可以被搁置一边。我们的目标是要说明体验在物理世界中是什么、在哪里，即意识在自然中是什么、在哪里。显象与实在的对比就类似于左与右两个方向的对比，也就是说，它们是实用性的而非本质性的描述实在的方式。

好消息是，如果弥散心智理论有可取之处的话，它将会为一些现有的经验实证发现提供新解释，神经科学领域许多令人困惑的数据就变得可以理解了。神经放电和神经结构将不再担负创造内在心智世界的责任；神经活动没有什么特殊性质；大脑不再是产生无法预测、无法解释之事的独特所在。神经科学将能够在更广阔的背景下整合其发现，把意识的物理基础建立在脑产生的物理客体上，而不再需要寻找其神秘的心智属性。

如果非要我解释为什么意识在科学和哲学领域成了几乎毫无希望破解的谜题，我会毫不犹豫地说，罪魁祸首一直是——而且仍然是——那些缺少经验证实的教条、偏见对被误解的经验实证证据进行的美化。错误知觉（misperceptions），诸如梦和幻觉，已经改头换面，成了模态逻辑及其同类逻辑所支持的形而上学真理。由于体验与实在之间存在所谓的差别，哲学家和科学家就得出结论，"世界是什么"与"世界显现成什么"之间存在着不可逾越的鸿沟。然而，这样的结论是有问题的，因为它要求我们对我们的体验和世界有独立的认知。换句话说，如果我们不知道体验是什么，我们怎么能声称体验看起来不像物理事物（无论是哪种物理事物）？为什么我们应该排除"体验与外在客体完全同一"这个更简单的假设呢？

此外，长时间地混淆"体验了什么"与"关于一个人体验了什么的认知"使事情变得更糟。就这一点而言，本书将只聚焦于"体验"，即"意识"这个问题。体验是否真如许多哲学家通常认为的那样独立于物理世界呢？事实上，笛卡儿的怀疑——我们的体验与物理实在之间可能没有任何联系——不是基于形而上学的直觉，而是基于17世纪已有的经验实证证据。因此，通过修正经验实证数据，我们就可以重新考虑意识与物理世界的分离。本书的一个目标是要说明，尽管我们会有错误的信念，但我们不可能错误地体验世界。我们所体验的一切都是自然的一部分，因此，体验就像外在的石头一样，它不可能出错。它只能如此。石头就是石头。苹果就是苹果。苹果绝不是一个错误。同样地，如果体验与实在是完全同一的，那么体验永远不会是错误的。自然永远不会是错误的。我看到炎热的沙子，可能会把它误认为一池水，但我不可能错误地体验它。如果我看到红色，某物就一定是红色的。如果我看到一个红苹果，红苹果就一定存在。

通过瓦解显象与实在之间的对立，弥散心智理论在心智与世界之间架起了桥梁，而一开始这种对立关系的出现是由于人们假定体验是神经活动的产物。毕竟，红苹果与我们对它的体验之间又有什么差别呢？本着同样的精神，根据我们对日常生活中所遇到的物理客体的知觉，这种观点重塑了梦和幻觉的概念。日常生活与梦之间的差别更多的是一个程度问题，而不是实在中存在一个深不可测的裂隙的结果。

这本书的主要前提是，体验，因为是真实的，所以是自然的一部分。我是真实的。我的意识体验是真实的。因此，意识必然与其他事物一样融于自然。自然不是那种把我拒之门外的俱乐部。自然是物理世界的整体，无论什么样的存在都参与其中。知觉、梦和幻觉也是自然的一部分，就像鹅卵石、河流、暴风雨和星星一样。体验是内在的现象/心智世界里不可见的私密的公民——这个曾经流行的观点正不可避免地受到质疑。为什么所有的自然存在都可见而体验不可见？为什么体验被特殊化？如果人们普遍承认的观点认为体验不同于自然，它是私人的、定性的、相关的，那么这种观点就更糟糕。体验是自然的一部分，因此，它必定跟其他事物一样。体验必定融于自然，相对应地，自然必定包含体验。

如果体验是真实的，那么将会有一种与之同一的物理现象，就像，如果电流是真实的，电子就会存在于某处。有两个误导性的概念导致我们无法得出如此明显的观点：一方面是物理学的理想客体，另一方面是哲学的"体验"概念。然而，弥散心智理论的核心观念认为，**我体验的这个红苹果是我对这个红苹果的体验**，即时空弥散客体。我认为这样一种客体已经包含所有的错误知觉。我将表明，错误知觉、梦、错觉、幻觉与知觉没有什么不同，从而，它们与日常客体也没有什么不同。通过实际的、标准的或正常的知觉，我将指出人们感知的事物就是存在的。

各种各样的论证，无论是经验实证的还是概念性的，都将直接针对显象与实在、心智事物与物理事物、体验与客体之间的差别。与长久以来的传统理念相比，这类论证的目的是要表明，梦和幻觉不是心智的东西，而是物理的、时空的、因果上主动的、相对的客体——不管如何，一定是客体。

支撑弥散心智理论的核心是存在的因果概念、针对棘手的表征问题的同一性理念，以及现在的因果概念。简要概括为：

- 所有体验都是知觉。
- 所有知觉与物理客体是同一的。
- 所有客体都是根据因果关系挑选出来的。
- 所有客体都是相对的且本质上是时间性的。
- 所有客体都是弥散的客体。

对那些习惯于精细区分概念的精明老练的学者而言，接下来的内容可能看起来过于简单。然而，如果我们尝试的是一种激进的变革，那么一定程度的粗糙是可接受的，也是不可避免的。我们的目标是一个概念的重启，它能孵化一些足以经受证伪（falsification）检验的经验实证预测。这种尝试既是概念性的，也是经验实证的，并且将与神经科学、认知科学以及心理学的已有经验实证证据较量。

自笛卡儿以来，显象与实在就被认为是有区别的。之后，依照康德的观点，世界是不可知的。20世纪50年代，加拿大神经外科医生怀尔德·潘菲尔德（Wilder Penfield）的发现让许多人相信我们所感知的是我们的脑编造出来的可靠的幻觉。潘菲尔德的一个继承者——英国生理学家大卫·马尔（David Marr）认为，人的心智获得的仅仅是外在世界的一个间接模型。许多现代神经学家认为，我们看到的是由神经机制产生的虚拟世界。在科学和哲学领域，大多数模型都与"人的心智总是落后世界一步"这一令人沮丧的信念一致。或者，这至少是大多数科学家和哲学家都倾向于接受的一种暗淡的观点。尽管"心智与外在世界不同"这一流行的观点庇护着我们人类不至沉沦于物质，但这个观点也妨碍了我们与世界本质的亲密接触。心智从未进入或窥探过物理世界的**圣殿**。（物理世界）提供给我们有限认知能力的只有显象和阴影。尽管精神分析理论的解释可能会一再杜绝我们与世界发生实际关系，但我们应该认真对待这条不同的解释路径。与这些观点形成对比的是，我们的体验可能正是由我们体验的物理世界组成的。意识可能弥散于人的身体边界之外的世界。让我们看看是否已经到了拉下这部关于主体与客体、心智与世界、哲学与科学的《特里斯坦和伊索尔德》（*Tristan and Isolde*）戏剧帷幕的时刻。

1.

弥散的心智

> 我即周身之物。
>
> ——华莱士·史蒂文斯（Wallace Stevens），1971

人对一个客体的意识体验就是这个客体本身。到目前为止，这个解决心—身问题的方案是出人意料的、革命性的，但它还没有得到应有的严肃对待。比如，当艾米莉注视桌上的红苹果时，她有意识的视觉体验的物理基础不过是在其脑和身体之外的桌上的那个红苹果。这个客体与艾米莉的脑一样是物理的。无论是实证证据还是已知的自然规律，都不能禁止我们将艾米莉的体验与桌子上的红苹果等同起来。苹果和神经元都是物理的。如果我们对一个多汁的红苹果的意识体验可以从神经放电中产生，那么它为什么不能从多汁的红苹果自身中产生呢？实际上，苹果本身比神经元更接近人对苹果的体验。注意：在本书中，我把体验、心智和意识当作同义词。

人对客体的体验就是人体验的客体，我将这一观点称为弥散心智理论[1]，并且在本书中，我将探讨这种思考方式相较于传统观点的诸多优势。大致上，传统观点认为，人对世界的体验与人体验到的世界是不

---

[1] 原注：我从2011年开始使用"弥散的心智"这个术语，这要归功于小说家蒂姆·帕克斯（Tim Parks）的友好建议。这一术语与克拉克和查默斯的"延展的心智"（Clark & Chalmers, 1998; Clark, 2008）无关。令我懊恼的是，我早期的一些作品（Manzotti, 2011a, 2011b, 2011c.）并不能代表这本书中提出的观点。

同的；体验（即意识）如果不是神经活动本身，就是神经活动的属性。这种将体验定位在身体内部的看法导致了无数不可解的问题。体验如何能够接触和把握外在世界呢？现象属性如何与物理属性相匹配呢？意识与物理世界之间的关系是什么？

弥散心智理论以一种简单的方式解决了现象属性与物理属性相对立的问题——它直接认为两者是同一的。然而，接受这个理论并不容易。这将迫使科学家把脑看作世界的一部分，而不是把脑看作产生意识的器官，就像把胰腺看作分泌胰岛素的器官那样。哲学家必须摒弃分析性的区别和概念那一套精心平衡但不切实际的规划。最后，非专业人士必须摒弃对私密珍贵的内心世界的信仰。我们的体验不再停留于内部，不再停留于令人安心的、受庇护的、个人的心智领域。我们的体验就是我们生活的世界。可以这么说，我们被置于自己的皮肤之外。

好消息是神经科学将能够重新解释实证证据。学者将停止寻找与物理属性相对的心智属性。非专业人士也将得以从幽闭的内部神经世界中解脱。

正如传统观念所构想的，意识是不可见、不可测量、不可观察的。我们可以看到人们的心智留下的足迹，但我们看不见他们的心智。有人见过心智吗？我从来没有见过我自己的心智！我见过客体，但我从未见过体验。实际上，有人见过体验吗？我不这样认为。在我们共同的世界观中，体验是不可见的。科学家们也从未观察到任何人的意识。他们观察其他事物，如人的行为或神经放电。我们在备受推崇的科学杂志上看到色彩鲜明的功能性磁共振成像（fMRI）。然而，这些并不是人的意识体验。传统观点所描述的体验，有哪个神经科学家真的观察过吗？从来没有。在大多数情况下，他们只是记录了标准条件下与体验共同出现或相关的物理现象，比如，人的梭状回（fusiform gyrus）中的神经活动。①正如哲学家蒂姆·克瑞恩（Tim Crane）在2017年所说的那样："fMRI技术并不能解决心—身问题；如果它有什么作用的话，它不过是让心—身问题明显地得到了缓解。"退一步来说，直接证据的极度缺乏这一点就非常可疑。为什么体验会在自然秩序之外？为寻找另一种可能，我期待在自然界的某个地方找到体验，就像找到电子、鹅卵石和鹦鹉一样。

事实上，很多人都注意到了我们的体验与周围世界没有什么不同。②实际上，我们的体验是由客体、人、汽车、建筑物、树木、云彩、太阳和星星等组成的。在我们的生活中，体验与这些事物没有区别，比如，我看到的天空中的太阳与我体验到的太阳没有区别。所有构成我生命的部分都是客体。一切都是物理的。相应地，物理客体有一个因果作用，而最终它们都是我们称为"现在"的一部分。那么，在由客体构成的物理世界中，与我的体验同一的事物是什么呢？进一步而言，**我是什么呢**？我的物理的、时间的、空间的和因果的界限是什么呢？我的体验开始于**何时何地**，又结束于**何时何地**呢？如果我只是我的脑，我怎么能体验我身体之外的世界呢？我怎么能体验一个不同于我身体的世界？我真的在我的身体里吗？

对于这些问题，弥散心智理论提供了一个统一的、原创性的解决方案，它概述了**意识是什么**和**意识在哪里**。比如，它认为我对我面前这棵姿态优雅的柳树的体验与这棵柳树本身是同一的。如果这一观点有任何价值，那就是它坚持认为人的意识不在脑内部，而是与我们周围的客体同一。因此，人的意识处于人的身体之外。我们就是我们周围的世界。

---

① 原注：显著的实验结果（如Haynes, 2009; Tong & Pratte, 2012; Tong, 2003）表明，从神经记录中重现人的体验和心智内容是可能的。例如，海恩斯（Haynes）和里斯（Rees）在2006年成功地将特定的脑活动与特定的视觉体验相匹配。更值得注意的是，2011年，根据志愿者的脑活动，西本（Nishimoto）成功地重构了他们对其进行反应的外部视觉刺激。然而，这些技术并不是真正地读出了心智或视觉化了人的思想和体验。它们是基于重复的神经模式的统计预测。事实上，它们与外部原因有很大关联。

② 原注：Brewer, 2011; Harman, 1990.

这一解决方案至少面临三种反对意见。第一种反对意见借助私人性和内在性，将显象与实在割裂开来。第二种反对意见是一系列基于错误知觉、错觉和幻觉的论证。第三种反对意见是过于简化的物理客体的概念。然而，我确信接下来的内容会解决所有这些担忧。从一开始，我想强调的是，弥散心智理论是一个关于意识的物理基础的实证假设，而不只是在概念上玩的花招。它是一个牢固的物理主义框架，旨在将意识置于物理世界之中。这样一个假设能够产生可证伪的预测。因此，弥散心智理论有资格成为一个关于意识本质的科学理论。

我将挑战体验与世界割裂这一观点。关于客体和体验的本质的错误信念，正是这种裂隙形成的基础，而这些错误信念使我们对意识的本质从未获得清晰的理解。概念之间的区分只有在它们能成功澄清时才是有效的。否则，它们必须受到质疑。我会表明，无论何时物理客体（比如我们喜欢的红苹果）似乎都与人的体验不匹配，但令人意想不到的是，物理客体实际上就**在那里**（there）。当然，这一步需要我们对"那里"这个概念当前的狭隘理解进行修正。"那里"将包含一个时空上延伸的世界，即我们生活的世界。一旦正确构想出"那里"的概念，我们就可以推进激进的一步，即人的体验不是脑内部的神经突，而是外在的客体。①

值得一提的是路德维希·维特根斯坦（Ludwig Wittgenstein）与一个朋友的一段对话。根据哲学界的传闻，维特根斯坦曾问他的一个朋友："为什么人们总是说人类会很自然地认为太阳绕着地球转而不是地球绕着太阳转动呢？"他的朋友回答说："嗯，很明显，因为看起来就像太阳绕着地球转。"维特根斯坦反问道："好吧，那什么样子才是看起来就像地球在绕着太阳转动呢？"同样，如果一个怀疑论者认为，把人的体验放到外在客体中是违反直觉的，那么我可能会回答："嗯，那

---

① 原注：在这本书中，"内部"和"外部"没有形而上学的含义。它们的意思是身体内部或身体外部，在特定的情况下，指脑内部或脑外部。比如：神经放电是（脑）内部的，而桌子上的红苹果是（身体）外部的。二者混合的情况，如内脏痛（visceral pain）则暂不考虑。

什么样子才会看起来就像我们的体验是外在客体呢？"而我猜根本不会有什么不同。弥散心智理论的解释与我们对世界的体验是一致的，它只是与根深蒂固的概念框架相冲突。

弥散心智理论完全不需要设定显象与实在之间的对立。我们可以依据物理客体来对错觉、梦和幻觉进行解释，虽然我们对物理客体一直存在误解。为了梦到一头粉红色的大象，我一定在生活中以本书马上要解释的一种方式遇见过一头真实的粉红色大象。据说有些实验对象体验过纯粹的心智属性（它们来自潘菲尔德对过饱和色调产生的脑刺激），通过仔细回顾这些情形中的证据，我们发现，实际上这类情形从未发生过。我会尽力去研究所有这类情形，其中很明显的一点是人似乎能感知到某个并不存在的事物（例如粉红色的大象）。我要说明显象与实在的差别被过分夸大了。幻觉与知觉在因果结构上没有差别，它们的差别在于一个人与客体无法交互的程度。出人意料的是，**所有体验都是对外在客体的知觉**。反过来，**知觉与这类客体同一**。

弥散心智理论基于一个假设，这个假设与如何刻画自然以便体验与世界不再彼此冲突相关。一旦在因果性和时间上重构客体，它们就会与体验极度匹配，以致意识与世界之间的区别就会像过时的遗物一样被遗忘。一个人的体验与自然的一部分是同一的，同理，自然界中的一切——红苹果、对红苹果的体验、有关红苹果的梦，等等——都是物理的，[①] 而不可能是别的什么。我们完全是根据内部表征、心智状态、现象体验以及感受质（qualia）来熟悉物理世界的，这一马格里特式（Magritte-esque）观点——这个观点完美地呈现在他1933年的画作《人类境况》（*The Human Condition*）中——仅仅是对实证证据的误解的一种。由于沉迷于知觉的奇观，现代传统理论过于仓促地对体验与世界之间形而上的差别下了结论。弥散心智理论表明，世界与

---

① 原注：最近，许多作者指出，要想给出一种确定的物理性解释是很困难的。参见：Kim, 1993, 2005; Loewer, 2009; Montero, 2001, 2013; Strawson, 2005.

它看起来的样子并没有什么不同。唯一需要的关系是最简单的一种，即同一性。接下来几章的大部分内容详述了这一基本直觉是如何运作的。意识体验的所有众所周知的情形都将用意识体验与物理客体的同一性来处理，如知觉、错误知觉、记忆、心智意象（mental imagery）、后像（afterimages）、错觉、幻觉、光幻视（phosphenes）和幻肢（phantomlimbs）。我将论证，每时每刻，我们所谓的体验都是与我们同一的世界的一部分。总之，**我对放在我旁边桌子上的圆圆的红苹果的体验与这个圆圆的红苹果是同一的。不多也不少。**

＊　＊　＊

环顾四周，我看到一个由客体及其属性所构成的世界。一般而言，如果某物是物理的，我们就能在时空中将其定位。因为万物皆是自然的一部分，所以一切必然存在于某时某地。我们不需要对事物进行精确的时空定位。这种定位可能是模糊的、含混的、概率性的，并且受到不确定性的干扰。那么，在我生活并感知的世界中，我的体验是什么，又位于何处？大体上，我们知道我们的身体在哪儿。同样，我们知道月亮或红苹果在哪里。然而，现在不是要谈我的身体，而是在谈我的体验——一个可用知觉、梦、思想和欲望来描述的事物。我可以定位我自己的体验，就像我可以将我听的维瓦尔第的《荣耀颂》（Gloria）定位在2014年3月12日下午波士顿音乐厅那样吗？我能用同样的方法定位我梦见的粉红色大象吗？构成我的梦的材料位于何处、发生于什么时候、是什么？这到底是梦还是幻觉，抑或是知觉，直到今天，科学家和哲学家面对这样的问题依然闪烁其词。有科学头脑的学者充其量将这类问题引向了相关物（correlates）、随附性基础（supervenience bases）、表征工具（representational vehicles），等等。这样的含糊其词令人尴尬，因为如果我们认为体验是一种自然现象，它就应该位于时空中。然而，把心智置于脑中并未取得任何可靠的发现，因为，一般说来，脑中没有任何东西具有我们体验的属性。那么，我们再次追问，体验到底是什么、

位于何处、发生于何时?

我所提出的假设是，我们对一个客体的体验不是在身体所在之处，而是在我们所体验的客体所在的位置。更确切地说，我认为，**我们对一个客体的体验就是我们所体验的这个客体**。到目前为止，由于各种根深蒂固的误解，大多数研究人员一直在身体内部寻找意识。只有少数人考虑过发生在身体与世界之间的互动过程。[①]在这里，我要提出一种更大胆的看法，即一个人的体验就是他所体验的客体本身。体验被认为是外在世界的一部分。它不是脑中的神经过程。它不是以身体为中介而在环境与脑之间生成的过程。**体验是外在的客体**。例如，体验就是你可以拿起来吃掉的红苹果，它就是你头顶上空若隐若现的云，它就是在天空中发光的太阳。因此，你的体验是世界的一部分。它站在你身体的前面。**你的体验是在我们的眼前，而不是在眼睛后面**。当你的身体在这里，被皮肤包围时，体验则在别处——更确切地说，体验就在那里，在你的眼前（**物理地在那里**），而不是在你的眼睛后面。你的体验在哪里，你就在哪里。你不在眼睛后面，而是你的身体在它们后面。你越过了它们。红苹果与你的脑中发生的神经活动一样是物理的：这没有脱离物理主义的风险。

体验就是一个人注视的东西。心智是一个人的眼睛所注视的世界。因此，体验是一种物理现象，而不是一个神经过程。这一假设固然是激进的，但它是经验实证性的，因为眼前的事物与脑中发生的情况一样是物理的。红苹果与神经元一样是物理的。

如果体验是物理的，那么它不仅应当发生在指定的空间位置，也应当发生在指定的时间。那么，我的体验是**什么时候**发生的呢？时间上的要求似乎没有空间上那么苛刻，但是，正如我们将看到的，我们所体验的"当下（the present）"与大多数时间概念不一致。如果我们体验到

---

① 原注：Chemero, 2009; Noë, 2004; O'Regan & Noë, 2001; O'Regan, 2011; Rockwell, 2005; Thompson & Varela, 2001; Thompson, 2007.

的客体在时间和空间上都非常遥远，比如星星，那我们的体验是什么时候发生的？当我们体验往事，诸如记忆和梦时，这样的情形又是如何呢？"当下"的标准定义暗示着，任何紧要的事物一定在时间上居于当下瞬间的某个非常短暂而又相当不明确的时间范围。

这种"当下"的准时性（punctual）概念令人头疼，因为——考虑到物理过程的时间延伸——没有什么东西适合这样一个狭窄的跨度。体验也不例外。据说外在客体（比如远处的雷声）与脑中进行的神经活动在时间上是分离的。就这一点而言，传统观点认可两者在时间和空间上都存在间隙，更别提认可显象与实在之间的鸿沟了。与此相反，弥散心智理论则把体验定位于客体发生的那一刻。人的体验的时间就是人体验的客体的时间。因此，如果我看着一颗五十光年之外的星星，我的体验在时间上就定位于五十光年前。这一点稍后我还会详述。

可以预料，人们会对这一点提出反对意见。对许多读者来说，意识驻留于客体而不是脑内这一观点在科学上似乎是不可取的。然而，老实说，我认为这种异议没有任何力量。客体是物理世界的一部分。没有其他奇异的存在物可以引以为援——没有光环，没有幽灵，没有灵魂，没有精神（spirit），没有整体性的存在者，没有无形的/涌现的/内在的属性，没有整合的信息，没有量子力学的神秘，也没有实在的两面性。我捍卫这样的观点：从日常知觉到幻觉的各种形式的体验都存在于环境中，就像溪水、鹅卵石和星星一样；体验就是水、岩石和星星。弥散心智理论是一个关于体验和意识的物理本性的经验实证的假设。为什么体验与外在客体之间的同一性在科学上不应得到认可呢？还有什么事物比客体更物理、更具体吗？我承认，乍一看，将意识与外在客体等同可能会令人奇怪，但并没有**先验**（priori）的理由禁止人的体验在物理上位于身体之外。就这一点而言，哲学家丹尼尔·丹尼特（Daniel Dennett）在他1981年的哲学故事《**我在哪里？**》（*Where Am I？*）中说到，我们不能通过内省而通达意识发生的位置。决定体验位置的唯一准则是找到与体验有相同属性的东西。没有实证证据阻止我们把对红苹果的体验定位于红苹果所在之处。没有任何事实证明我对红苹果的意识与红苹果不是同一的。

在世界中重新定位体验——因此意识在时空中"弥散"到前所未闻的范围——可以因其简单性而获得回报。如果体验与世界是同一的，那么在自然的结构中就不会存在鸿沟。人们将摒弃那些与自然世界从不匹配的概念，诸如显象、现象特征、心智属性等。意识不再是物理世界的意外的附加物。显象与实在将是同一事物。这样就不需要无限地增加作为中介的存在者和关系。同一性将是最基本的也是唯一的关系。

这里的关键假设是，人的意识与人体验的客体是同一的。在语言上转变一下，人们可以把威廉·詹姆斯（William James）的"纯粹体验的世界"变形为"纯粹世界的体验"。**意识就处在人体验的物理客体所发生的地点和时间**。它不是那种额外的、无形的、意想不到的以神经活动为基础的现象。体验不在身体内，而在我们体验的世界中。心智是弥散的。

＊　　＊　　＊

体验和客体之间的同一性是一个严肃正当的主张吗？为了捍卫这一观点，我们来考虑标准的知觉。假如艾米莉感知到一个红苹果，同时假设你还没有认同"世界是什么"与"世界显现成什么"是存在论上割裂开来的两个方面，艾米莉的身体（B）和桌子上的红苹果（O）是我们所需要考虑的一切。

O　　　　　B

到目前为止，对正在发生的事情建模并不需要额外的属性。艾米莉的身体与红苹果有很大的不同。红苹果在桌子上，艾米莉的身体离它大约有一米远。这些事实不构成任何特别的问题。然而，艾米莉对红苹果的体验是什么呢？艾米莉对红苹果的体验在哪里？如果是一个内在论者（internalist），他会试图设想出一种额外的无形的存在物——意识或体验——因为艾米莉的身体里没有像红苹果的东西，而意识有望在脑中复制（reproduce）外在世界。另一方面，如果是一个严格的实在论者（realist），他就会认为艾米莉的体验通过一些未知的关系通达了外在客体。不幸的是，这两种体验概念在物理方面都没有任何意义。艾米莉的身体和红苹果都是物理客体，而物理客体不介入（partake of）其他物理客体。身体无法通达外在客体。B是B，而O是O。将"人"这个概念诉诸附加在身体上的某种东西，这个想法无法令人信服，因为从物理上来说没有人说得清"人"到底是什么。诉求于"人"的概念是一个典型的用晦涩的语言解释难懂的问题的例子，即借助我们更加不懂的东西来解释我们无法理解的事物。在物理世界里，人们从来没有发现客体之间存在奇特的关系。客体就是其所是。红苹果就是红苹果。身体只是身体而已。神经元只是神经元。到此为止。

我们陷入绝望的境地了吗？如果我们固执地坚持在艾米莉的身体里寻找体验，我们将会陷入绝境。心—身问题及类似的问题都源于这个假定：艾米莉的体验（E）必须是内在于/依赖于/建立于/随附于（supervenient）她的身体的。事实上，一旦我们假设艾米莉的体验取决于艾米莉的身体，那么对红苹果的体验就是不可能的，因为艾米莉的身体与苹果这个客体是截然不同的。而且，它们具有完全不同的属性。

对于二元论者（dualists）来说，这个问题很容易解决。二元论者将体验当成一种存在论上的（ontological）"王牌"，这张牌可以扮演他们想要它扮演的角色。然而，为了这张万能牌，我们付出的代价是高昂的。体验被构想成一种与物理世界不匹配的额外的存在物。我们都知道这种情形是多么棘手。幸运的是，弥散心智理论提出了一种不同的解决方案。

把"你的心智位于某个事物内部"这种看法放置一旁片刻。考虑一下体验不在身体内部而是在被感知的客体处的可能性。让我们大胆一点！假设**体验是外在客体本身**。体验与人的身体并不密切相关。体验与客体密切相关。更激进的看法是，**体验就是客体**。**一个人对客体的体验就是他体验的客体。**

$$O = E \qquad B$$

我们大概知道身体和客体的物理属性。脑是浅灰色、胶状的、血淋淋的。红苹果是红色的、圆圆的、苹果样的（applish）。艾米莉（对红苹果）的体验是红色的、圆圆的、苹果样的。哪个存在物更像艾米莉对红苹果的体验呢？什么东西是圆圆的、红色的、苹果样的呢？是脑还是红苹果？答案应该很明显：是红苹果。当一个人体验红苹果时，某物正好有这种体验的属性，即红苹果。E和O是**同一**的。体验（即意识）并不需要从物理世界中涌现，因为它已经有外在客体的属性，因为两者是一样的。反过来看，脑与人的体验之间的不同就不再是令人烦恼的问题了。意识不是脑的属性。客体引起了人身体上的活动，但它不是这个活动。此外，体验也不需要通过某种模糊的关系与客体相联系。意识与世界合一。E是O。

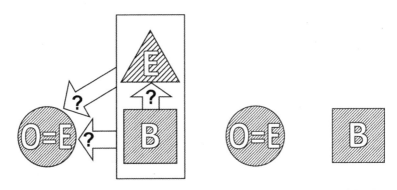

图1 左边是传统的观点，力图将客体、身体和体验用问题颇多的关系联系起来。右边是弥散心智理论的观点。

在把客体从物理连续体中挑选出来的活动——通常被称为知觉的物理交互——中，身体和脑扮演了什么角色呢？传统的说法告诉我们，身体通过诸感官来通达客体，然后编织成知觉印象（percepts）。根据我在这里提出的观点，身体是外部世界的客体存在的关键。身体提供了一种因果环境，使人体验的客体得以存在。人体验的客体并非独立存在。它们与我们的身体有因果关系。构成我们世界的客体相对于我们的身体而存在。它们是相对的客体，就像速度是相对于参照物来说的。它们既不依赖心智，也不是心智的，它们是物理客体，其存在在因果上基于我们的身体。我们体验的客体具有"身体依赖性（body-dependent）"。因此，身体不能产生那种额外的称为"体验"的存在物，它反而为与人的体验同一的客体的存在负责。客体的存在在因果上依赖身体，但客体并不等同于身体。O不是B；E也不是B；相反，E是O。在这样一种物理主义图景中，只存在因果上相关的物理客体。身体通过挑出一个特定的客体来挑出特定的体验。如果身体不在那里，你感知的这个客体就不存在。这种主张不是某种形式的观念论，因为任何存在物都不依赖心智。在这里，我赞同"非独立的客体（object-dependence）"这一概念，它指的是每个客体都相对于另一个客体而存在。

为了对客体与身体之间的关系做出不同的解释，请做一个类比，即湖和水坝组成的一个系统。水在河里流动。由于大坝的堵截，流动的水填满了湖。大坝建成之前，山谷里没有湖。然而，由于水坝，水形成了一片湖。水不仅仅是湖，湖也不仅仅是水。这片湖是因为大坝才存在的。大坝是因为河流而建造的，然后才可能形成一片湖。但是大坝不会凭空产生湖。如果没有建水坝，湖就不会存在。最关键的是，湖不是大坝的涌现属性。如果没有雨水，一英里高的水坝不会独立自主地形成一片湖。相反，湖是由于大坝、河流还有其他的一些条件而产生的。然而，在那座山谷里，大坝在湖泊的形成中起着决定作用。进一步延伸这个类比，湖就是客体，这条河是注入的事件之流，地形是环境，水是在人的体验发生之前构成世界的原料，大坝是人的脑和身体。人的体验在哪里？它就是湖。客体在哪里？它也是湖。关键点是，客体的存在依赖适当的因果状况。由于特定的环境，身体提供并完成了这种关键的因果状况。

在讨论现象与物理的区别之前，需要说几句开场白。一般认为，现象属性（phenomenal properties）似乎具有"品质（quality）"或"现象特征（phenomenal character）"，而物理属性（physical properties）缺乏这些特性。自伽利略1623年的重要著作《试金者》（*The Assayer*）问世后——在书中，这位意大利学者把主观品质和客观数量置于一旁——这样一种存在论的分离就成了不折不扣的教条。然而，这道鸿沟真的那么显而易见吗？这样一道鸿沟充斥着如此多的谜题和神秘性，我们难道不应该保持谨慎吗？例如，现象界限与物理界限之间的鸿沟一直在为这种离奇的观点背书：现象世界是无形的、无法感知的，并且物理属性都是由现象属性伪装的。物理的脑如何触发**非物理的现象的显象**呢？到目前为止，没有人知道。

弥散心智理论采用了不同的策略，主张现象属性与物理属性是相同的。**我们感知到如其所是的世界是因为我们就是我们感知到的世界。**我们的体验的属性就是我们生活的物理世界的属性。需要明确的是，我主张物理客体无法变化成现象的东西。我也不认为现象品质寄寓于物理客体。我不提倡泛心论（panpsychism）。我的主张是，只存在物理客体和物理性质，而人的体验与它们是同一的。这样，在物理而不可感知的客体与非物理而可感知的显象之间就不会存在矛盾。自始至终只有相对的客体，比如红苹果，我们错误地将其劈成两个虚构的概念：物理客体与人对它的体验。在弥散心智理论中，从物理的到现象的步骤根本就不成其为一个步骤：不存在将物理转变为现象的涌现过程。当我感知一个红苹果时，如果我的体验与苹果是完全同一的，那么就没有什么神秘的了。①

　　事实上，由于体验与外在客体之间的同一性看上去是如此明显，所以我觉得有必要概括出一个诱人的假设去说明为什么这么多老练的学者坚持把体验置于身体内。最主要的原因，通常也是罪魁祸首，可能是那些具有代表性的错误知觉（misperception）的例子（知觉错误、错觉和幻觉）。此外，人类有一种不可抗拒的将体验置于身体内的倾向，这是由他们的"知觉重心（center of perceptual gravity）"——借用丹尼特的巧妙表达——所施加的引力导致的。此外，为了生存，我们必须保护身体不受有害环境的影响。更不用说来自社会、审美和法律上的考虑使得我们用身体来识别一个人。最后，残留的人类中心主义（anthropocentrism）也反对平等对待体验与事物（即人与自然）这种观点。总体来看，这些因素"沆瀣一气"，将体验与客体分离开来。

　　声称"体验与物理客体同一"是否太幼稚呢？我不这样认为，因为旨在解释现象的任何物理主义理论最终一定会提出一个"现象等同于什么"的假设。温度是分子的平均动能；演化是变异、选择和传播；肺炎是肺部肺炎链球菌（Streptococcus pneumoniae）的扩散，等等。**物理的东西只能根据物理的东西来解释。**在这方面，弥散心智理论并没有任何不同，它就体验的物理本性提出了一个假设，这个假设将根据经验实证证据而被确立或被推翻。体验等同于外在客体，这一观点乍听起来很奇怪，但这不是我们反感它的理由。如果体验是物理的，就像所有的物理事物一样，它就一定位于某个地方。自从伽利略以来，传统的答案一直是意识位于身体内的某处而不是外部世界。弥散心智理论认为意识位于其他地方，即位于客体本身所处的位置。假设"体验是红苹果"与假设"体验是神经过程"一样不错。这两个假设都是经验实证性主张，

---

① 原注：弥散心智理论不是一种泛心论观点。它不赞同在物理世界上涂抹一层心智世界。更确切地说，弥散心智理论清除了在物理世界中增加额外现象层的需要。这种观点既不像罗素的中立一元论，也不像詹姆斯的纯粹经验主义。弥散心智理论不会用形而上学上中立的质料填充世界。物理客体和因果过程才是所必需的一切。

必定根据已有证据接受审查。

此外，声称"体验位于身体内部"——或者说体验是身体内部事物的涌现属性（emergent property）——就是承认体验与其所处的内部事物不同。这是一种二元论的态度。在物理世界中，体验应该等同于物理事物。然而，体验不能在身体内部，因为在身体内部没有任何东西具有人的体验的属性。最接近我们体验的事物是外在客体。一旦这个客体被构想出来，那么就没有任何差别能将我们对客体的体验与我们所体验的客体区分开来。

*   *   *

如果我对客体的体验正好是我体验的客体，那么我是什么，又位于何处呢？虽然我的身体对于我的存在是必要的，但我并不位于我的身体所在之处。虽然我无法对这里的"自我"概念做出公平合理的判断，但是重新定位体验的同时也重新定位了这个主题。然而，为了论证，我提出一个临时性的观点，即任何时候一个人都同一于他的意识，即等同于他的体验。

为了简单起见，再以红苹果为例。当我写这篇文章的时候，我正坐在波士顿公共图书馆贝茨大厅的中央过道里。我看着我的双手，我看着桌子上的笔记本电脑，猜猜我还看到了什么……我看到了一个红苹果。我看到远处有一长排相差无几的桌子，学生们稀稀拉拉地坐在桌旁。我听到许多人在宽敞的大厅里徘徊、读书和写字，这一切组成了背景的杂音。想一想传统的视野。根据弥散心智理论，这种"现象的视野"并不是一种心智投射——它就是波士顿图书馆的一部分，而波士顿图书馆正是我的身体通过那种通常称为"知觉"的特定的因果交互（causal intercourse）塑造出来的。我的体验不是一个心智意象，而是大厅的一部分。我并没有看到意象。我看到的是贝茨大厅或它的一部分。看见即存在。我就是贝茨大厅。更确切地说，贝茨大厅的一部分就是我个人体验的一部分。这种说法可能听起来很怪异，因为人们常说一个人对世界的视野与一个人看到的世界在数字上和类型上都是不同的。然而，比起我的脑活动，贝茨大厅的一部分与我的体验更相似。为什么我不应该由身体周围的这个世界本身（这个相对于我的身体产生的因果环境而存在的世界）构成呢？

正坐在我旁边的艾米莉不只看着红苹果。她的知觉（以及她的意识）中还有我的笔记本电脑、桌子、各种各样的灯具以及许多其他客体和身体，在这一刻，这些东西既构成了艾米莉的体验也构成了贝茨大厅的相关部分。我们不需要引入一个内在的世界，也不需要把物理大厅与心智大厅对立起来以解释我的体验。

艾米莉的体验也等同于贝茨大厅的一个子集，这个子集是由她的身体提供的因果过程（causal processes）挑选出来的。她的体验是发生在贝茨大厅的事情的一个子集，而不是艾米莉的头里面发生的事情的一个子集。图书馆中的一些客体是艾米莉体验的一部分，其他的则不是。但是，我们不需要将贝茨大厅里发生的事情的本体变成双份。艾米莉的意识是由这个图书馆内已有事物的一个子集构成的。

艾米莉的意识既是物理的也是可观察的，没有任何神秘的、隐藏的、私人的心智状态。它就在那里，就在她身体周围。体验不是内在世界。当我对艾米莉说“瞧！那就是我看到的红苹果”时，除非艾米莉与苹果的因果关系有所阻碍——例如，她可能先天失明或被蒙上了眼睛，或者苹果被挡住了——否则艾米莉就会看到我现在看到的苹果。在很大程度上，同一个苹果将成为艾米莉体验的部分和我体验的部分。看到的苹果既不是心智意象的调和物（concoction），也不是客体与神秘主体之间存在秘密关系的实例。**感知一个客体就是与这一客体同一。**

红苹果是可观察的，这个事实并不意味着每个人都可以轻易地观察到红苹果，虽然实际中没有理由担心这种情况。两个人或更多的人在看同一客体时，没有人会怀疑他们是否看到了同样的东西。当艾米莉和我看着桌子上的同一个红苹果时——只要我们知道对方正看向那儿——我们就有信心确定对方看到了什么。看到了一个红苹果，而且是同一个红苹果！传统观点认为，艾米莉感知到了苹果的艾米莉的心智版本，而我感知到了我的——两个都与实际的苹果不同——这种观点是荒谬的。我们感知到的是同一个苹果。同样的红苹果，既是我体验的客体的子集，也是艾米莉体验的客体的子集。因此，我们的体验不仅相似且共享同样的属性，它们还由同一个红苹果构成——事实上，它们就是相同的苹果。当我们谈论我们所看到的事物时，艾米莉和我互相理解，因为在一定程度上，同一个客体构成了我们两者。交流就是交叠——它不是交换缺乏意义和内容的碎片。在这种情况下，波士顿图书馆的贝茨大厅左边走廊中央桌子上的红苹果参与了艾米莉和我两个人的体验。艾米莉的体验与我的体验部分重叠。毫不奇怪，我是由其他客体和事件组成的。同样，艾米莉也是由其他客体和事件组成的——其中的一些与我的无疑是不同的。艾米莉的心智与我自己的并不完全重合（图2）。

图 2　里卡多的体验（左）与艾米莉的体验（右）是客体组成的两个集合。他们之间共享了红苹果。

但是，如果艾米莉的体验和我的体验是由完全一样的部分组成的，那么艾米莉的心智就与我自己的心智是一样的。事实上，要反对这种同一性是很难的。在实践中，这种完全的重叠从不会发生。尽管亲属之间的精神接近，但两个个体永远不会完全重叠。

再说一次，一组客体与人的意识的同一关系可能看起来很奇怪。但是，为什么物理世界的某一子集应该比其他子集差劲？为什么客体应该比神经元差劲呢？客体看起来更有希望。传统的假设认为人对红苹果的体验与脑活动等同，比起"人的体验与红苹果同一"的看法，这个假设在科学上并不更值得重视。脑和苹果都是物理实体。事实上，脑由于没有任何体验属性而得分更低，而苹果有人们所需要的一切属性。我要强调的一点是，弥散心智理论的解释框架与其他的显然更易被接受的观点类似。在这里，我提出了一个经验实证性的假设，这个假设在存在论上是极其简化的。类似于心—脑同一论，这是一种严格的物理主义同一理论。然而，（与心—脑同一论不同的是）与体验同一的物理实体不是脑，而是外在客体。

* * *

我所提出的这种解决方案从未被充分考虑，其主要原因之一是那个广为流传的过度简化的客体概念。客体经常被哲学家描述为具有例示属性的非时间的（atemporal）离散（discrete）个体，科学家则将其描述为由力场组合在一起的分子聚合物（aggregates）。这两种观点都与我们对世界的体验相去甚远。在这里，我勾画出了一种能够将这两种观点结合起来的客体的因果性观点。实际上，弥散心智理论既是一个关于客体的理论，也是一个关于心智的理论。事实上，关键的洞见是"心智即一组客体"。这本书的大部分内容都在努力说明客体是什么以及因此体验是什么。

每个体验对应的物理客体存在都是克服显象与实在之间鸿沟的关键。每个体验都必须与一个物理客体同一。然而，这种说法可能吗？对于人拥有的每个体验（包括错觉、梦和幻觉），我们都能定位一个物理客体（像一个苹果或一个鹅卵石）吗？这一主张既是弥散心智理论的主要预测也是其基本原则。

强大的传统孕育出了流行的但过于简化的物理客体概念，根据定义，物理客体是我们无法感知的东西，超出了我们的体验的范围。这种客体通常用定量测量和数学建模来描述。但是，在生活中，我们从未与其相遇。它是一个抽象的示意图。它是一个数学上的幽灵，但仅仅是一个幽灵。这样的客体在感官上是不可见的，可是我们可以通过感官来体验它。不幸的是，从词源学上和实质上，它都与体验隔绝。

事实上，当我吃一个红苹果时，我吃了一个真实的客体。当我看或触摸它时，我看或碰到的是一个真实的客体。当我将红苹果描述为一组数学方程时，我设计出了一个抽象模型，在很多情况下，这个模型使我们能够处理真实的客体，但它不是真正的客体本身。数学上的苹果，是一个无法感知的抽象概念，只是一个概念工具。它类似于"质心（centers of mass）"这样的概念——一个有用的抽象物，但不是物理存在物。尽管有这些困扰，但许多人还是倾向于接受一个充满了通过纯粹心智显象来感知的不可见属性的世界。极端的例子是幻觉，据说，在幻觉中，幻觉的对象甚至不存在。这种观点具有循环论证的嫌疑。令人担忧的是，这个观点假设了它应该证明的东西，即我们所感知的不是物理客体。很容易看出，这样的客体概念重申了显象与实在截然二分的前提。事实上，除了各种源自错误知觉的论证，先验论证和经验实证证据都不支持体验与外在客体之间存在的区别。在我们的生活中，我们所体验的一切都是真实的。

我不想避重就轻。客体就是发生的事物。在客体发生之前，存在某种别的并非空无的事物，但它不是这个客体。传统观点认为客体静静地待在某处等我们去感知。知觉被认为是主观的、短暂的，而客体被认为是稳定的、持久的。因此心智负责以多种方式——模糊、聚焦、近、远、触觉、视觉，等等——让客体显现。相比之下，我提出了一种激进的解决方案——不是以多种方式感知客体，而是多个客体产生。观看者的身体是因，这些客体是果。同样地，一个持续存在的客体其实是相似客体的一个集合。这并不比装满几乎相同的汽水罐的货架更神秘。它们看起来一样，但在数字上是不同的。同样地，每当我看向桌子时，在那儿某些分子和细胞以某种特定的方式排列，苹果就出现了。当我再看一遍时，一个新的苹果出现了。实际上，每次我看桌面，那里就会出现一个新的苹果。但在桌子上的不是一个**心智上**的视觉的苹果，而是一个**物理上**的视觉的苹果。结论是——从实际的角度来看——"只有一个苹果存在"是明智的看法。每次我看到的苹果不是一个心智苹果，或现象苹果，或心智领域由我的心智创建的贝克莱式的（Berkeleyan）苹果。[①]相反，我看到的是一个物理的红苹果，并且这个苹果就是我自己对这个苹果的体验。我每次看向桌子时出现的那个苹果都是一个物理苹果，这个物理苹果与人们通常认为的正当的苹果是同一个东西。我的身体也是一个客体。在这种情况下，我的身体为桌子上作为苹果出现的东西（即我的体验）提供了必要的却缺失的部分。当我的身体处于正确的因果关系中时，苹果就出现了。当它出现时，如果我的身体刚好在特定的某个地方，我就无法避免看见苹果。每次我的身体在那里，苹果就会出现：除非我毁坏了我的身体或者桌子上的东西，或者毁坏了两者，否则我无法避免苹果因我的身体而出现。只存在一个苹果。由于法则的（nomological）约束——我们的宇宙被创造的方式——这个苹果只能被吃掉一次，但可以被多次看到或触摸。最关键的是，没有存在论上的鸿沟将苹果的显象与苹果本身割裂。

伽利略之梦误导我们太长时间了。我们一直相信世界由不依赖我们的存在的数学存在物构成。事实上，如果我们的体验是由非物理的灵魂产生的，那么这可能是一个合理的假设。然而，如果我们的存在也蕴含

---

① 原注：著名的乔治·贝克莱主教（George Berkeley，1685—1753）曾声称，客体仅当人感知到它们时才存在。他认为，像苹果这样的日常客体只是感知者心智中的观念。

着我们身体的存在，那么我们一定想知道作为物理存在的身体是否会给它所嵌入的物理多样世界带来影响。的确，我认为我们的身体使得改变世界存在论成为可能。我们的身体促成了与我们体验同一的物理客体的出现。我们是我们的体验。**我们不是我们的身体**。

我们体验自然的一部分，而它是我们身体的因果作用的副产品。我们与那些因我们的身体而出现的客体是完全同一的。当然，这些客体不在我们身体内部。身体既不是这些客体发生的必要因果条件，也不是充分因果条件。其实，它们是偶然的因果情况。像唐纳德·戴维森（Donald Davidson）努力证明的那样，在某个情境下某个特定身体的存在会导致某个客体出现，这就足够了。

对物理客体做出更好的解释是至关重要的，因为心—身问题就缘于对客体概念的过度简化。由于对客体的科学描述与我们对世界的体验不匹配，于是心智领域或现象体验的补充性概念就被设想出来，即"剩余（left-over）"策略。[1]传统上心智概念是理论的副产物，而这种副产物是在接受非因果的（acausal）和非时间性的（atemporal）外在客体的概念后出现的。"心智"是一种被发明出来用于维护过分简化的"客体"的概念性拐杖。它填补了学者强加于客体与人所体验的真实客体之间的鸿沟。在这一点上，心—身问题类似于古代的地心说（geocentrism），当时天文学家设计出虚构的行星轨迹——声名狼藉的"本轮（epicycles）"——只是为了避免让人质疑地球的中心位置。这是一种反复出现的科学上的谬误。学者不对错误的基础假设提出质疑，而是寻求复杂的解释去拯救他们的信念。为了消灭残留的各种形式的二元论，我修正了传统的绝对客体概念，并考虑了一种新的相对的因果上主动的客体概念。这种"更好"的客体概念既不会对体验也不会对经验实证证据施加任何压力。

传统的客体概念与我们对实在的体验相冲突（图3）。坚持把意识

---

① 原注：Cook, 1996; Shoemaker, 1990.

和体验置于身体内部，导致了无数的困惑和谜题。身体在物理上与人应当体验的世界分离。然而，没有人体验过身体。没有人体验过脑。从来没有人觉得自己是一堆神经元。通过将体验定位在客体上而不是身体内部，弥散心智理论解决了这个问题（图3右下）。

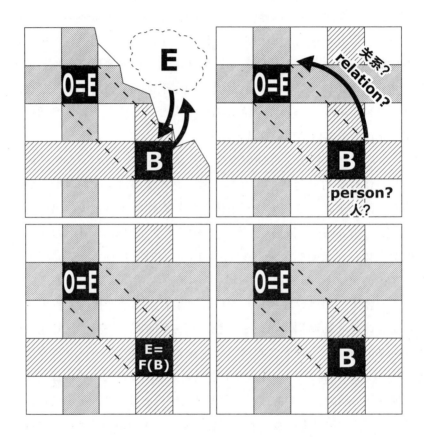

图3 关于体验的几种模型：二元论、关系论、心脑同一论和弥散心智理论。

到目前为止，关键点是客体的存在归因于因果过程——客体是作为结果的原因出现的。我们倾向于认为一个客体以不同的方式出现。这是一个谬见。实际上，生活中，多个客体出现，而我们将它们归为一个客体。不过，相对客体并不需要任何特殊的存在论解释——只要人体与环境有恰当的因果关系，客体就会出现。每个因果事件都会挑选出不同的客体——视觉客体、触觉客体、听觉客体、多通道结合客体，等等。除了强调因果起源（genesis），这里概述的因果客体只是一种客体，即一个人的环境中的物理原因。客体是产生物理效应的物理原因。一个人的体验就是由这样的客体组成的。不能把实在分为存在之物与显现之物两种。本书致力于澄清在哪些情况下其中的一些因果事件及其客体形成了一个我们称为"心智"或"意识"的统一体。值得强调的是，到目前为止，我们还没有用到任何心理学概念。将来我们也不会用。客体只是物理存在物，而体验与客体同一。**我们是世界，世界就是我们——一切都是物理的。**

*　*　*

体验和客体还由于另一个偏见——认为时间不是客体的一个本质方面——而割裂。然而，体验似乎本质上就与时间、变化和生成有联系。无时间性的体验是不可设想的，无时间性的苹果却似乎是可能的。但是，事实就是这样吗？抛开偏见，谁见过时间之外的苹果，谁见过不会生长（尽管缓慢）、成熟并最终腐烂的苹果？实际的客体不像体验那样处于时间的因果之流中吗？再一次说明，到目前为止，对客体过度简化的观点妨碍了我们揭示客体与体验的同一性，却促使我们发明了一个额外的心智域。相对地，弥散心智理论提出了一种时间性和因果性的客体概念，这种客体概念认同实在和体验的统一。

想一想我们钟爱的红苹果。通常，描述一个水果时，人们觉得没有必要提及任何时间方面的东西。首要的是，苹果这种客体具有诸如颜色、气味、味道、重量等物理属性。同样，对客体的传统描述也使我们不大乐意去考虑时间性。客体被认为是在时间上不变的存在物，至少在合理的时间范围内如此。变化、时间和生成很大程度上都被当作可以忽略的麻烦。在这里，我就不提这个明显的事实了：即使是最静止、最永恒的斑岩雕像也在缓慢地退化和变化。我只谈论这一个事实：我们所感知的客体不能是非时间性的客体，因为它们嵌在产生我们的体验的同一个因果过程中。换句话说，我们所感知的客体就是与我们的身体产生因果纠缠（causally tangled）时出现的那个客体。我无法感知从未出现过的事物，**因为它没有进入因果关系。**

人们会非难说，苹果毕竟没有干什么事——它只是懒洋洋地躺在桌子上。这样的描述大大低估了苹果的功劳。每当我们看着苹果时，它都在反射和反弹光线。为了让人可见，苹果做了大量的有因果效力的工作——苹果漫、反射光线。如果一个苹果怠于反射光线，它将是不可见的。同样，我们能闻到苹果，是因为苹果释放的一定剂量的化学物质扩散到了空气中。我抓住苹果就能感受到它的质地和重量，因为它会在我的手指上施加各种抗力，以及通过重力产生的拉力。如果苹果是因果上无效的，苹果就不会被感知到。

而且，我们生活在一个时间性的物理世界中。因果过程嵌在时间延伸的过程中。人体验到的客体是时间性客体。每当我们注视红苹果时，红苹果就会出现，并成为体验的一部分。设想我们在看关于红苹果的电影。这是一部非常无聊的电影，就是桌子上放着一个静止的红苹果。由于高精度的间歇式链轮（intermittent sprocket），你任何时候都能看到光束打在银幕上恰好投出一帧帧不同的影像。你任何时候一瞥，都会看到一个不同的电影画面，即一个不同的物理客体。然而，你的视觉体验就是一个多汁的红苹果，前后并没有什么区别。当你盯着这个多汁的红苹果时，从苹果到你的眼睛，一个复发的物理过程重复发生。每秒发生很多次，一道道不同的光线从苹果传到你的视网膜上。组成你的体验的东西——你所感知的红苹果——是一系列正在展现的相同的红苹果。与你的体验完全相同的这个红苹果当前正在展现。

这部电影直观地展示了一个事实——我们感知的不是静止存在物，我们感知的是一个时间上一再发生的世界，尽管它是一个非常连贯的世界，并传达出一种实质的**静止**感受。当我们观看静物电影时，我们会感知到一个不变的静物。可是，我们知道，在任何时候，我们感知的都是一帧截然不同的画面，是一个不同的客体。标准知觉与观看电影类似，只是我们感知的不是一部心智上的电影，而是我们随手统合起来的一系列相同的苹果。

值得一提的是怀特海（Alfred North Whitehead）的"误置的具体性（misplaced concreteness）"这个概念，其意为错误地将抽象概念认作具体物。我们持有历史上形成的关于客体的抽象概念，并把它误认为真实的客体。实际上，我们有多重客体（诸如我们看到的苹果），以及一个有用的抽象概念（即理想苹果）。我们把抽象概念当作真实的东西，却把真实的苹果降级为单纯的显象。由于每个人都抓不到抽象的苹果，所以显象与实在之间的鸿沟就诞生了。

本书则为一种不同的路径辩护。自然世界是由空间上和时间上发生的客体组成的。体验也在空间和时间上发生。一旦揭示出客体与体验共同的因果性和时间性，体验与客体之间的同一性就显现出来了。客体和体验是由定位在时间上的偶然的因果作用导致的。我主张，我们的体验与我们体验的世界是因果作用挑选出的客体的同一个集合：**我是世界，世界是我**。由于桌子上的那个东西与我的身体之间的因果过程，我看到的那个苹果出现了。一旦有了因果性和时间性的客体概念，我们就不再需要心智上的苹果了。一个苹果就足以成为桌子上的苹果和我体验的苹果。我们可以抛开那种无人见过的隐形苹果了。

如马格里特的代表性杰作《人类境况》所述，人类意识在历史上一直被描述成一扇面向世界的窗口。然而，窗口并不是恰当的隐喻。正相反，这是一个有误导性的类比。不如说，一个人的体验就是窗外的客体。在窗内，只有使外在客体存在的因果条件。事实上，那里连一面玻璃都没有，只有一个挑出世界上的客体的框架。框架使得客体发生。这样的客体在空间和时间中弥散。马格里特的窗户是盲的，任何指向内部的东西都是如此。**我们的体验超出了感官的藩篱，而不是在感官的后面**。从某种意义上说，马格里特的房间是空的。我们的身体是框架。它是由客体和事件组成的在时空中弥散的世界的因果代理（causal proxy）。

我们的心智就是世界。意识并不发生在我们的头脑里：**一个人的心智是一个人的身体促成其存在的物理客体的集合**。我们既不在窗内，也不等同于框架。我们是框架雕刻而成的，并位于窗外（也在身体之外）。

＊　＊　＊

一个很容易形成的反对意见是，所谓的"世界是什么"与"世界显现成什么"之间存在区别。这种差异不是一个已经确定的事实吗？有人可能忍不住用这个疑问作答。我们**期待**这个世界是什么样的？我们怎么能知道这个世界是否与它看起来的样子不同？这个世界显现的样子**真的有可能与世界本来的样子不同吗**？我们居住于一个其真实属性被隐藏的世界，这难道不值得怀疑吗？

让我们再想一想。长久以来，显象与实在的分离一直被严肃地认作实在基本结构的标志。可是，某个事物看上去不同于其本身，这个想法体现了怪异的存在论观点。例如，它表明世界上存在某种二元性。据说，每一存在物都戴着外表或显象的面具——这让人模糊地联想到中世纪的概念，如鬼怪（eidolon）或异种（species）——以此来显现自己。[1]这样的显象不是事物本身，因为如果它是事物自身的话，它将不再是显象，而是另一种事物，因而它无法被看到。这将需要进一步的显象，以此类推，永无止境。此外，显象与实在之间的区别表明，**显现出来的不是真实的，而真实的不会显现出来**。因此，显现出来的事物不能对所发生的事物产生任何影响，而发生的事物无法显现出来。这种怪异的存在论上的副作用应该引起人们对显象与实在之间的分离的合理性的严重怀疑。这就好像显象是对"物理世界"概念的过分简化而产生的"剩余物"。于是，像所有存在论的多余物一样，显象的观念最终结束于所有不适当的存在物结束的地方，遗留在"心智的垃圾箱"里。[2]

---

① 原注：最近，查尔斯·特拉维斯（Charles Travis，2004）曾质疑过"看"这个概念。

② 原注：Cook, 1996; Shoemaker, 1990.

在西方思想发展到一定阶段的时候，"剩余物—显象—模型"维护了充斥着可疑的现象存在物（诸如现象特征、内容、性质、感觉材料、感受质，等等）的"心理马戏团"的合理性。从词源上讲，"现象的"意味着某个事物具有显现活动的本性，而"物理的"指某个事物是自然的因而是真实的。因此，现象属性应该是显现的东西，而物理属性应该是存在的东西。**这种区分无可挽回地规定了现象属性只是副现象的（epiphenomenal），**而物理属性是无法体验的。然而，从来没有人见过从物理属性中分离出来的现象属性。反之亦然，无论是直接地还是间接地，我们既无法体验也无法知道那种不影响体验的物理属性。

不论是在经验实证上还是在理论上，如果我们能够摒弃所有的错误知觉的例子，显象与实在将不再分离：番茄的红色将不再与人感知到的红色分离。弥散心智理论认为，"事物是什么"与"事物看起来像什么"之间没有区别。我们不再需要看到外观或显象，而是直接看到世界之所是。我们看到的是现实的存在物，而不是显象。我们看到它们是因为我们就是它们：如果我染了发，我会看起来更年轻，但这并不意味着我身体的显象与我的身体有何不同。如果我染了发，我的头发就会在物理上与之前有所不同，它不仅仅是看上去更黑，而是实际上变得更黑。这一点应该足够清楚，显象与它真实的样子之间没有不同。一切都是其所显现的。显象与实在之间的区别仅仅是概念上的。这从不是存在论意义上的不同。显象就是实在。

不可否认的是，一个人可能会把一个事物误认为另一事物。这是非常熟悉的场景：艾米莉采了一个有毒的蘑菇而误以为它是能食用的；我把花栗鼠错认为松鼠；一个警察曾把鲍勃·迪伦（Bob Dylan）错认为乞丐；马可·波罗（Marco Polo）把犀牛错认为独角兽，等等。可是，当一个人能口头说出某个词语时，事物就不是"看起来像"某种东西，而是如其所是。我对事物预期看起来像什么会有错误的信念。但事物看上去的样子一直就是其自身。我们把错误的信念误解为错误知觉。在某些方面，物理存在物会很类似，使观看者困惑。比如，某天晚上，鲍勃·迪伦与乞丐有些共同之处；花栗鼠与松鼠都长得很小，有四条腿，毛茸茸的；可食用的蘑菇与毒蘑菇仅有一点点差别；犀牛与独角兽都有头中间的一只角，并且都有四条腿。一个东西很有可能被错当成另外一件。然而，这些误解都是由观察者的自身不足造成的，而不是因为深层的存在论上的鸿沟。"显象"的概念与"实在"的概念有一些不同之处，这一点总是使得人们相信它们之间存在形而上的割裂。与之相反，无论何时我们碰到存在物，客体看上去的样子都恰好像其自身。每一事物是并且看起来像其所是。就说到这儿吧。

知觉与相似物有经验实证上的共同基础。当我们感知到的属性的子集是一样的时候，比如犀牛和独角兽都有角，我们就会认为两个客体是相似的。就如哲学家埃德温·比塞尔·霍尔特（Edwin Bissell Holt）在1914年反复陈述的那样，当两个客体看起来一样时，在某种意义上，它们就是一样的。

考虑两个不同的客体：一个红色球体和一个同样大小的蓝色球体。如果一个人只感知形状，它们看起来是一样的，它们看起来都像球体。另一方面，如果一个人只感知颜色，它们看起来就会不同。同样地，如果一个人失明了，对他而言，唐纳德·特朗普（Donald Trump）的肖像画得再像也不会与美国总统相似。在某种程度上，我们关于相似性的概念寄居于我们的知觉缺陷中。同样，丹尼尔·克雷格（Daniel Craig）的蜡像看起来像丹尼尔·克雷格，这一事实表明丹尼尔与他的蜡像外形相似，我们的知觉系统是外形导向的。可是，蜡像看上去与它之所是没有什么不同：蜡像拥有一些与丹尼尔的身体相同的特征。丹尼尔的蜡像与丹尼尔在某种程度上相似，是因为观察者只对它们的共同点感兴趣。丹尼尔和丹尼尔的蜡像看起来与他们本身没有任何不同——他们在某些方面确实是一样的。一条失明的狗是不会发现丹尼尔与丹尼尔的蜡像有任何相似之处的。

然而，共同的属性并不需要显得或看起来像其他事物的这个概念。两个人可以有同样的发色和发型，也可以有同样的身高，穿同样的制服。因此，如果只考虑身高、衣服、发色和发型，他们就会被视作相同的，这并不是指他们在外貌或显象上相似。他们是在实际物理属性上相似。当然，没有什么能够阻止我们使用惯用语"他们有相似的外貌"。这种表达要么意指这个事实，即如果一个人从远处看他们两个，可能无法区分他们；要么意指这个事实，即如果这个人仅对他们的发型感兴趣，他们也会是相同的。然而，这仅仅是一种修辞手法。

* * *

让我们考虑一种绝妙的可能性——存在着一个从未发生过错误知觉的地方：香格里拉（Shangri-La）。①香格里拉遵循着与我们的世界一样的物理法则。形而上和法则都不能将我们的世界与这样一个绝妙的世界分离。香格里拉的所有特质，不管看起来多么不可思议，都完全是偶然的性质。事实上，香格里拉或许真的存在于某个偏僻的地方，被群山遮蔽。

在香格里拉，一系列偶然的情况导致了基因突变，使得人们不会做梦。除此之外，他们从来没有体验过任何知觉上的错觉，也从来不受联觉（synesthesia）、偏头痛（migraines）或幻觉的影响。香格里拉当地人的眼球不能移动，这是因为另外一种微小的基因突变，他们的眼睛被异常强壮的肌肉纤维有力地固定在某个位置。根据他们的宗教信仰，人们既不画图也不绘画。他们从来没有见过缪勒—莱尔错觉（Müller-Lyer illusion）。他们的墙上没有图案，他们也不喜欢转盘，所以不会意外地出现贝纳姆陀螺（Benham's top）。此外，由于一次令人吃惊的基因突变，他们的视网膜颠倒了视锥细胞和视杆细胞的方向，以致血管和神经裸露在眼睛的外面，所以，香格里拉本地人没有任何盲点。最后，

---

① 原注：香格里拉不同于查默斯的伊甸园（Eden），为了直接把握事物的内在属性，在伊甸园中形而上学的让步是必要的。香格里拉是一种法则上的可能性。它是一个可以存在于我们世界中的城市，不需要对任何已知的自然法则进行修改就能存在。

由于他们的环境中缺乏某种必需的模式，以及周围的高山阻挡了阳光的直射，当地人从未体验过任何类型的心理后像。总之，除了一些基因的突变和一些环境上的特异之处，香格里拉的人与我们没什么不同：他们也是**智人**。

香格里拉的生活对于我们来说似乎很无趣，但那儿的居民过得非常祥和。尽管如此，甚至可能正因为这样一种平静的生活，当地人沉迷于哲学讨论。因为他们没有任何难于还原为物理客体的体验，他们也就没有发展出任何关于错误知觉的争论。在香格里拉，关于知觉的主导理论是直截了当的——感知到的一个客体即那个客体。事实上，在香格里拉，当地人不使用形容词"物理的"，因为他们从来没有任何理由去区分物理存在物与心智存在物。当地人看见一个红苹果时，那里就有一个红苹果。当他们感知到红色，那里就有红色的东西。他们体验到的一切都真实存在。错误知觉从不会发生。在这种情况下，他们没有理由将体验与世界、显象与实在或主观与客观分裂。

在香格里拉，笛卡儿式怀疑论将类似于一个科学家建议复制所有被测量的量，主张每一个物理属性必须对应一个幽灵属性（phantasmagoric property）。幽灵属性是不可见的、隐匿的、私人的、难以察觉的和副现象的。通过纯粹怠惰的反思，这个古怪的科学家会声称，他发现可以设想一个类似于我们自己所处世界的、没有幽灵属性的世界。他会认为我们没有办法辨别幽灵属性是否能在香格里拉实例化。他认为幽灵属性的本质是个难题，并且提出实在的双重性。

香格里拉的哲学家和神经科学家没有发展出任何关于内在心智世界的概念。他们没有必要把物理属性和心智属性区分开来。他们不理解为什么需要用随附关系来联结实在的不同层次。只有实在是存在的。香格里拉的学者不需要用不必要的、间接的和令人厌烦的成对的存在物——显象与实在、表征与客体、媒介与内容、主体与客体、心智与世界——将它们的存在论复杂化。在香格里拉，看见即存在。

弥散心智理论将表明，我们也生活在香格里拉。为了支持这一观点，我将说明，就像在香格里拉发生的那样，每个体验——不管它是梦、幻觉、错觉还是任何你喜欢的事物——都是一个物理的客体/事件/属性的存在。基于经验实证的证据，我将证明，来自错误知觉的论证实际上是一些由错误信念所误导的不寻常的知觉的例子。因此，**知觉同一于物理客体**。最后，我们会重返香格里拉，并发现我们从没有离开过。我们一直生活在香格里拉。事实上，我们现在就在香格里拉！

2.

弥散的客体

伽利略：科学显得贫乏的主要原因之一在于，它本应如此繁盛。

——贝托尔特·布莱希特（Bertolt Brecht），1945

如果体验是客体，那么理解我们熟悉的日常客体的本质就是关键。对它们的本质我们能说什么呢？也许是由于历史因素的影响，我们至今仍被一个过度简化的客体概念所误导，而这个概念也阻碍了我们对自然和自身的理解。

就像一座架通裂隙的拱桥，心智理论必须把世界与体验联结起来。迄今为止，许多作者都把努力重心放在心智这一方面，而幼稚地把客体这一方面原封不动地弃于一旁——他们期望心智担起大部分作用。我将论证这种观点是对日常客体概念过度简化的衍生物，一种与经验实证证据和我们的体验都不符合的朴素唯物主义（naive materialism）。传统的客体就像一个公主，纹丝不动地端坐着，等待着被揭开面纱，露出真容。传统理论只是假设而不是解释客体的存在和本质。[①]如果我们想理解我们对世界的体验，那么认识客体的本质就是关键。即便不质疑根本的物理学，我们也有必要重新思考体验的物理目标，即通常所知的客体。这已变得越发紧迫，因为我所看到的、摸到的和闻到的客体，

---

① 原注：在这里，对"物理性"本质的激烈争论并不是至关重要的。参见：Montero, 2001; Ney, 2010, 2015; Strawson, 2008.

以及我所抓住的、推动的、拉扯的、扔出的、砸碎的客体，都与传统的客体概念大相径庭。

为了便于讨论，我们暂时将下面两个问题分开，一个问题是"什么是拥有对红苹果的体验"（亦即知觉问题），另一个问题是"如何解释当我的周围似乎没有红苹果时我有时却拥有对红苹果的体验"（亦即错误知觉问题）。为了在概念上区分这两个问题，我要求至少现在采用香格里拉的场景。我们仅仅考虑这样的情况：只要你感知到红苹果，那么，瞧，红苹果就在那里。

在香格里拉，客体和体验是同时发生的——只要你看到一个苹果，这个苹果就在那里。我的主张是，一旦我们更新了我们的物理客体概念（即从伽利略式的客体概念转变为弥散客体概念），那么我所感知的事物就与我对它的体验别无二致，因此体验与客体在数字上就是"一"而不是"二"。

*　*　*

在伽利略的时代，现代科学引入了一个过度简化的"物理实在"的概念，事实证明它能够非常有效地处理大量问题。这样一个简化概念孵化出了一个相应的过度简化的客体概念，在此我称其为"伽利略式客体（Galilean object）"[①]，因为它让人联想起伽利略在他的开创性著作《试金者》中所表达的观点。这种客体被塑造成一种绝对的[②]、非时间性的存在物，而且被专门赋予了与人体验的那些属性完全不同的定量属性。用伽利略的话说（黑体由我添加）：

> 要激发我们的味觉、嗅觉和听觉，我相信，**除了形状、数量以**

---

① 原注：当然，在这里，我并没有假装历史学的严谨。"伽利略式客体"是一种修辞手段，我用它来明确一种不同于我们体验到的事物的客体概念。

② 原注：在这里，我使用的是"绝对的（absolute）"词源学上的含义"ab+solute"，即某种事物是独立于其他事物的东西，它的性质与其他事物隔绝。

及快慢运动之外，不需要其他任何**外界**的事物。我认为，如果把耳朵、舌头和鼻子都除去，那么**形状、数量和运动仍然存在**，但嗅觉、味觉和听觉将不复存在。照我看来，一旦离开生物体，后者就无非是一些名称而已。

所有物理存在物和客体都被这样认为。以光为例。一种普遍但不准确的模型认为，光是由它的频率来定义的[①]，频率只是一个数值（一个数量），感知到的颜色是由观察者最后添加上去的。[②]悲哀的是，与柏拉图的理念一样，伽利略式客体非常清高超然……我们不能直接体验它，因为体验被认为处于生物体内部，因而体验与任何客体都没有直接联系。这种传统的"伽利略式客体"概念就是怀特海所说的"误置具体性谬误（the fallacy of misplaced concreteness）"的一个实例——引用怀特海在《科学与近代世界》（*Science and the Modern World*）一书中的确切表达就是，"将（一个抽象物）视作或者当作一种具体的或物质的存在"。

伽利略式客体是有史以来最成功的抽象物之一。但是，它的成功阻碍了我们理解我们自身在自然界中的地位。事实上，由于伽利略的原因，无论在哲学还是在科学领域都建立起了一种根深蒂固的传统，即将客体当作一种与体验完全不同的东西，正如柏拉图式理念化、数学化的客体无法被体验一样。客体被推入了本体的（noumenal）维度，也就是说，我们无法体验它。科学运用数学手段描述的客体无法被我们看到，它们仅仅是抽象物。

哲学家保罗·费耶阿本德（Paul Feyerabend）在《反对方法》（*Against Method*）一书中指出，伽利略引入了一种仅由抽象数据和数

---

① 原注：当然，有更好的物理主义颜色模型，参见：Byrne & Hilbert, 2003; J. Cohen, Hardin, & McLaughlin, 2006; J. Cohen, 2009; Hardin, 1993. 为了便于讨论，我在此使用频率模型。

② 原注：就此而言，威尔弗里德·塞拉斯（Wilfred Sellars）就世界的显示和科学图像进行过对比。参见：Sellars, 1960.

字构成的柏拉图式体验。我们从未间断地体验的这个世界，这个由蓝天和红苹果构成的世界，被认为是主观的，因而是留给心理学家和哲学家的。诚如C. D.布劳德（C. D. Broad）在1923年所说："哲学家成为所有实在层面的遗产继承者，而物理学家决定对它们不予考虑。"由于科学家的优越权威，外行人也信服科学并接受对"实在应该是什么"的持续探寻。可是，实在层面恰恰就是我们生活和体验的这个世界的属性。它们是真正的实在。我所看到的红苹果就是真实的苹果。

我们所看到的丰富多彩的客体与科学家所判定的抽象存在物之间所谓的区别，就表现在学科之间的传统隔阂中，并得到了间接的证明。这种分离使人们更期许一种非物质的心智，并通过世界存在论的断言确立了科学家的权威。一方面是物理学，另一方面是心理学和哲学。[1]但是，物理客体——真实的客体而非某个抽象模型——已足以成为你的体验。（既是桌上的苹果也是我对苹果的体验的）这个真实客体，既不可能是伽利略式客体，也不可能是一种科学抽象物。我们所体验的这个客体与我们生活中遇到的客体是同一的。这个物理客体是你的苹果，而不是实验室得出的版本。

在周围没有心智的地方，伽利略式客体是绝对自主和沉寂的。它在现象学上被认为是黑暗的。不依赖除自身以外的任何事物，这样一种客体的存在是绝对的。即便宇宙的其余一切都消失了，这种客体也不会消失，它只是与宇宙的其余一切切断了联系。它是潜在地永恒的，因为它会永远存在。因为时间并非它存在的内在本质，所以它是非时间性的。如果上帝冻结了时间，这样一个客体也不会发生改变。传统的客体不需要时间，它与时间只有一种外在的关系，可以说，这是一种短暂而无保证的关系。以标准的说法，一个客体的属性——诸如它的大小、重量、颜色、长度、宽度、高度，等等——能够在完全不涉及时间的情况

---

[1] 原注：科学和哲学，尽管彼此都忌妒对方的方法和主题，但探究的并非一定是不同的领域。参见：Whitehead, 1925a, 1933.

下被评定。

伽利略和科学要求我们相信，存在一个无人可感知的无形的客体。这种认识论给精英学者分派了一项定义"实在"之本质的任务。由颜色、形状、质地、味道等构成的真实的客体被降格为纯粹的心智显象——它们"一旦离开生物体，就无非是一些名称而已"。因此，伽利略喊出"对感觉施以暴力"①这个口号不是没有原因的。从社会学的角度来看，有趣的是，随后的每代科学家都热情满满地竭力瓦解我们对世界的体验的根基。最近，有科学家试图证明我们不仅不能感知外在世界，甚至不能感知自身的体验，这就是最新佐证。②

* * *

我们所应对的客体是相对的、因果性的、时间性的。它们拥有的属性与我们所体验的一致。我们体验的客体——它与我们的体验同一——置身于时间中。我们并不是一直感知到一个红苹果。我们是在某个时刻感知到一个红苹果，因为在那个时刻某个（遵循某些法则约束的）过程恰好拣选出我们所感知的这个苹果。我们所感知的客体在时间中产生。而且，这个客体是主动的，因为它对我们的身体施加了影响。我们所感知的客体是通过我们身体上的特征拣选出来的。我们所感知的客体相对于我们的身体所提供的因果性特质而存在。不同的身体会从同一个物理连续统中挑选出不同的客体。我们周围的这些客体并不是隐藏于实在的某个存在论褶皱中的超然淡漠的存在物。这些客体是我们必然遇

① 译注：这句话出自《关于托勒密和哥白尼两大世界体系的对话》，指从地心说到日心说的转变是人从理性出发对自己感觉到的内容——太阳围绕地球转——的极端改变。

② 原注：埃里克·施维茨格贝尔（Eric Schwitzgebel）提供了一个关于这种进路的完美例子。读他作品的标题就足以让人明白这一点，参见：Schwitzgebel E. 2002a. *How Well Do We Know Our Own Conscious Experience?* The Case of Visual Imagery. Journal of Consciousness Studies, 95-6, 35 - 53.; Schwitzgebel, E. 2002b. *Why did we think we dreamed in black and white?* Studies in History and Philosophy of Science, 334, 649 - 660; Schwitzgebel, E. 2008. *The Unreliability of Naive Introspection.* Philosophical Review, 1172, 245 - 273.

见的幽默善言、性格外向的存在物。它们自然且毫无保留地呈现自己。它们毫无遮蔽地袒露在我们面前。

那么，什么是客体呢？当我注视着这个红苹果时，显现它自身的又是什么呢？客体是因果性的、主动的、相对的、由时间界定的，当然，也是弥散性的。[①]它也完全是物理的，既适合物理世界也与个人的体验相符。

我们可以根据因果性和时间性重新审视客体的本质。客体是相对于我们身体所提供的因果条件发生的。一旦我们的身体不在那里，它们亦将不存在。它们并不内在于我们的身体。它们类似于我们周围事物的相对速度。这种相对速度取决于我们自己的速度和方向，不过，它们既是物理的也是相对于我们的。

我们标注为"客体"的东西是一种物理发生（physical occurrence），只要我们将身体置于适当的条件下，这种物理发生就会不断重现。因此，即使我们相信持存的是同一个客体，但其实持存的并非这个客体，而是一组促成一系列同一客体发生的条件。我在此描述的客体概念模型与传统的客体概念之间的一个关键区别在于：弥散的客体发生，而传统的伽利略式客体存在。后者只是在那里等待，直到某人或某物与之互动。

弥散的客体就像冰箱里的灯：当我打开冰箱门时，照明灯亮起。当我不朝里察看时，灯是否亮，对我所看到的东西没有任何影响。事实上，我知道在我打开冰箱门时照明灯会亮起，因为我具备一些关于冰箱因果结构的知识储备。基于我对冰箱的了解，我认为照明灯仅会在冰箱门开启时亮起。但这并不一定意味着冰箱里的灯就是一种心智存在物，或者随附于某种奇特的涌现属性。这仅仅说明，灯的开关是一种由于冰箱门的打开而引起的物理发生。地震可能会震动冰箱，使冰箱门在没有任何人为干涉的情况下打开。尽管在日常生活中，相较于地震，人类往往更频繁地促成灯

---

① 原注：客体在因果上的根源是这样的：对弥散的客体进一步追问，即弥散的客体是何时产生的？事实上，对于因果过程而言，我指的是一个由阿瑟·莱辛巴赫（Arthur Reichenbach）或菲尔·道（Phil Dowe）所描述的意义上的现实物理过程（Dowe, 2000; Reichenbach, 1958）。因果过程就是转移某些物理性质的过程。伪过程（Pseudo-processes）不在考虑范围之内。

亮。与冰箱里的灯相似，只要具备一个有某种特征的身体，弥散的客体就能发生。我们所需要的身体并没有形而上的特殊性。身体只是一个物理聚合物，能够让特定的因果过程得以完成。在各个方面，身体都不过是另一个客体。譬如，眼睛能够捕捉到光线构成的过程。

人的身体提供了有利的因果条件，使得生活中必然会遇到的那些客体产生因果作用。与冰箱里的灯类似，一旦人的身体与某些物理质料（stuff）因果性地耦合，我们所熟悉的客体就会发生。这些质料还不是我们感知的客体。唯有当这些质料由于正确有利的因果条件而能够充当客体时，它才成为我们所感知的客体。我们所感知的客体是对我们身体起作用的物理原因。无论以何种方式，它都不在我们身体内部。

这种说法的一个很大的优势在于，它既不需要额外的心智存在物也不需要任何类型的关系。物理客体就是我们所需要的一切——也就是构成环境的质料和人的身体。当身体与世界发生因果交互作用时，客体就发生了。我们为什么还要添加其他东西呢？我们的身体就像电路的开关。只要人的身体处于某个特定的位置，构成这个世界的质料就会触发一个因果过程，于是这个客体作为原因发生了。电流——导致这个客体存在的因果过程——产生。依照这种说法，人的身体和脑并没有在自身内部调制任何东西。电流和光不是由开关调制出来的。同样地，客体也不是由身体调制出来的。同理，无论伽利略的直觉如何，没有任何东西在开关的内部，也没有任何东西在生物体的内部。身体仅仅为周遭提供了额外的因果条件——就像其他的物理存在物一样。然而，对于人类而言，人的身体是关键。一般来说，我们所熟悉的世界就是人类使之存在的世界。我的世界是由颜色而不是由电磁场组成的，因为颜色是一种由于人的身体和脑而产生结果的事物，而电磁场不是。这样的世界并不是一个隐匿的、不可见的、私人的、心智的、武断的、现象的、主观的领域。相反，在物理上，它既是可观察的，也是可共享的。事实上，我们分享同一个世界。

我们感知的客体并不依赖心智，但是它依赖脑（和身体）。这种依赖性不是构成性的而是因果上偶然的。依赖脑并不意味着它是由脑构成的。客体是由外部世界构成的，并由因果过程拣选出来。虽然电流使电灯发光，但只有在开关闭合的情况下这才成为可能。诚然，这种描述让人联想到贝克莱的观点，但我的观点与之存在着三个关键的区别：首先，客体并不是由心智活动创造的——客体发生，是由于适当的物理条件得以满足，身体是其中一个条件；其次，不需要预先存在任何主体；第三，这个客体是一个物理客体。因为身体只是另一个客体，所以，对于身体的依赖性不过是一种对客体的依赖性。

但是有人可能会问，当其周围没有人时，客体难道就不存在了吗？让我们来考虑这样一种情况。在意大利，文艺复兴时期的伟大杰作之一，就是坐落于美丽小镇曼图亚（Mantua）的圣安德烈亚教堂（Basilica of Sant'Andrea）的正面墙体①，它是由莱昂·巴蒂斯塔·阿尔伯蒂（Leon Battista Alberti）设计而成的。教堂的墙体能成为一个客体，（除了其他基本的身体构造以外）需要一个由带眼睛的视觉系统和适当的神经结构所组成的身体。由于这样一个身体，教堂的墙体作为每个人使之在那里——位于曼图亚主教堂的前方，而不是观者的脑中——的一系列复杂的、几何的存在物发生了。然而，在曼图亚，只有当人们望向阿尔伯蒂所设计的教堂时，教堂的墙体才会出现，然后所有的游客才会心满意足地回家。当行人和游客在广场上漫步时，他们必然会望向教堂的正面。事实上，游客不可能在没有身体的情况下游览曼图亚。教堂的墙体是一个确切的存在，但这并不意味着，当没有人体在其周围时，它依然存在。这与冰箱里的灯是同一个道理。当没有人类身体在其附近时，比如在一个的寒冷冬夜，也便没有教堂的墙体存在了——那里就只有一些质料，这些质料唯有与人类身体发生因果关联后，教堂的墙体才得以存在。而没有人看向教堂的时候，仍然矗立在那里的质料，可以说是上帝对这座建筑的注视。②这不是某种我们能直接体验的

---

① 译注：这座教堂的正立面墙体非常出名。
② 原注："上帝之眼"是一个隐喻，它指的是对于物理实在的无所不包的视角。

东西，直接原因是我们身体的存在所引发的是一种相对的存在，即弥散的客体（在上述情形中，就是教堂的正面墙体）。弥散的客体不是一种私人的心智客体。它不具有形而上学的私人性，而仅仅具有一个如热狗是私人的那种私人性——只有一个人能够吃它。当人们在曼图亚主广场上散步时，每一个人都能够看见这座教堂的墙体。

在物理世界中，"发生（taking place）"从来不是一件单独的事情。它总是需要两个及两个以上的物理存在物。唯有当球和墙都存在的时候，一个球才能打到墙上；唯有当树、光线和地面相互作用时，树才能在地面上投射下阴影；唯有当对应的锁存在时，钥匙才能打开锁；螺旋桨只有在有水的情况下才会有驱动力；诸如此类。核心的观点在于，我们所感知的事物存在是因为有一个因果过程使它成为现实。这个过程通常被称为"知觉"。知觉仅仅是一个物理过程，不需要心智的参与。然而，这个过程获得了一个特殊的名字，因为它使构成我们体验的客体得以存在。知觉并不产生心智上的知觉印象，而仅仅是拣选出外部客体。换言之，客体不是感知系统的被动目标。客体也并非现象学中的神秘物，因为根本没有所谓的现象世界。相反，客体是现实的原因，其结果是我们身体内（通常是在我们的神经系统内）的某个事件。但是，关键的一点在于，由于我们的身体，我们所体验的物理客体才成为主动的原因。我们的身体是使这种作为我们体验的客体的环境得以发生的条件之一。

我们无法借用上帝的眼睛来感知客体——正如柏拉图主义者伽利略所喜欢的那样——我们不能以这种方式（仿佛我们的身体不存在）感知客体。除非我们的身体存在，否则，我们所体验的客体，亦即我们的体验，也将不复存在。我们所感知的客体，其自身的存在是相对于我们的身体而在因果上被塑造出来的。在物理连续统中，无数现象正发生在我们的体验之外：红外线和紫外线、宇宙粒子、磁场、放射性粒子，等等。与之相反，某些现象却需要人的身体才得以发生。我们的身体是物理性的，因此对周围环境产生了物理影响。我们的身体充当了一个开关、一把锁、一座堤坝。因为它的存在，世界有所不同。这样的不同构成了我们的体验和我们的世界——体验和世界是一样的。我们体验着世界，正是由于我们的身体处于特定的位置、特定的时间，这个世界才得以发生。

人的身体并不具有形而上学的特殊性。它只是另一个客体，与其他许多不够美化的事物一样。我的跑鞋、墙壁、半空的杯子、挂在墙上已然褪色的波提切利（Botticelli）画作《春》（*Primavera*）的印本，都是物理连续统中的一部分。但是它们具有不同的触发因果的能力。比如说，我的跑鞋在因果上不会对波提切利画作中的色彩模式发生影响。反过来，丁酸分子对我的视网膜来说也是无关紧要的[1]。同理，许多客体的存在与人的身体无关，但与适当的因果过程有关。物理过程的发生无处不在，并且使得每个存在——或者，更准确地说，发生——的事物得以存在。在任何一个特定的时间，所有因果过程的总和修正了世界的存在论。

人的身体也不具有存在论的特殊性。身体是客体中的客体。尽管对我们来说，人的身体至关重要，因为身体这一客体使那些与我们的体验（乃至我们自身）同一的客体——诸如苹果、汽车、面容、音乐曲调、星座——得以存在。

恰巧，人体具有目前已知的最为复杂的因果结构之一——活动着的脑连接着活动着的人体的感觉器官。由于脑的这种复杂性，各种各样的事件和客体得以发生：模式、形状、邻近反射分布之间的关系、气压波形模式，等等。为数繁多的客体因人的身体得以产生。我们的脑的复杂性是我们所熟悉的复杂客体得以存在的必要条件。

因人体而得以发生的事物并不特殊。就像冰箱里的灯，它亮起只是因为冰箱门打开了——并没有什么大的形而上学的奥秘寓于其中。我称为"红苹果"的视觉客体是因我的视觉系统而在桌上发生的，而现在，倘若我的身体不在那里，它也就不再发生。但是，如果纯属偶然地，同样的色彩模式对另一个物体（比方说，我的笔）施加了相同的影响，那么描述"什么在发生"时，弥散心智理论仍然不会失效。"红苹果"这

---

[1] 原注：在英语中，"immaterial"意味着缺乏因果关联。

个客体——当前是我的世界的一部分——将会因为我的笔而不是我的身体，得以存在。做个类比，由于偶然性的原因，通常需要一个人将钥匙插入锁中（才能打开锁）。然而，在一种不同寻常的情形下，也有可能钥匙遇到了锁并将其打开。这样一个不太可能的事例并未蕴含深刻的形而上学启示。钥匙的转动，虽然通常需要人为干预，但也可能由于一些不寻常的原因组合而得以发生。

*　　*　　*

首先，也是最重要的，客体是相对的客体。它们是相对于其他客体而言的，而不是像观念主义所说的那样，是相对于主体而言的。这一点非常关键。我们所考虑的这种相对性是一个纯粹的物理概念，类似于相对速度——这个概念并不需要人跳出自然界。

就人类而言，我们体验的客体是相对于我们的身体而存在的，而身体仅仅是一种客体。我们的身体是处于巨大的因果网络中心的客体，这个网络使相对世界得以存在。这样的世界与我们有意识的心智是同一的。

为了更好地理解这种观点的要旨，我们再细想一下相对速度和参考系的概念。身体是一个复杂的参考系，它所起到的作用，与参考系对于相对速度的作用无异，只是它更为复杂。但是，身体仅仅是一种参考系。

我们来想想下面这个类比。我正以50英里的时速在高速公路上驾驶着我的福特，约翰正以70英里的时速驾驶着他的特斯拉，弗朗西斯卡正以80英里的时速驾驶着她的法拉利。与此同时，一辆卡车正在慢车道上行驶，以每小时40英里的速度缓慢前行。当然，所有这些速度都是相对于地面而言的，它们不是独立存在的。在日常生活中，这个事实很少被提及，但这一点甚至为每个小学生所熟知。让我们重点专注于这辆卡车，它的相对速度是多少呢？相对于我的车，它的速度是每小时10英里；相对于约翰的车，它的速度是每小时30英里；相对于弗朗西斯卡的车，它的速度是每小时40英里。因此，对于每个驾驶员而言，车的速度都是不同的，并随着我们加速或减速而不断变化，而且在我们无法体验卡车自身的速度这个意义上来说，这也是私人性的。

速度是一个简单的物理属性。我们很容易想象出这三辆汽车与卡车之间的关联。每一辆汽车都相当于卡车的一个参考系，对不同的参考系而言，卡车有不同的相对速度。卡车的每个速度都仅仅相对于其中一辆汽车而存在。参考系的概念只是一种抽象，用来代指另一个客体（比如说，一辆汽车）的具体存在。

而当我们谈到其他属性时——比如重量、长度、颜色、形状、质地——外部客体与人体之间的联系就更为明确了，同时也更难想象。然而，这与前面说到的情况别无二致。身体充当着复杂的因果参考系的角色。正如高速公路上行驶的汽车引发了相对速度一样，身体也使复杂的相对属性得以存在。

同一辆卡车对于高速公路上的每一辆汽车而言都有不同的速度，同样地，同一个客体相对于不同的身体而言都具有不同的颜色、尺寸和形状。同一块木板，可能相对于我的视觉系统来说是白色的，但对于某个经历了色适应（chromatic adaptation）的人的视觉系统来说却是浅红色的。同一个杯子可能对我来说很烫手，但对于弗朗西斯卡而言刚好不冷不热。同一辆卡车以每小时40英里的速度相对于弗朗西斯卡的车行驶，但以每小时10英里的速度相对于我的车行驶。如此一来，就不再需要任何的心智属性了。一切事物都是物理的和相对的。相对的、物理的属性概念囊括了所有主观体验的特性。就不再需要主体性了。

因此，我们可以回过头来思考一个老问题：假如森林中一棵树倒下了，而附近没有人听见，那么这棵树有没有发出声音？我们可以把这个问题与以下问题做对比：倘若宇宙中只有一个粒子，除此之外，没有其他粒子，那么这个单独的粒子是否拥有速度？答案是否定的。一个单独的粒子根本就没有速度，它非动非静。速度这个问题变得毫无意义。自伽利略以来，所有速度都是指相对速度。对此我的主张是，一切物理属性（至少是那些参与我们体验的属性）都是相对属性。我们所体验并生活的这个世界是相对的，是由那些与我们身体相对的客体组成的。因为我们周围的这些客体的属性并不是绝对存在的，它们因人而异，并且是时间性的、私人性的。

＊　＊　＊

存在是相对的。因为客体是相对属性的总和，所以客体是相对客体。它们在某种程度上也是现实的（actual），因为相对存在总是需要通过持续进行中的因果过程来体现。因此存在是相对的、现实的。

"相对的、现实的存在"这个概念在西方哲学的开端就被明确提出，在柏拉图的对话之一《智者篇》（The Sophist）中，一个神秘人物提出了这个概念。一位被称为"异乡人（the stranger）"而不具名的哲学家强调了存在与因果效应之间的联系：

> 我要说，任何存在的事物都拥有一种特殊的力量，或是无论如何都能自然而然地对其他事物有所作为，或是能以最微小的方式受到微不足道的原因影响。存在无非就是力量。

在我们的文明渐露曙光时，这个具有开创意义的段落指出，力量不过是相对于另一个客体而存在的事实。存在就是作为原因的活动，相应地，因果关系就是某件事物相对于其他事物而存在的方式。世界对我们的身体施加影响。倘若我们的身体各自相异，那么这种影响也各有不同。而倘若这种影响各有不同，那么相关的原因也互不相同。存在的相对本性是通过因果过程来体现的。客体并不拥有绝对属性。它们通过与其他客体的关系而被塑造。存在并非绝对的，而是相对于产生影响的能力而言的，亦即所谓的"存在无非就是力量"。相应地，产生某种特定的影响需要适当的因果条件。我们所感知的客体往往是影响我们身体的原因，尤其是影响我们脑的原因。身体就像因果关系的透镜，将多条路径汇聚起来，从而创造出我们称为"客体"的因果统一体。

1920年，哲学家塞缪尔·亚历山大（Samuel Alexander）也在其著作《空间、时间和神性》（*Space, Time, and Deity*）的一段中对存在与因果作用之间的联系进行了重新定义：

> （副现象论）假定自然界中存在某些东西，它们毫无作用，没有任何服务目的，只是一种依赖低阶存在劳作的高阶存在。虽然为了装点门面不妨把它们暂且保留，但毫无疑问，它们迟早会被清除。

这段话揭示出，如果某种东西是副现象的，也就是说，它不具有任何因果力量，那么它就不存在。这与两千多年前那个神秘的异乡人所声称的完全一致。更近一些，极富影响力的哲学家金在权（Jaegwon Kim）在1993年指出："所谓实在，就是拥有因果效力。"最终，在2005年，金在权用更为激烈的言辞强调了同样的观点："剥夺事物的因果效力等于剥夺了事物的存在。"不约而同地，哲学家特伦顿·梅里克斯（Trenton Merricks）在2001年表达了这样一种观点："对于宏观物理客体而言，其存在就是拥有因果效力。"他将这个原则命名为"爱利亚原则（Eleatic Principle）"，用"爱利亚"这个定语来致敬柏拉图笔下的那个异乡人，因为这个异乡人声称自己来自希腊小镇爱利亚。

简而言之，无论是在科学领域还是在哲学领域，许多人都想弄明白存在与主动的因果关系是不是完全同一的。此外，我还想强调的一点是，存在是相对于已有的因果条件而言的。因此，存在是相对的。试问，我们有没有体验过一种根本不会产生任何影响的事物？实际上，我们不曾也不可能体验这种事物。从理论上讲，我不知道该如何实现。我们所体验并生活的世界是由现实原因（actual cause）所构成的。我们无法体验惰性倾向（dispositions）或因果上无效的实体。我们只能体验那些产生并触发影响的事物。我们所能感知的一切事物，都能在我们感知它的时候影响其他的事物。我把这种当下就能产生作用的原因称为现实原因。我们体验着一个现实的、因果的世界，亦即一个仅仅由现实原因构成的世界。一个客体就是一个现实原因，因为现实原因总是相对于一个促使其出现的物理系统的。现实原因就是现实的相对客体，亦即弥散的客体。

* * *

弥散的客体是建立在对客体的因果解释基础之上的。客体是某种结果的现实原因。每当我们体验自然，这样的事件就塑造出一部分自然——体验是由因果关系塑造的客体。"体验"这个词有一定的误导性，因为它暗示着某些"心智的"事物是某些物理事物（亦即"客体"）出现的原因。但是，在这种情况下，由于体验与引起某种结果的客体是完全同一的，所以客体与体验之间的关系也不再是形而上学的必需。现象属性就是物理属性。

弥散的客体将传统的伽利略式客体——那个据称即便我们不注视它，其自身依然存在的客体——限定为一种理想化的抽象物，这种抽象物看起来有用但具有误导性。事实上，这样的客体毫无用处。它不能被任何人所体验，它不受因果关系的影响。它不可见，在现象学上是黑暗的。简而言之，伽利略式客体疑似披上了一层现代存在者外衣的柏拉图理念。这实际上是一种毫无用处的假说，因为没有人能从中获益。这就像冰箱门紧闭时的照明灯一样，是一种毫无用处的假设，如果它依然亮着，只是在浪费能源和金钱。当我们没有感知客体时，仍然假设客体存在，这就会让我们毫无所得。当然，这种说法并不是对观念主义的肯定。弥散的客体不是由心智（或者说人，或者说主体）创造的存在物。弥散的客体是一种现实的物理原因，它相对于其他物理客体（比如我们的身体）而发生。关键在于，我们唯一不能成为的事物就是我们的身体。因此，在很大程度上，可以说，由我们的体验所构成的客体不是由我们创造的，而是由我们的身体创造的，但我们的身体并不是我们。

让我们回顾一下，弥散的客体是一个现实的物理原因，并且与我们对客体的体验同一。我不是拥有一种对于客体的体验或者一种关于客体的体验，相反，我拥有的是一种与客体同一的体验。我就是我所体验的客体，更精确地说，我就是我所体验的客体集合。当我体验到客体时，客体就是我所是的那个东西。我并不是拥有对红色的体验，其实我就是红色的客体。

从因果性上讲，转瞬即逝的体验与某个事物，比方说埃尔伯特山（Mount Elbert），并没有区别。它们都是原因。唯一的区别在于，在通常情况下，使得山脉发生的条件与使得彩虹中红色存在的条件两者相比，前者持续的时间更长久。这些差别并不会改变现象的物理本质，改变的仅仅是使其得以发生的诸条件的期限。然而，只要有人看见山脉和红色，它们就发生了。这种因果解释并没有违背任何物理规律、经验数据抑或现象学报告。构成落基山脉的质料一直在那儿，但是那个被我称为"埃尔伯特山"的客体，只有当我身处其地时才会发生。

那么这种客体是类型还是个例呢？在这种解释中，一切事物都是个例。举例说明。今天上午11点，我从肯德尔广场出发坐火车前往哈佛广场。我乘坐的是哪一列火车呢？我乘坐的是红色专线。之后我步行回来，吃过中饭，并在下午4点再次从肯德尔广场回到哈佛广场。这一次我乘坐的是哪一列火车呢？我乘坐的是红色专线。一方面，我乘坐的是同一辆火车；而另一方面，我乘坐的并不是同一辆火车。从某种意义上来说，的确存在着一辆从肯德尔广场到哈佛广场的红色专线火车。但是，今天上午11点的火车与下午4点的火车不同，这一点也是正确的。关键点在于，所谓的伽利略式客体与真实客体之间的差别类似于想象的红色专线与上午11点从肯德尔广场开往哈佛广场的那辆火车之间存在的差别。前者是抽象的、非时间性的、绝对的，它并不搭载任何乘客。而后者于我每一次登上火车时发生，它位于时间之中，它的运作需要消耗能源。同时由于法则上的约束，它需要耗费时间才能建成。它是脏乱的，内部挤满了乘客。它到达和出发的确切时间会发生变化。前一种火车只是一种由语言炮制的无形抽象物。关于火车的这个例子包含了许多信息。我可以说"我乘坐同一列火车"，或者说"我乘坐了两列不同的火车"。我可以说"我每天早上都乘坐同一列火车"，这当然是可以的。

或者我也可以说"我在2014年6月24日上午11点乘坐的火车可比6月25日下午4点坐的那列干净多了",这当然也是可以的。前一种情况类同于伽利略式客体,而后一种情况则更为接近现实状况。

弥散的客体就像一列火车,某人在特定时间在两个车站之间登上这列火车。倘若他没有买票,从某种意义上说,并不会出现现实的火车,仅仅是一些齿轮、轮子、发动机和车厢。但倘若他买了票,在这个比喻中,火车就会出现。客体被拣选出来,某个过程从环境中的质料开始发生,直至你的神经结构。这种从环境至你的神经结构的因果运行在世界上拣选出了一个特定的客体——火车。每当我们看到某种特定的因果组合时,对应的客体就会发生。火车启动,然后到达目的地。电路闭合,然后冰箱里的灯亮起。

传统的伽利略式客体概念因其无可否认的实效性而广受欢迎。同样的道理,当我们观看电影时,虽然我们所钟爱的角色仅仅是一帧一帧的画面,而且每一帧在物理上与其他帧都分离,但谈论这个角色仍有意义。可见,环境中的质料与人体之间的因果交互作用,将日常客体(亦即我们的体验)带入存在。

一切事物都是由因果作用塑造的。因为身体并没有特殊性,因此许多因果过程以及许多相关的客体,都是在人体不在场的情况下发生的。我们的身体起直接作用的过程与身体没有起直接作用的过程之间的互动对我们进行事物的分类有着副作用。通常情况下,如果一个客体不需要像人体这样的复杂事物就能发生,那么它被认为是更为"实质性的(substantial)"。但是,这仅仅是一种程度上的差异,而不是一种存在论上的鸿沟。一个客体越容易发生,它就越真实,越非主观。但是在实际情况中,人的各种能力对于许多日常客体的发生至为关键。人的身体将物理连续统塑造成不同但部分重合的子集。想象一下,在波士顿图书馆里,艾米莉就坐在我旁边。由于艾米莉的身体,有些客体得以发生;由于我的身体,也有一些客体得以发生;当然还有因为其他物理系统——比如地板、桌子、灯——而得以发生的客体。这几组客体可能会有部分重合。比如，我看到的事物与艾米莉看到的事物之间会有一定的交叉、重叠。无论人的知觉系统拣选了什么，其他过程都是在外部发生的。它们将更多的原因带入存在。

让我们来看看三种十字图形，它们明显被赋予了不同程度的存在论自主性（autonomy）（见图4）。[①]左边的这个灰色"十"字图形看起来非常"真实"。而其余两个（中间的和右边的）看起来是被观察者随意创造出来的（一个由字母"n"组成的"十"字和一个由质数组成的"十"字）。但是，这种区分是偏狭的。如果我们对质数拥有与生俱来的（hard-wired）感受器（通过使用字符识别模块和数学规则很容易实现这一点），最后这个"十"字图形就会与第一个图形一样显而易见。所谓不同程度的自主性，取决于脑在识别每一个"十"字图形时所付诸的努力程度。可是，这三个"十"字图形的发生是因为构成它们的质料如果加上脑的作用就能够使某个客体得以发生。原因需要适当的物理系统才能发挥作用。

我们对世界的体验是由现实存在者（actual entities）构成的。我们生活的这个物理世界同样是由现实存在者构成的。我体验发生着的事物，但我不能体验可能的世界——我体验世界之所是。我就是世界的现实发生（actual occurrence）。

u	u	n	u	u
u	u	n	u	u
n	n	n	n	n
u	u	n	u	u
u	u	n	u	u

30	8	17	25	28
18	15	11	9	14
31	3	5	23	29
10	22	19	4	20
16	8	7	6	12

图4 三个客体，它们的真实程度相同吗？

* * *

① 原注：在多年前撰写的意大利语著作（Manzotti & Tagliasco, 2001）中，我已经提过这个例子。

　　但是，人们可能会对我们的体验的反复无常感到惊奇。在我们看来，世界是不断变化的，这难道不是一个确定的事实吗？世界难道不是正如我们感知的那样由于我们不可靠的知觉主观性而变化吗？我们难道没有因为不同的感官而产生不同的知觉吗？客体难道不是根据感官模态的不同而显现出差别的吗？当通过触觉、嗅觉、味觉、听觉和视觉的不同模态进行感知时，同一个客体难道没有差别吗？最后，触觉上的苹果与视觉上的苹果难道不是同一个苹果的不同呈现模式吗？这些就是伽利略和科学对于我们感官的惯常不信任吗？事实上，所有物理属性都是相对的，并且因此经历同一种持续变更。

　　弥散心智理论所给出的答复是明确的：我们不是对同一个客体的感知不同，我们是对不同的相对客体进行感知。与其说是我们以某种方式感知了一个客体，还不如说是某种感官模态拣选出了一组客体。正如我先前强调的，弥散的客体是以因果性定义的。因此，不同的感官模态，对应不同的因果过程，并拣选出不同的客体。不同的感官模态就是诸多因果过程的不同群集。例如，视觉聚集了那些利用光线作为媒介的因果过程，听觉聚集了那些利用气压波的因果过程，诸如此类。这里所说的感官模态是一组同质的外部原因，而不是一组同质的内部现象特征。以不同方式看一个客体就等同于看到不同的客体。每一种感官模态都是一组聚集在一起的客体，因为这些客体都与同一个感觉器官相关。一旦考虑到外部物理现象的相对存在，现象体验就再一次成了一种毫无用处的假设。

　　由于我们所感知到的客体相对于我们身体所提供的因果条件而存在，所以我们身体的变化，或者说身体的不同部位，都会从同一个物理连续统中产生不同的外部客体。如果我们的身体发生变化，那么因身体而得以存在的这个世界，也就是相对于身体而存在的客体，也会发生变化。因为，客体是相对的。

　　当我的身体面对着作为某个因果过程的原因的质料时，一个特定的组合已经从诸多可能性中被挑选出来。比如说，我称为"视觉的红苹果"的东西就是相对于我的视觉器官而言的。这里所说的"视觉的"并不指涉任何内在的心智特征，只关系到一个事实——它仅仅与光学现象相关。视觉器官择选了光学原因——视觉现象。当然，这个事物也能成为其他很多过程的原因。当我的手触碰到放在桌上的这个东西时，一个触觉上的苹果发生了（这里不再有"红"了）。当我的舌头舔到这个苹果，或者我的牙齿咬到这个苹果时，不同的因果过程也就拣选出不同的客体。如上所述，构成苹果的东西是真实的，并且限定了能被我的身体赋予存在的事物。无论多少次我看向这个"视觉的苹果"，也无论多少次我触碰这个"触觉的苹果"，最终我都只能吃掉一个苹果。所有这些苹果都是不同的相对现实客体，它们被我们身体的不同部位所提供的不同因果条件所拣选。实际上，我所领悟的这个因果过程是消极的。大部分涉及知觉的因果过程不是消极的，这仅仅是一个偶然性事实。

"吃"对于验证存在性来说，固然是一个很好的实用标准。尽管如此，每当我看向桌上的那个东西时，一个新的苹果对于投射进我视网膜的光线来说就是原因；每当我触碰这个苹果时，一个新的苹果对于我手指感受到的压力来说就是原因。[①]诸如此类。对于不同客体而言，不同的感官就是因果性上的闸门，但是这些客体只是从某种环境拣选出来的所有可能客体中的一小部分。最重要的是，感官模态既不能增加特定的属性，也不能拥有特定的属性——一种感官模态就是一组客体。这么多客体会是问题吗？压根不会。想一想相对速度和绝对速度。毫无疑问，相对速度的概念意味着，每一个客体都具有无数个相对速度而不是仅有一个绝对速度。这在物理学上是一个问题吗？当然不是，因为每一个相对速度相对于一对物体而言都是绝对的。这种相对性在其自身范围之内是绝对的。

还有一个类似的解释可以被简单概括为"不同的呈现方式（modes of presentation）"。比如，我戴眼镜或者不戴眼镜看向同一个苹果。当

---

① 原注：对于莫利诺（Molineux）的问题，答案当然是否定的，因为除了偶然的相似性之外，没有任何东西能将触觉物理现象与视觉物理现象组合起来，其他任何相似的组合也都是不可能的。当然，有时共性可能存在。这些事例并不是先天或先验现象学的表达。

我戴着眼镜时，苹果的特征看起来非常清晰；而当我摘下眼镜后，苹果的特征就显得很模糊。不同的呈现方式会迫使我们承认客体显现出的样子与客体本身是不同的吗？回答当然是否定的。模糊的苹果不比清晰的苹果在物理性上差。两个苹果都是物理的。这相当于说，不同的感官模态就是被因果过程所拣选的不同客体，而不同的呈现方式就是被更进一步的因果过程所拣选的不同客体。清晰的苹果和模糊的苹果是两个不同的物理客体，只不过两者有部分的重合。

当我摘下眼镜时，我看到了模糊的苹果。我是否在用两种方式看待同一个客体？或者说，我是否有确切的理由认为我看到了两个不同的客体，仿佛它们是同一客体的不同版本？我捍卫后一种观点。一个苹果相对于我戴着眼镜的眼睛而存在，而另一个苹果相对于我的裸眼而存在。不同的体验对应不同的外部客体。在这种情况下，不同客体相对于我的身体在不同的组合配置中所具体化的不同条件而存在。

倘若恰巧如此，那么模糊的苹果和清晰的苹果就是两个独立而又部分重叠的客体。当我感知那个模糊的苹果时，苹果表面的一簇簇点集中在一起。这种簇集就是我们所描述的"模糊"。而当我感知那个清晰的苹果时，情况也不是截然相反的。苹果表面的每一个点仍然是我的视觉系统所聚集的众多子区域的总和。如果我拥有更好的视网膜，我甚至能够看到另一个更为清晰的苹果。

另一个例子是红蓝格子相间的棋盘。从足够远的距离看，它仅仅是一块紫红色的木板，因为（离得太远）人的视网膜不能分辨这些方格。而在一种非常敏锐的物理感知下，这块板既是一块紫红色的木板，又是一个红蓝相间的棋盘。这是两个相对的客体，每一个都相对于适当的物理系统而存在，而在这个例子中，意味着它们相对于与之距离不同的人体。对这个木板的两种感知结果在真实程度方面并没有高下之分。两种结果也均不位于观察者的身体所在之处。观察者提供了因果条件。无论是对于紫红色的木板而言还是对于红蓝相间的棋盘而言，观察者所处的位置和其自身视觉能力都为它们的存在提供了因果条件。改变观察者的身体也就改变了因果条件，进而改变了随之存在的相对的弥散客体。如果两个人处在不同的位置，那么就会存在两个客体——两块不同颜色的木板。这是荒谬的吗？为什么会是荒谬的呢？倘若我让两辆车以不同的速度驶向同一根灯柱，难道灯柱不是拥有两个不同的相对速度吗？毋庸置疑，确是如此。存在是相对的。

可以说，弥散的客体是易于出现的。只要我的体验不同，我就是在体验不同的客体。同样，当我摘下眼镜看到一个模糊的红苹果时，我并不需要假定我是借由一种模糊化的呈现方式看到了这个红苹果。我的身体发生了变化，随之，身体所产生的相对客体也发生了变化。首先要明确的是，绝对清晰的红苹果也只是一种抽象物。比如说，假设我们拥有一层敏锐度强十倍的视网膜，我们现在所谓的"绝对清晰的红苹果"就将变得非常模糊。总而言之，"一个清晰的红苹果"的概念依托于我们视觉系统运行的方式。正常的视力是一种选择，它以一种熟悉而任意的方式拣选了对象，但模糊视力、散光视力和超级敏锐的视力同样也都是可能的选择。在存在论意义上，它们并没有高下之分。同样，也不存在哪一个更为接近理想客体之说。它们都是真实的物理客体，对于人的身体而言具有相同的任意性和相关性。莫奈（Monet）的风景和丢勒（Dürer）的静物一样逼真。模糊的苹果和清晰的苹果一样是物理的。模糊的苹果和清晰的苹果仅仅是无数可能的客体之中的两个。每个客体都是被特定的因果过程所拣选出来的。①

许多作者都倾向于将模糊的苹果和清晰的苹果视为同一客体的两种不同呈现方式，而不是两个不同的客体，其主要原因诚如我先前所论述的：归根结底，只存在着唯一一个可供食用的苹果。在眼睛和胃的较量中，饥饿相对于视力而言往往占据上风。

这也许看上去有些匪夷所思，但所谓的"呈现方式"并非指同一个

---

① 原注：我们来看光的例子。光线可以根据其空间上的频率进行分解。因此，普通近视导致的高频模糊是由于对最高频率的光进行过滤而产生的。换句话说，当我摘下眼镜时，我把环境的一部分弃而不顾，就像我遮住客体的一部分一样。

客体显现的不同方式，而是存在多个客体，不过为了便于实际中的多种用途——诸如食用、购买、拥有和交易——我们把这些客体归统在一起。当实际中的用途允许不同的行为时，我们在存在论上也相应做出调整。举例来说，每次我去看电影，我都要为所出现的视觉客体埋单。

同样的路径也适用于从不同角度看待某物，抑或以不同方式调用人的感官。我用我的手指或手背触碰苹果。我从上面、侧面、相隔甚远或近至几厘米来观察苹果。我每一次不同的体验意味着我择选了不同的客体。如果身体发生变化，相对客体也会像相对速度那样发生变化。

有时，把众多客体聚合为一个易于管理的群集会不太明显。想象一下，每天早上醒来，我都会在家门口看到一只猫，我把它唤作"来福"。然而，我所不知情的是，我擅长恶作剧的邻居每天早上都会将不同的猫带到我的家门口。所以，实际上，一年中我看到的是365只不同的猫，尽管在我的体验中，自始至终只有一只猫。来福是一只复合的猫，由我擅长恶作剧的邻居放在我家门口的365只不同的猫所组成。这种情况听起来离奇，但的确有可能发生。这就类似于我们根据数以千帧的电影画面组成了汉·索罗（Han Solo）这个角色。无论是在我的世界中还是在我的体验中，没有什么能将365只不同的猫的混合物与一只猫区分开。同样地，当我从不同的视角观察苹果时，我的身体就相应拣选出了不同的苹果。然而，我相信我所看到的是同一个苹果，这很大程度上是因为我最终只能吃一次。

*　*　*

客体的因果性也蕴涵着它们的时间性。事实上，在我们的宇宙中，因果作用需要物理过程，而物理过程需要时间。因此，客体和整体的因果性蕴含了它们在时间中的弥散性。客体在本质上是时间性的，这亦与体验的本质一致。意识和客体两者都是发生性的，它们参与物理世界的变化。如此一来，体验与世界之间的另一个裂隙就可以弥合了。既然因果过程在时空中弥散，客体也在时间中发生。当然，客体不是在因果过程的整个时间范围内被涂抹，也不是四维蠕虫（four-dimensional worms）（爬得到处都是）。客体仅处于时空中它所在的位置。如果我所感知的客体是天狼星，那么这个客体在时间上定位于人脑产生相应活动之前的8.6年。

上面提到的因果解释适用于我能想到的所有情况——例如星座、面容、文字、曲调、椅子、恒星、行星、书籍、生物、人类和神经活动，等等。这些客体将所有弥散在时间和空间中的元素汇聚在一起。以星座为例，星座就在恒星所在的空间和时间上，或者在说恒星过去所在的位置上。诸恒星与地球的距离远近不同，因而可以说，星座就是一个弥散在巨大时空范围内的物理客体。

对客体的因果解释使我们将体验和实在两者天衣无缝地融合起来。客体不再是静态的存在者，它们因相对的因果过程而存在，但它们本身又不是这种因果过程。客体的问题从无时间性的视角转向以时间为导向的观点。客体是因果过程的结果。因此，如果时间被冻结，就不会有任何客体存在：没有时间，就没有客体。这将引出有趣的结果。

我们假定时间停止了。根据一般的观点，如果时间停止，一切事物还将继续存在，只不过一切都会像定格在数码快照中一样。雨滴和雪花将会在半空中停止不动；汽车和旁观者将一动不动地待着；图案和形状将保持在原来的位置；宇宙将会冻结，但在存在论上并未改变。这种普遍的说法不仅是错误的，还具有误导性。一个时间被冻结的宇宙中将会空无一物。如果时间被冻结，万物将会消失。在这样一个无时间性的瞬间，将没有任何声音，因为声音是由一系列气压波造成的。同样，言谈也会消失，因为声音就是由说出的语词组成的。神经活动将不复存在，因为它是由一系列随时间分布的化学反应构成的。甚至连光都会消失，因为光线在时间中传播。世界将会一片漆黑。最终，客体也将不复存在，因为它们需要时间才能发生。世界上将没有图案，没有光，没有声音，没有形状，也没有客体。不出意料，也将不存在意识体验。一个被冻结的宇宙将一成不变，没有体验也没有客体。倘若时间停止了，宇宙不仅会陷入黑暗和静默，还将会空无一物。

世界是由发生在不同的时间跨度内的客体所构成的。同时，不同的客体弥散在不同的时间范围内。一个有趣的例子就是人类的感知系统，在这个系统中，不同的属性发生在不同的时刻。[①]比如，运动比颜色要花更长的时间来产生效果。一个明亮的斑点会触发相当快速的反应，但一张面孔需要相对更长的时间。我们生活的世界在时间上并不是一个瞬时点。

持续存在的客体需要连续的重复发生，因为它们不是存在而是发生。它们应一次又一次重复产生，才得以存在。客体持续存在是因为一系列似乎相同的客体在不断重复发生。我们可以再次以电影画面来进行分析。要放映一部关于静止客体的影片，就必须投影一系列相同的画面。也可以说，如果我们一再地需要这个客体，我们就要引起相同的因果过程。为了这个目的，我们需要相同的情境。这恰恰就是当我们注视着一幅静态图案或一个静止客体时所发生的情况。无论何时我们注视着它，都有一个新的因果过程产生。这又是一个冰箱照明灯的模型。我们所看到的静止客体就是一系列同一但又在数字上不同的胶片帧。一个持存的客体就类似于一部关于静止客体的影片。

客体的时间结构，亦即自然的时间结构，至为关键，它使客体与体验浑然为一。客体和我们的体验——两者是同一的——都在生成的那个瞬间耗尽了自己的存在。

* * *

如果结果是使客体得以存在的条件之一，而结果发生于客体之后，那么结果是否会改变过去？这种显而易见的因果和时间循环（causal and temporal loop）揭示了实在的不饱和（unsaturated）和潜在的本质，直到未来的结果封装了一部分过去。这是一种因果和时间上的纠缠，与我们通过量子力学所发现的东西相呼应。现在确定了过去。

问题在于，除非一个客体产生了结果，否则这个客体就不存在。这

---

① 原注：Bartels & Zeki, 1998, 2005; Zeki & Moutoussis, 1997; Zeki, 1978.

就好像无论多久，客体的存在状态一直处于开放状态，直至它的结果出现为止。任何客体都是一种可能性，如果它还没有完成，它将永远只是一种可能性。可能性不会随时间凋谢。这种悬置的"存在"概念与T. S. 艾略特（T. S. Eliot）1936年写在《烧毁的诺顿》（*Burnt Norton*）中的诗句恰好吻合：

> 那本来可能发生的事是一种抽象，
> 始终只是在一个思辨的世界中
> 一种永恒的可能性。
> 那本来可能发生的和已经发生的
> 都指向一个终结，终结永远是现在。①

然而，当结果产生时，客体将会在其所处的位置得以存在。因此，对于这个客体而言，在结果产生之前，时间将不会流逝，因为直到结果出现才有客体存在。现今所发生的事重新定义了过去。谈论因果过程内在的时间毫无意义。

重要的是，弥散心智理论并不需要任何反向因果作用。没有任何事物能从结果回溯至原因。在结果出现之前，客体将一直陷于不确定性之中。通过把原因（即客体）带入存在，结果改变了过去。

我们来考虑另一个比喻——中奖彩票。假设约翰在2015年6月14日购买了一张彩票。彩票将会在2015年12月31日的午夜开奖。直至那一天，约翰都没有购买"中奖彩票"，他仅仅购买了"彩票"。幸运的是，在12月31日晚上，约翰的彩票被抽中了。除非有人假定了决定论式的宇宙版本，否则直到那一刻，所有微小的概率都指向约翰买不到中奖彩票。但是，他的彩票中奖了。在2016年1月1日可以说，约翰在2015年6月14日就买了这张中奖彩票。没有人能否认约翰在六个月之

---

① 编注：此处采用裴小龙译本。

前就买了这张中奖的彩票，但是，仅仅当它被抽中了之后它才成为中奖彩票。好像"约翰在2015年6月14日购买了中奖彩票"这个无时态的命题直至12月31日都是开放的，开奖之后才变成了一个真命题。换言之，未来的事件完成并修复了以前所发生事情的存在论地位。这看起来自相矛盾吗？其实这只是因为，我们习惯于将原因和结果设想成好像是封装在密闭的时间瞬间的超然淡漠的单子（monad）。

客体并非独立存在着，而只能是相对于另一个必然处于其后续时刻的客体而存在。存在是相对的。

另一个值得注意的例子是彩虹，这是一种美丽而具有启发性的客体。[①]想象一种简化的彩虹，它由漂浮在空中的水滴所组成。一列平行的太阳光照射在水滴上。结果，每一滴水都反射了一组分散开来的彩色光线。不同的观察者将根据自身所处的位置挑选出不同的液滴组合，由于他们在空间中处于不同的位置，从而他们得以择选出不同的彩虹。如果没有观察者在那里，那么反射的光线不会引发任何的联合作用的结果，光将继续传播，直至遁于某处。它们将失去唯一的聚合起来的机会，因而也就没有作为整体的彩虹的存在。可是彩虹就在云层中。它既不存在于我们的头脑中也不存在于我们的心智中，诚如诗人杰拉尔德·曼利·霍普金斯（Gerard Manley Hopkins）在其诗作《解开这个结是件难事》（*It Was a Hard Thing to Undo This Knot*）中所写：

> 彩虹闪耀，却仅仅在所视之人
>
> 的思想之中。又不独独在此处，
>
> 究竟是谁创造了彩虹？

彩虹并不独独存在于人的思想中。彩虹存在于云层中。它是一个能

---

① 原注：直至2014年，我都是一个"过程存在论"的狂热支持者（Manzotti, 2006a, 2006b, 2011b），但这是错误的。

被拍摄到的物理客体。然而，彩虹是相对于另一个客体而存在的——可能是人的身体，也可能是相机。在云层中，有近乎无数"可能的彩虹（possible rainbows）"会发生。然而，仅有其中有限的一小部分能够真正发生。只有那些与适当的物理系统相互作用的才有机会存在。现实的彩虹就是存在论上的中奖彩票，而观察者的身体就相当于抽奖过程。原因有赖于结果而成为原因，同时，显而易见，结果也依赖原因。

* * *

弥散的客体有自身的独特性，即相对性、偶然性、时间定位和持续性（即再发性），以及对观察者身体的因果依赖性。至关重要的是，弥散的客体与经验实证证据没有任何冲突。对于我所体验的客体而言，当我没有体验到它时，它是否存在——这与冰箱门闭合时的冰箱里的灯一样，是无关紧要的。我们不能体验到一个没有我们身体在场的世界。同理，我们体验到的是我们的身体所在的世界。当然，我们也可能间接地推断出那些不在我们体验之内的事物——科学就是这么做的，而且做得非常出色。但是这些事物并不是我们所体验的客体。科学的权威应服从体验的权威。幸运的是，一旦接受了弥散心智理论，科学就不会与体验发生矛盾。体验就成了某个过程的原因，当一个人感知它时，这个过程就建立起物理上在那里的东西。睁开眼睛的过程改变了周围的世界，因为它使某些客体引发结果并因此得以存在。触摸也将使其他客体得以存在。以此类推。知觉就是体验，反过来，体验也是因果存在。知觉蕴含了变化，而体验就是引起变化的那个客体。弥散的客体是从物理连续统中被物理性地塑造出来的。

弥散的客体既与个人体验也与科学发现兼容。相反，伽利略式客体与人的体验相冲突，并且要求人歪曲感觉。弥散的客体是如此接近人的体验，以至于同一性成为自然而然的选择。弥散的客体并不要求歪曲人的感觉。它也不再需要其他的存在物——诸如现象体验、现象特征、呈现方式、感官模态等。这是对心智与物理之间的鸿沟的终结。

在弥散心智理论的解释中，整个图景是完全不同的。客体以及与之相关的体验不再是两个相互独立的领域。当然，一个客体不一定属于一个人的体验。尽管不是所有客体都是心智的一部分，但每种体验都是客体。心智就是一系列我们以特殊情感看待的客体，因为客体与我们同一。在弥散心智理论中，体验与客体之间不可能出现不匹配，因为显象与实在是同一的。体验与实在的同一性必须一以贯之。这种同一性是弥散心智理论的一个关键性预测。

存在两类客体：一类是现实的相对客体，并且是心智的一部分；另一类则是不属于体验的相对客体。第二类通常是借由科学和演绎而自第一类推断出来的。借助对我们所感知到的存在物的影响，我们可以推断出那些不属于体验的真实的存在物的存在，诸如红外线。

弥散的客体把支持体验动态特性的责任从心智转移到物理世界。客体，作为物理过程中的现实原因，就是我们所需要的一切。弥散的客体的概念和体验的概念相互重合。体验和客体都在空间和时间中弥散。它们的边界是根据因果关系界定的。它们相互重叠。体验与客体是完全同一的。

体验和客体是同时产生的。它们只是两种不同的方式，用以指代自然界内部某些不同的事件。我所感知的客体与存在于彼处的那个客体别无二致。如果有人吃掉了那个苹果，那个苹果也会从我的体验中消失。立在桌子上的那个苹果就是作为我心智一部分的那个苹果。我为什么要相信我所看到的与这个世界有某些区别呢？并没有什么特别的现象外衣遮覆这个物理世界。无须任何心智颜料或心智乳胶。

实在之上并没有遮蔽物。请伽利略见谅，实在如其所是地呈现自身。在此我不会畏缩：我心智中的客体与桌子上的客体是同一的。现象属性即弥散客体的物理属性。

引入现象属性就等同于发明了一种神秘特质，当某人拥有这种特质时，他就期望客体具有这种神秘特质。想象一下，我们在寻找一种神秘的拥有性（ownness），它是客体以拥有者实例化的拥有性。当然，这样一种神秘属性是不可言喻的、不可见的。它亦将是一个空洞的概念。

现象空无而因果活跃的属性与因果呆惰而现象丰富的属性之间的传统对比根本站不住脚。客体的隐匿性是我们从未体验过的。伽利略式客体是一个毫无用处的假说，因为这个假说没有也不可能产生任何差别。因而，我们最终能将其弃之一旁。威廉·詹姆斯在1904年有一段著名的话："体验（……）不存在这样的内在二重性；我们不是通过减法而是通过加法，将体验分成意识与内容两部分。"这种现象层次的增加在经验实证上找不到任何根据，在概念上注定会失败，更别提从存在论的角度看，这简直就是一种任性草率的做法。

另一条支持体验与世界同一的线索是，我们体验到的世界的属性与那些与我们身体有因果互动的环境的属性完全匹配。我们所体验的一系列物理属性与由于我们身体的因果结构而发生的一系列属性也是完全匹配的。正如客体自身向我们呈现的那样，它们都是由各种属性构成的，那些属性正是因我们身体的结构而产生结果。我们生活在世界的子集之中，因为它与我们的身体存在因果作用。这种子集就类似于生物学家雅各布·冯·尤克斯奎尔（Jacob von Uexküll）所提出的"周遭世界（Umwelt）"这个概念：每个动物都生活在自然界的一个子集之中，这个子集是由它身体的因果属性加以因果界定的。在其1909年的主要著作，后于1957年被译作《在动物与人类世界漫游》（*A Stroll Through the Worlds of Animals and Men*）的书中，他对"周遭世界"这一概念进行了概述，这个世界是动态的、现实的，并且每时每刻都发生着变化：

> 首先，我们必须在幻想中围绕每一个生物吹一个肥皂泡，这个肥皂泡代表了它自身的世界，充满了所有仅为它独自知晓的知觉。一个新的世界应运而生。（……）随着一个动物的行为数量的增加，栖居于其周遭世界中的客体数量也不断增加。它在每个能产生体验的动物个体生命周期内不断增加。

同样，我认为，一个人的体验就等同于因与身体互动而发生的物理世界的特定子集。

＊　　＊　　＊

现象属性与物理属性之间的鸿沟能被轻易消除吗？我认为可以，因为两者的划分是以乞题的假定为基础的——诸如显象与实在之间的冲突——以及是以被误解的、经验实证上不牢固的证据为基础的——诸如梦、错觉、幻觉、错误知觉，等等。后面我将着重讨论后一个问题。现在，我想继续在香格里拉的舒适场景中沉溺一会儿，在香格里拉，每一种体验都具有——因而就是——一个客体。一以贯之，"弥散的心智"与"弥散的客体"这一对概念使得心智与物理之间的传统分离变得不再必要了。

现象属性不是物理世界的一部分，这个观念可以说是匪夷所思的。虽然由于哲学实践，我们对这个观点早已习以为常了，可是人们必须承认，这种见解实在没有多少成效。据称，现象属性不能直接被观察到。更为糟糕的是，它们不能与物理属性进行比较。我能够比较两段长度，我可以在心智中对比两种深浅不同的红色。但如果现象属性与物理属性在形而上学意义上是各自独立的，我怎么能将我心智中的红色与世界上的物理属性进行匹配呢？毋庸置疑，我不能。

有人能够将心智属性放在物理属性的旁边，并判断心智属性与物理属性是否有所不同吗？鉴于现象属性在通常情况下的定义，这种直接的比较不仅在经验实证上是不可靠的，而且在理论上也是不可能的。现象属性与物理属性已经在概念上以一种二者无法相互比较的方式分裂。当你选择买一辆车时，你无须担心汽车的颜色与你所看到的现象颜色之间的差别。并且，我们有充分的理由认为，这种窘境仅仅是分析性定义的结果，而不是什么天然障碍的结果。在日常生活中，我生活的世界恰由我体验到的属性所构成。一个因果意义上的惰性显象与一个现象意义上的惰性客体的区别从概念上看是有趣的，但并没有实际价值。每当我体验这个世界的时候，世界就是由我所体验到的相同属性所构成的。所谓的心智属性难道不就是我所生活的这个世界的属性吗？我的体验是由人、房子、建筑物、树木、汽车、动物、河流、山脉和星星所构成的。我的世界也是由相同的事物所构成的。

比"现象体验"概念更令人好奇的是下面这个与之"同源的（cognate）"观点，亦即"这个世界并不具有我所体验到的各种属性"。只有那些迷失于理论框架的权威人士才会接受这种观点。如果我不曾体验过这个世界，我怎么可能知道这个世界不具有这些属性？谁曾以这种方式感知过世界？谁能在没有任何证据的情况下就提出关于"世界是什么"的论断？当世界被假定为不属于任何人的体验的一部分时，我们如何能说对世界本性有发言权？

与这种传统观点形成对比的是，每当我感知一个客体，我就会体验这个客体。即使我的体验与这个外部客体不同——而根据弥散心智理论，这种情况永远不会发生——我的体验也应当与某些事物同一。因此，在这个世界上，一定有某些物理事物具有我的体验的属性。所以，无论我是一个弥散心智理论的追随者还是一个正统的内在论者，"我体验到某种事物"的事实都说明：物理世界具有属性。我可能会弄错那个具有我的体验属性的事物——无论它是苹果抑或是神经过程——但无论以哪种方式，某种物理事物必定是我的体验，并且必须具有我的体验的属性。我不可能在没有体验的情况下就拥有对世界的体验！而且，倘若我的体验不是物理的，我也不可能体验这个世界。如果我是一个物理主义者，那么体验必然是一种物理事件。"物理世界并不具有属性"这种奇怪的观点也是"伽利略式客体"概念的另一个副产品。无属性的客体并不是一个人能够真正遇到的客体。它是一个示意图，一种类似于"质心"概念的抽象物。如果有人挖了一个洞，并借此到达了地球的中心，他会发现那里没有什么"质心"。再想想红色专线火车，没有人能登上这辆抽象的火车。抽象的火车专线、质心、伽利略式客体，都不是真实的客体。

可是，为什么这么多学者相信物理世界不可能与我们体验的世界一样呢？为什么这么多作者相信物理世界与心智世界相异呢？为什么这么多哲学家和科学家认为把心智属性与物理属性分开是理所当然的呢？

我怀疑，主要原因可能是令人尴尬的幼稚。过去，学者和大众都通常假定，心智——不管它是什么——都完全依赖身体。因此，他们在神经系统中寻找心智存在物。但由于他们并未发现任何类似的东西——也将永远不会发现——便形成一种普遍共识：心智属性肯定是特殊的。它们必然是不可见的、私人性的、不可观察的、在因果上惰性的。因此，这种分离不再是一个可证伪的经验实证的假设，而成了一个不容置疑的教条。一旦你接受了现象属性与物理属性之间的分离，经验实证的证据就不可能对其质疑。"现象的"与"物理的"是分离的，这个观点本身在经验实证层面是无可救药的。

更明确地说，我并不主张"体验不存在"，我只是认为传统的现象显象（phenomenal appearance）的概念——以及感受质（qualia）和它们的各种同源概念——都是空洞的。与之相反，体验存在，并且体验就是我们生活的这个世界。

既然我已经沉迷于这种精简的历史漫游，那么顺带提及另一个相关观点，即置人类于宇宙中心的倾向，这种倾向倘若不是天文学意义上的，也至少是概念意义上的。我将所有赋予人类特殊地位的概念框架都通俗地称为"托勒密式立场（Ptolemaic stance）"。我们很容易接受地心说消亡的警示故事，然后却又很容易成为更为微妙的地心说的牺牲品。比如，相较于物理世界的其他部分，心智有些特殊，这种观点就是托勒密式立场的一个极佳例子。传统的实体二元论（substance dualism）是另一个显而易见的例子，因为它假定思维实体相对于广延性实体（宇宙的其他部分）而言是特殊的。在形而上学上，笛卡儿的"心智"处于体验世界和知识世界的中心，物理世界则沉默被动地在其周围游逛。与之相似，布莱士·帕斯卡（Blaise Pascal）所谓的"会思考的芦苇（thinking reed）"——虽然是脆弱的——凭借其作为宇宙中唯一能思想的存在物而获得优越的地位。除了一些罕见的例外，心智在现象和认识的领域保持中心地位，这很讨学者喜欢。根据弗朗兹·布伦塔诺（Franz Brentano）的说法，意向性（intentionality）是使心智脱离自然的标志。诸如此类。心智的"圣痕（stigmata）"仍然存在于"难问题（the hard problem）"这个当前的表述方式中，"难问题"将意识提升为存在论意义上的"罗宾汉（Robin Hood）"，它是科学永远无法彻底捕捉到的。心智事物或者现象事物常常被当作物理世界无法应对的特殊事物。根据大卫·查默斯（David Chalmers）早期的观点，就算所有其他问题都得到解决，意识的本性问题依然存在——这就是所谓的"难问题"。而根据科林·麦金（Colin McGinn）的说法，意识总会逃到解决方案之外。心智是对抗实证主义（positivism）的最后一个根据地。紧随着这种贵族式和托勒密式心智图景，脑已经在越来越高的赞美和期望中逐渐膨胀起来。

与此同时，有人相信神经元能够做一些形而上学意义上的特殊事情，比如驱使现象属性涌现，这种主张已经得到了强化。我并不否认脑是一台令人叹服的生物机器。相反，我认为脑非常卓越。但是，相信脑可以产生现象属性，相当于相信脑可以将铅变成黄金——这是一种毫不相称的假设。倘若现象属性不是物理的，那么脑是如何培育出它们的呢？无论我们因"我们的脑在宇宙中占据特殊位置"这种观点而变得多么自命不凡，脑也不能完成不可能的事情。同样地，心智还原论的最近几种说法诉诸神经过程与纯粹物理过程之间存在的细微差别，比如计算、功能状态、涌现性、信息、整合信息（integrated information）、认知、生成（enaction），等等。这样的探寻就像在寻找哲学家的"宝石"。他们在寻找一种特殊的因素，无论它是一种功能状态、生成、信息整合、计算抑或是认知广播（cognitive broadcasting）。当然，这些作者中几乎没有一个天真到犯下致命的错误，去认同笛卡儿的实体二元论。但是，学者和非学者都倾向于认为心智是一种有点特别的事物，在物理世界中，心智是与众不同的，而脑分享了心智的一些光芒。

关键在于，现象与物理之间的冲突是科学史上的最后一个托勒密式立场。与此相反，弥散心智理论以更为民主的方式，弥合了心智与自然、现象与物理、体验与世界之间的差异。

＊　＊　＊

弥散心智理论既不是教科书上的观念主义，也不是幼稚的泛心论。至少在它们的传统形式上，这两种观念与我在此所阐述的并不相同。弥散心智理论并不认为我们所感知的客体是依赖心智的。与之相反，它们是依赖脑但并不位于脑内部的物理客体。相比之下，根据教科书上贝克莱的观念主义，一切事物都依赖心智，一切事物的存在只是因为主体将其当作一个观念而进行感知，即"存在即被感知"①。对此，有三个值得强调的不同之处。

第一，贝克莱的观念主义的流行版本接受了心智与物理的分离，而弥散心智理论则是严格意义上的物理主义观点。换而言之，一切都是物理的，一切都有因果关系。一切都是客体。

第二，弥散心智理论并不把主体作为客体产生的必要前提条件。客体不依赖心智。相反，心智与客体是同一的。一个人所体验到的客体依赖脑，并且这是一种因果上偶然性的依赖。弥散心智理论阐释了一种与休谟的理论相似的"心智束理论（a bundle theory of the mind）"，不过与休谟的"物理客体扮演着印象的角色"这个观点不同。

第三，每个客体都需要另外一个物理系统才能产生。客体不能独自产生。阴影需要表面，钥匙需要锁，面孔需要人脑进行观察。有时候，某些客体需要人体所具有的物理结构。但是，这些客体并不是心智存在物。它们是由于其他的物理系统（恰巧存在于人体中）而得以发生的客

---

① 原注：就这一点而言，根据贝克莱的说法，詹姆斯认为，"常识所认为的'实在'恰好是哲学家所认为的'观念'"（James, 1904, p.481）。与此相关的是，詹姆斯概述了他的中立一元论观点。但在此我不打算评判贝克莱的观点。

体。一切都是物理的。同样，汽车、喇叭和手机需要人来制造，但是，汽车、喇叭和手机并不是心智的。脑的依赖性并不是心智的依赖性。

在许多方面，弥散心智理论都站在与传统的贝克莱式观念主义相对立的哲学立场。贝克莱的观点可以通过"存在即被感知（perceiving is being）"来概述——感知客体是为了使该客体存在。如果与传统的观点进行比较，弥散心智理论是唯一一种纯粹物理的存在论。感受就是存在。

泛心论致力于这样一种假定，即现象体验是物理世界的附加物。这种假定与弥散心智理论背道而驰，在弥散心智理论中，物理客体是自足的。流行的泛心论思想借助虚设的属性委身于"心（psyche）"这个二元论概念，并将这种虚设属性扩散到人的心智之外，慷慨地赋予所有的物理存在物。

物理客体通过与人体（物理世界的一部分）的交互活动，将自己从物理连续统中塑造出来。桌子上的苹果与我心智中的苹果是同一个苹果。拥有对苹果的体验就是将这个苹果作为体验的一部分。因此，本文所提的理论解释是一种非心灵论（no-psychism），而不是泛心论。

3.

体验的因果几何学

乘坐在驶往沙夫茨伯里大街的公共汽车上，她感到自己无处不在；

不仅仅在"这里，这里，这里"（她拍着座位的靠背），而是无处不在。

她挥舞着手，车行驶在沙夫茨伯里大街上。她这人就是这般模样。

所以，要想了解她，或者要想了解任何一个人，

你就必须找出那些成就他（她）的人，还有地方。

——弗吉尼亚·伍尔芙（Virginia Woolf），1923

如果体验与物理世界是完全同一的，那么这一理论如何解释所有体验事例呢？事实上，"心智领域（mental domain）"这个概念，尽管有点神秘，但却很实用。我们所感知到的都不过是心智意象，这种观点会促使科学养成懒惰的习惯，因为它把我们的体验置于自然之外（从而不需要也无法用科学解释）。结果，许多学者发现用"幻觉"而非其他方式可以便于解释知觉。盛行的知觉模型可以称作知觉的**幻觉模型**，因为它把日常的标准知觉解释为一种可靠的幻觉。这是一种奇特的解释策略，因为它用非正常去解释正常。知觉被当作一种"与世界匹配的（world-matching）"幻觉。[①]一种流行的观念认为，日日夜夜环绕着我们的世界是脑中产生的莫测难解的3D电影。例如，在2014年一次颇

---

① 原注：从演化论者的观点来看，这是一个可疑的解释。如果知觉是一种可靠的幻觉，人们应该承认，动物首先发展出了产生幻觉的能力，然后学会了调整幻觉以使它们与现实世界相匹配。但这几乎不可能。

受欢迎的TED演讲中，哲学家大卫·查默斯说道：

> 现在你的头脑中正在播放一部电影。这是一部精彩的多声道电影。它有你当下正看到的3D视觉图像和听到的环绕立体声，但这仅仅是一个开始。你的电影中还有嗅觉、味觉和触觉；有你的体感、疼痛感、饥饿感和性快感；有情绪、愤怒和幸福……这部电影的核心就是你正在直接体验这一切。这部电影是你的意识流，是体验心智和世界的主体。①

再没有什么比这更接近笛卡儿式（Cartesian）的观点了。这种观点认为，世界缺乏属性，而意识体验是在我们的心智（不论心智是脑还是灵魂）中调制而成的。不幸的是，关于这是什么电影、是在什么剧场、在什么地方、究竟是谁在看这部电影，人们毫无头绪！还请查默斯原谅我的不同看法，因为没人能在我们的头脑中找到任何与体验有丝毫相似之处的东西。如哲学家蒂姆·克瑞恩在2017年所说："在显微镜下观察神经元的图像并不会让谜题消失，这无异于在砧板上观察脑。"

可是，笛卡儿式模型基于显象与实在之间的分离而大获成功。世界是一场与日常现实生活同步的终其一生的幻梦。这种颠倒的解释明显是笛卡儿二元论的衍生物。梦、错觉以及幻觉塑造了当代的知觉概念。据此而言，梦和幻觉的事例所提供的实证证据与两种普遍的偏见——心智不同于世界以及世界并非它所显现的样子——一致。我们能否设想出一种涵盖所有体验种类的知觉模型从而推翻以上方案呢？我们能根据知觉解释幻觉，而非相反地根据幻觉解释知觉吗？

到目前为止，我只是处理了最有利的情况，即成功的日常标准知觉。在这样一种情境——香格里拉场景——中，只要有人感知到一个红

---

① 原注：https://www.ted.com/talks/david_chalmers_how_do_you_explain_consciousness/transcript?language=en.

苹果，那么红苹果就存在。两个密切相关的概念——弥散的心智和弥散的客体——已经被用来说明人的体验实际上等同于客体，至少在如此有利的情境中如此。我们能把这个振奋人心的模型推广到不那么乐观（诸如幻觉一类）的情况中吗？我相信这的确可能。

通过将幻觉归为一种知觉模型——感知真实的物理客体——我们可以做出不同的解释。为此，我将提出一个可以推广到诸如记忆、错觉、幻觉和知觉错误等事例的知觉模型。从这往后，关于记忆，我指的都是具有现象体验的情景记忆（episodic memory），正如为了搭配新地毯，人会试图记起自己的沙发的颜色。我将说明，只要每个事例都存在一个现实的物理客体，所有这些事例就都是知觉事例。应用弥散客体/心智模型，关键在于**每一"现象"体验都是对一个真实的、物理的、现实的客体的知觉。因此，所有体验皆知觉，相应地，所有知觉皆等同于客体**。关键是，我将说明这种解释与现有的实证证据并不冲突。

我将说明，"在人眼或在人的心智之中正放映着生动的影像"这类流行观念，在经验实证上毫无必要，在存在论上令人憎恶。将意识置于我们身体外部的客体中，乍看是奇怪的，但是最终你会发现这与我们的日常体验没有冲突，而且提供了一个我们期盼已久的经济适用的存在论。

本章旨在展开讲述体验的因果几何学（the causal geometry）[1]，并且说明从记忆到幻觉的所有事例均基于与现实物理客体的同一性——这个论点与广泛流行的观念对立，但却与我们的体验一致。下面是一个粗略的概述：在标准知觉中，我看到一个红苹果，红苹果就在那里。我看到红苹果不是因为**我的心智、我的脑或我自己**与红苹果之间的某种关系，而是因为苹果——作为一个过程的现实原因——就发生在我身体附近的时空环境中。在所有的其他事例中——诸如幻觉、梦和记忆——客

----

① 原注：因果几何学的概念很好地抓住了下述内容的要点，因为它提出了一种"因果形式质料说（hylomorphism）"（每一个物理显现都是之前经历的总和）。就因果作用如何塑成我们所感知的世界而言，这是一种很好的简写方式。

体发生于我身体的延展邻近区域。苹果可能距离我身体几百秒、若干小时、若干天、若干星期，这没有什么区别，总是存在着一个有限的时间跨度。在历史上，常识把知觉看作对时间上接近客体的体验，而把记忆、幻觉、梦则看作对时间上远离客体的体验。

这里提出的解决方案并不牵强附会，因为它没有任何不同于标准知觉的地方。再以红苹果为例，我认为它就是我的有意识体验。苹果有时会在我脑中产生结果之前发生。关键是，那个苹果存在是由于它在我脑中引发了结果——正如冰箱灯的客体模型那样。原因直到它的结果在某个时间出现于某处之后才得以存在。同样，我的体验并不是发生在我的身体所在之处——依此理论，就红苹果的例子来说，它就发生在桌子上（图5，上）。我的体验不在我的头脑中。当然，我的身体不在桌子上，不过，这不成问题，因为我的体验是一个外部客体。因此，在标准知觉中，相对于神经活动所完成的因果过程的时间和地点，客体在时空上位于其他地方。然而，由于距离相对较短并且（与人类的反应时间相比）时间也可忽略不计，这种时空方面的考虑通常可以忽略。不过，实际上，在日常知觉中，没有人否认客体与随后发生的神经活动在时间上和空间上的分离。[1]我需要你将这一事实一般化，以涵盖体验的所有事例。

不要忘了，主要假设是人对红苹果的体验就是红苹果。在标准知觉中，人的体验是发生在某个更早时间点、某个外部位置的客体。时间跨度永远不是零。于是体验同一于发生在某一时空点——不同于神经活动发生的时空点——的外部客体。这样的假设将得出一个强制性结论：**对于人的每一个体验，必定存在一个相应的处于较早时间某一地点的物理客体**。当我们感知、做梦或产生幻觉时，我们的体验始终同一于物理上不同于我们身体的、物理上却发生在某个时空点的客体或者客体组合。所以我们感知到的客体是由原本分离的物理质料结合而成的。有时，这样的客体是时空上异常的客体，可它依然是物理的。正如我们将见证的，**标准客体并不见**

---

① 原注：这儿有完全相反的关于时间间隔的论证（Suchting, 1969），接下来会有更多的内容。

得更好，只是它们需要的因果作用更少。

至关重要的是，只要你体验到某种事物——不管是知觉、梦、幻觉、错觉、生动的白日梦还是直接的脑刺激——你体验到的事物就并不内在于心智，更遑论内在于人脑。更准确地说，人同一于具有体验特征的客体。我将说明，这样的客体与桌子上那个我们熟悉的红苹果一样，都是物理的。这样，我们就不再需要像魔术师从帽子里拉出一只白兔那样，把体验从脑中拽出来。外部物理世界是我们所需要的一切。总之，现在陈述的这种观点勇敢地直面了似乎不可能解决的挑战——为每一体验事例放置一个真实的现实物理客体。由此，如果人感知到或梦到一个红苹果，红苹果将存在于某个时空位置。这样的一个红苹果等同于人的体验。更令人吃惊的是，如果人产生粉红色大象的幻觉，粉红色大象便将存在于某个时空中。这种观点的关键在于知觉和错误知觉的因果条件。它们只是在细节上不同，诸如所涉及因果过程的时间长度。所有体验皆与物理客体同一。

* * *

如果我体验到某个事物而所有事物又都是物理的，那么我的体验必定是某种物理的事物，而它必定具有我的体验的属性。我不拐弯抹角——如果我体验到一只正在飞的粉红色大象，正在飞的粉红色大象将存在于某个地方，并且将是我当前脑活动的原因！体验和神经活动不可能是相同的物理存在物，因为一般而言，它们具有不同的属性。在香格里拉，所有体验都是对恰好发生在观察者面前的客体的知觉。因而，客体是合理的物理对应物，想要知道客体在哪里是很容易的。不过我们并不生活在香格里拉，所以我们必须面对错误知觉、错觉、梦和幻觉这类事例。我们能否延伸知觉的内涵，使它涵盖这些情况？每次做梦或出现幻觉的时候，我们能否找出对应的真实物理客体？在这里，我将说明，这不仅是可能的，而且要比通常认为的更容易。

考虑一个熟悉的例子，我们喜爱的红苹果。我坐在红苹果面前。

我的眼睛与红苹果之间约有3英尺。光线大约花1×10^{-12}秒从苹果表面到我的眼睛，一旦光线到达我的视网膜，这个因果过程需要额外的100~300毫秒来完成神经活动，从而使我识别苹果。[1]在图5中，客体"红苹果"的发生距它的神经效应（不是我的体验）产生的时间和地点存在一段时间和距离。照往常一样，关键假设是体验等同于客体而不等同于神经活动。体验就在红苹果发生的**时空点上**。这样重新定位的好处开始显现。令人深思的是，关于心智的物理基础，没人能持精确的观点，虽然心智看起来不太可能是物理的。即使是最坚定的神经中心主义学者也会怀疑一系列神经事件是弥散在空间和时间中的。任何合理数量的神经活动都弥散于非精确的时空区域。神经活动本身既弥散于时间中也弥散于空间中。一个300毫秒跨度的神经活动需要30米的神经连接去完成。神经活动需要的有限时间正是关键。事实上，如果神经活动在时空中是弥散的，那么在更大的尺度上的时空弥散并不该成为我们担心的理由，而是值得认真考虑的情形。

就像神经活动弥散于时空中一样，感知到的客体也弥散于时空之中。有时，比如我们听一段音乐的时候，客体在时间上的延展是显而易见的。在其他时候，比如我们观看一个姿势或一个静止的客体时，这就不太明显了。当我们感知一个动作时，我们感知到某些弥散在时间中的事物。一个姿势是需要时间完成的。在视觉中，看似没有时间延展是时间延迟的结果，这种时间延迟太快以至于难以察觉。不过，为了感知不同的视觉特征——例如，颜色相对于形状——需要花不同的时间。因此，它们发生在不同的时刻。[2]例如，一个面孔是由弥散于时间的若干特征组成的一个客体。颜色、表情和形状产生于稍许不同的瞬间。日常标准客体同时弥散于空间中和时间中。

让我们回到外部客体与神经活动的终止这两个问题。（图5）它们

[1] 原注：Bartels & Zeki, 2005; Libet, 2004; Reddy & Kanwisher, 2006.

[2] 原注：Bartels & Zeki, 2004, 2005.

的位置在空间上和时间上都是不同的。虽然神经活动的位置是不明确的、模糊的，但可以大概设想出来。在缺乏自然临界值的情况下，**这两个位置之间的时空间隔是任意的。这个间隔只能由因果过程固定。**当然，在它们之间必定存在某种适当的物理联结。基本观点是：客体的发生要归功于因果过程，因果过程的实现则是因为神经活动。不过，客体与脑之间的这一因果关系并不意味着体验发生在脑中。人的体验与外部客体同一，不管客体处于何时何地。此外，由于相应的神经活动，客体的存在是可能的——体验与客体是从不同视角出发的同一实在。

我们能把客体与神经结果之间的时空间隔延伸多少呢？既然不存在自然的临界值，那么答案是……尽如我们所愿。为什么时间跨度上的差异会导致现象属性上的变化呢？比如你看月亮时，难道会因为月光到你眼睛要花1秒左右的时间，看月亮就不是知觉情况之一了？看月亮就像看桌子上的苹果一样。那么太阳呢？阳光需要花8分钟到达我们这儿。星星又如何？看星星就与看我桌子上的红苹果不同吗？（看星星的）时

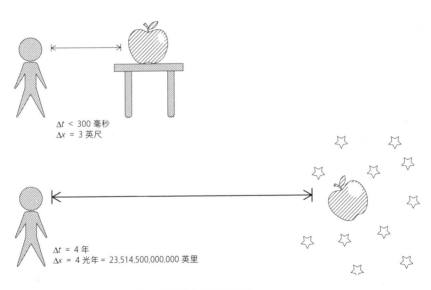

图5 客体与神经活动之间的时空距离可以是任意的。

间间隔可以是数千年之久，甚至更久。裸眼可见的最远客体是仙女座星系（the Andromeda Galaxy），它离这里有难以置信的250万光年那么远。它们都是知觉的情况。我感知星星——还有太阳和月亮——正如我感知红苹果一样。任何适用于后者的模型必须也适用于前者。

所以，在原则上，外部客体（红苹果）与因果过程的末端之间的时间延迟可以任意长。例如，移动红苹果，然后越移越远——开始是几英尺，然后是数千英尺，然后达到几十亿英里。如果红苹果足够亮，你的视力足够好，你依然能看到它（图5，下）。难道因为你与红苹果之间的时空间隔加大，你的体验就不再是知觉了吗？不，当然不是。增加的距离决定了时空上的因果过程更长，但是现象属性依然相同。此外，这既不跨越空间上也不跨越时间上神奇的临界值。把现实障碍放到一边，我们可以任意想象时间延迟的增加。**时空的间隔量不是并且不可能是区分知觉与其他体验形式的关键因素。**

一些哲学家已经注意到感知一个附近的客体与感知一个遥远的恒星之间的相似性。①罗德里克·齐硕姆（Roderick Chisholm）在他1957年的著作《感知》（*Perceiving*）中指出，我们不能只是因为光传播的长度就对关于日常客体的知觉与关于遥远恒星的知觉加以区分：

> ……悖论的产生只是因为，我们（除非接受其他教导）倾向于假定，我们感知到的任何事件或者事态必定与我们对它的知觉同时存在或同时发生。……感知现已熄灭的恒星与感知这一恒星的照片或水中倒影并不矛盾。

同样地，A. J. 艾耶尔（A. J. Ayer）偶尔怀疑，看见遥远的恒星是否意味着我们与过去有着直接的知觉联系，而记忆和知觉是否与它们目前

---

① 原注: Ebersole, 1965.

看上去的更相似。[①] 又如，哲学家尤瓦尔·多列夫（Yuval Dolev）相信，感知天体客体与感知地面客体之间是有区别的。[②] 如果我们把任意时间跨度的观点与知觉同一于客体的观念联系到一起，我们就有了一个解决方案——在一个人的过去（又是因果上的当下）中，客体始终存在。

让我们回到香格里拉。一个人的体验就是具有其体验属性的客体——无论该客体是在何时、何地发生的。

当你在日常生活中体验一个红苹果时，你的体验就是这个作为你的神经活动的现实原因而发生的红苹果。因果关系并不会迅速抽回，把外部客体的形状拽进心智中，就像鱼钩挂着鱼那样。**表征、呈现（presentation）、亲知（acquaintance）和意向关系（intentional relation）这些概念都可置于一边。**脑并不需要创造出一个世界的同形复本（isomorphic copy）。桌子上的客体具有一些属性，而这一客体就是人的体验。我们的体验也在那里。出于同样的原因，红苹果在何时、何地发生并不重要。客体的存在是现实的，因为有结果产生。因果过程可以覆盖任意大的时空跨度。

体验是弥散的，因为现实客体在空间和时间中可以任意远，所以因果过程可能会跨越巨大的时空跨度。对我的体验而言，为什么一个苹果是一个比遥远的星座更好的对应物？与红苹果一样，星座之所以存在不也是因为人脑吗？虽然令人吃惊，但事实的确如此。例如，艾米莉在 2013 年 7 月 13 日晚在波士顿看到的星座（并不是银河系的其他居民在其他行星、其他夜晚可能看到的星座）在星光到达艾米莉的眼睛之前并不存在。就好像构成苹果的质料一样，这些恒星在那之前可能是很多不同的事物。它们可能以不同的形态出现。不过，它们自身什么也做不了。它们需要同其他物理系统进行交互作用，从而成为它们所呈现的存在。它们当然可能成为某些事物，或作为某些事物发生。然而，

---

① 原注：Ayer, 1956, pp. 93 - 95, 156.

② 原注：Dolev, 2007.

这些恒星的位置、质量、温度、化学构成和亮度使得它们有能力跨越星系间的距离而扩展其因果影响。因为诸如光速这样的法则的约束，恒星已成为的事物不得不经历几百万年才能投入艾米莉的视网膜并产生结果。可是，直到（光）抵达艾米莉的眼睛，这个星座才得以完成。这个过程结束时，它才将产生它的原因（即这个星座）带入存在。与其他事物一样，星座是一个相对的存在。**结果出现以后，只要是在那之后，这个星座就会一直在那里。**

关于星座在艾米莉的脑中产生结果之前它是否存在的问题，我们能永远讨论下去。而我对这种谈论没有兴趣。对艾米莉而言，在这些恒星在艾米莉的脑中引发结果并因而确定了它们的存在之前，星座并不存在。同样，艾米莉的星座对其他任何人而言均不存在。我指的不是星座的光线，而是在时空上散布的星座。人们倾向于认为，在星座与艾米莉的身体产生因果关系之前，它能在许多条件下发生。尽管这一情况很有可能，但并非必然如此。这一事实与当前陈述的观点并不冲突。弥散心智理论认为任一体验均对应一个物理客体。当然，客体能够在不参与任何人的世界的情况下发生。苹果总是苹果，无论它是否是人的体验的世界子集的一部分。

严正警告：弥散心智理论既不认可也不需要任何形式的后向因果作用——换言之，在时间上溯回的因果作用。艾米莉的知觉并没有时间上后退的、可回溯的结果。这里只涉及前向因果作用。现在，这些恒星存在，但它们还不是一个整体。可以说，星座在存在论上是模糊的，直到在随后的时间里这些恒星产生一个联合结果。在这种情况下，艾米莉的身体（仅仅是一个客体）将提供必要的使之可能的因果环境。由此，恒星会寻求与艾米莉的身体发生因果关系，从而使星座诞生。直到其因果效应完成，当下才能够确定。这就是全部。有趣的是，就光子从恒星运行到人眼而言，相对论确实支持这一观点。由于时间膨胀，光子的内时间并没有滴滴答答地前进。于是，对光子而言，从恒星到艾米莉的视网膜的过程中，并没有时间流逝。于是，光子的存在是在这一旅程的终点才被确定的。

* * *

为了令你相信弥散心智观点能够将所有形式的体验还原为知觉，这里我把一个根据直接知觉模仿诸如梦、错觉和幻觉等所有已知体验的简易光学装置用作直觉泵（intuition pump）。该模型将通过修补光学现象的外部几何结构来达到这一结果。用一个光学装置去模拟种种体验和知觉形式有很多好处。首先，如果这种尝试成功了，光学装置将说明所有体验可以通过知觉的外部几何形状的变化产生。其次，光学（装置）并不需要诸如信息、表征、心智意象等概念。当然，以上只是一个实用的类比。我没有主张脑利用光学因果链。不过，脑通过感官和神经网络利用了其他因果链。最后，光和神经过程都不过是因果链而已。

理想装置必须满足三个条件。它必得是透明的。它必须能引入任意长的时间延迟。它应该像一面假镜子，即它必须能把两束光线合并为一束。这样的装置在技术上是可行的。

所以，回到艾米莉和她的红苹果上。想象一种透明的介质——例如红苹果与艾米莉身体之间存在一层透明玻璃。这层玻璃是如此透明，以至于我们还得贴上黄色便利贴，以警告人们可能的危险。（图6，左）艾米莉能透过玻璃看到苹果。苹果会看起来不一样吗？当然不会。透明玻璃上有（苹果的）图像吗？不，没有。这种情况与知觉不同吗？我并没有看到有什么不同。玻璃相当于人眼与客体之间的空气。空间和时间没有发生显著的变化。同样，当我们透过窗户看世界时，我们感知到了世界。类似的是，戴眼镜的人也感知到了世界。不过，玻璃引入了一个不可知觉的延迟和一个物理介质。然而，这样的延迟并没有改变因果过程的结构。

接下来，我们增加延迟，即增加外部客体与神经活动之间的时间间隔。在艾米莉与苹果之间，现在存在一层透明的玻璃。艾米莉不知道的是，一个恶作剧的科学家增加了一个不可见的装置，使得光穿过玻璃时光速降低（图6，右）。奇妙的是，如今这在技术上是可行的。虽然光速是不可超越的，但某些装置可以降低光速。

于是，可以设想，我们能设置任意的延迟。我们从小的量开始。首先，延迟几乎难以觉察。这依然是知觉吗？为什么不是呢？延迟并没有阻止知觉过程。正如我们所看到的，因为诸如光速以及平均神经信号速度的法则约束，即使是在最有利的知觉情境中，延迟也会把客体与神经活动隔开。有许多方法可以增加延迟。例如，使客体远离观察者将增加时间延迟，就像行星、恒星和星系的例子一样。换句话说，我们看到的事物始终在过去，可是过去即当下。

图6 透明介质并没有改变知觉的本质（左图）；时间延迟也不能（右图）。

结论是，时间延迟——由于玻璃或距离导致的延时——并没有阻止知觉。如果我们增加时间延迟，知觉会变得不舒适，然而知觉的因果结构依然不变。不论光花了多少时间到达艾米莉的眼睛，她仍然会感知到红苹果。人类知觉只是看上去是瞬间发生的。

然后我们把玻璃换成能合并多束光线的假镜子。大多数透明玻璃能用来充当反射镜面和透明介质（图7）。现在这个光学装置把两束光线合成一股。这通常是笔记本电脑使用者感到不适的原因之一，但也使得人能够透过商店橱窗浏览商品，从中获得小小消遣。这种情况下，人们看到的是真实客体的结合。这种结合形成了具有现实因果力的合成客体。这种反常的光线几何赋予了合成客体因果力。再次强调，人们所看到的事物与存在于人周围的事物之间的不同排列并没有改变知觉的本质。视觉外部几何结构的这些改变并不意味着人的知觉会变得不够真实。尽管客体在时间和空间上是弥散的——时空上的复合客体——但人感知到的是一个物理客体。外部客体的因果连续性与发生在标准知觉中的情况并没有不同。因为屏幕的部分透明性，多重因果路径挑选出了一个不寻常的时空分布客体。[①]关键是，人看到的不是心智意象，而是类似于红苹果的物理客体。

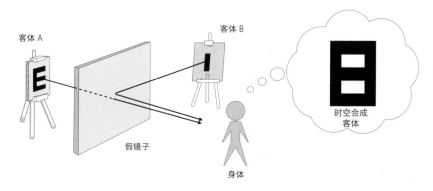

图7 多重因果路径使时空合成客体成为现实原因。

这是消除对镜子的普遍误解（这种误解认为镜子可能是困惑的源头）的好机会——镜子上没有意象。镜中并**没有倒置的图像，镜子只是改变了光线路径的正常几何形状**。事实上，透过镜子我们看到的是真实的世界——正如我们开车时用后视镜看到的一样。透过镜子看世界类似于透过玻璃看世界。在这两种情况下，连续的因果链在外部客体与人的眼睛之间产生。不过，镜子的情况内有玄机：光线并不遵循单一的直线轨迹，而是遵循两部分合成的轨迹。在日常知觉中，光线是沿着直线传播的。在镜子—介质知觉中，光线由两部分组成。因为这种情况相对反常，我们通常（错误地）认为镜子是呈现左右倒置的意象的客体。

---

① 原注: Aleman, van Lee, Mantione, Verkoijen, & de Haan, 2001; Arditi, Holtzman, & Kosslyn, 1988; Bu, Price, Frackowiak, & Friston, 1998; Collignon & De Volder, 2009; De Beni & Cornoldi, 1988; Lopes da Silva, 2003; Pons, 1996.

这是错误的。镜中没有意象。认为镜中存在意象的观点是中间实体谬误（fallacy of the intermediate entity）的另一个例子，这也是我2010年在一部哲学漫画中讨论过的议题。镜子这一客体改变了入射光线的因果几何形状。因此，如果我借助镜子看红苹果，我可以非正式地说我看到了红苹果的影像（reflection），但这仅仅是一种口语表达。我不可能看到影像，即意象：我通过不寻常的路径看到了真实的红苹果。并不存在影像这样的东西。我看到的不是影像，而是客体。

总之，我们已经掌握了技术上可行的光学装置，这种装置可以放在人的身体与人生活中遇到的任意客体之间，即一个可控延迟的半透明镜子。这样的镜子使得人能感知到其生命中的任一时刻，甚至其出生前的任意时刻。当然，人需要将装置放在恰当的时间和地点。否则，他将无法使用该装置。不过，如果我们把"延时假镜子"放在恰当的地点和时间，我们就能看到任何时候所发生的事情。这一点至关重要。事实上，我们的脑似乎不能通达任何基本的现象体验，除非它在其寿命期间与现象体验已有直接接触。

通过这样的装置，人可以看到过去的事件，就好像它们是现在的一部分。更准确地说，由于这样的装置，过去的事件依然是现在的一部分。所有这些事件以及它们的组合，就像现在我们桌子上的红苹果一样，都是人当下的一部分。核心观点是，因果几何是支撑记忆、梦和幻想的因果结构。如果在合适的时间和地点放置设备似乎不可行，那么可以设想可行的解决方案。例如，人可以在一生中放置数百万个这样的装置，镜子越多，时间延迟越多。这样，在未来，人总会有一面镜子放置在适当的时间。可以称其为"铺张策略（prodigal strategy）"。

事实上，从因果和神经角度看，脑就是这么做的。在脑这个例子中，通过使用这种光学装置，人不是**想象**或**记起**过去的事件，而是**感知到它**。做梦不像看图画，就像看电视屏幕一样。相反，人看到的是原初的客体，就像它在自己面前一样，只不过是因果链更长而已。这个知觉过程与另外的过程——把我们的身体与星座、恒星、太阳、月亮、山、房子还有最后我们所爱的苹果联系起来的过程——相同。

＊　＊　＊

我所设想的这种光学装置所模仿的不仅是知觉，还有一切形式的体验。通过使用正确的光学工具，并且应用"铺张策略"，**我们的生命中任何时间和任何地点所接触到的任何客体，都会以红苹果在我们面前存在的方式存在。更进一步地说，通过"假镜子"这个装置，客体与属性的任意组合将作为复合的物理客体存在。**这样的模型与体验的所有事例（从记忆到幻觉）都匹配吗？我敢打赌，答案是肯定的。

通常在传统上，记忆代表了体验的纯粹知觉模型的反例。许多人有着这样的感受，他们的记忆就储存在他们身体里面的某个地方，就像录像、照片或者影像存储在硬件里那样——总之就是这类现代技术的隐喻。村上春树2002年的畅销小说《海边的卡夫卡》（*Kafka on the Shore*）中写道：

> 脑袋里……有一个将这些作为记忆保存下来的小房间。肯定是类似图书馆书架的房间。而我们为了解自己心的正确状态，必须不断制作那个房间用的检索卡。也需要清扫，换空气，给花瓶换水。换言之，你势必永远活在你自身的图书馆里。[①]

可是，在我们的体验中，并没有什么东西能证明我们的回忆位于脑内部。这么说吧，我们的记忆并不是与神经黏稠物粘在一起的。尽管我们能够回忆起我们的过去，但没有什么事物规定我们必须把我们的过去作为物理复本储存在头脑中。我们需要的是一种机制，它让我们能够体验我们的生活片段——一个允许过去事件出现的机制。这个机制不是把神经记录投射到心智屏幕上，那更像魔法咒语。而我们需要的是一个能

---

① 译注：采用林少华译本。

把"依然因果相关的事件（still-causally-relevant events）"整理为现在的一部分的机制。**我们真实地看到了过去。记忆是一种时间上延展的知觉的形式。我们称为"过去"的依然是当下。**

以最简单的情况为例，即"真实记忆（veridical memory）"，这是对真实发生事情的记忆。我们的身体是弥散的事件和客体的因果影响的代理者（proxies）。请你在不看沙发的情况下回忆它的颜色。结果是，你回忆起了上次看到的沙发。这样的话，在某种程度上，你就看到了你的沙发和它的颜色。这是如何成为可能的？传统解释认为，你通过一些别人不可能看到的心智图像（作为替代）"在你的心智中"看到了它。然而，心智不是你可以走进去瞧个究竟的物理场所。弥散心智理论提供了不同的解决路径。你依然可以在你之前看到沙发的时间和地点（比如说，今天早上你坐在沙发上）看到它。你看到你的沙发，与你看到猎户星座中的一等星参宿四（Betelgeuse）或红苹果时的方式一样，即因果链把你体验到的客体（也是你的体验）与你的脑联系在了一起。上述三个现象——恒星、苹果和你的沙发——都是因你脑中的结构而发生的。你回忆某事物是借助一些神经结构做到的，而这些神经结构的作用与刚才描述的光学装置的作用是一样的。对于外部的过去的客体和事件而言，身体和脑就是其因果代理者。借助你的身体，过去依然具有因果效力。过去与人们通常置于当下的事件和客体一样是当下的。

如果我们采取铺张策略，那么人生命中的每一事件都将与一个恰当的延迟时间的光学装置对应。每个光学装置都将以一个特定的事件为己任，那个事件则将成为某一过程的原因。而人脑不是通过光学装置，而是通过神经过程，延迟了知觉的因果过程。**记忆正是因神经结构而产生的延迟因影响，因为神经结构使得过去的事件在任意时间跨度后能够施展其因果影响。**毕竟，脑是时空中弥散的客体和事件的因果代理者。当我回忆一个过去的事件时，这一事件在我回忆它的那一刻发挥作用。不过，事件依然留在原时原地。

回忆类似于在记忆的事件发生的那一刻放置了一层"延时玻璃"。

正如前面所说，这一装置玩了个把戏，使人的过去成为当下（并因此成为可见的）。毕竟，在日常知觉中，光线经历任意时间跨度后抵达人的眼睛。再次声明，这种"被中介的知觉（mediated perception）"就是标准知觉，并且是一个真实记忆的模型。在恰当的时间和空间放置一个适当的装置，观察者可以在随后的任何时间看到他们过去生活中的任何事件。在脑中，神经元会在时间上提前扩展事件的因果影响。以这种方式，过去的事件和客体就成了我们当下的一部分。**回忆我们生活中过去的片段就类似于观察遥远的恒星。**在这一点上，2007年尤瓦尔·多列夫在《时间和实在论》（*Time and Realism*）中表达了类似的观点（黑体由我添加）：

> 当然，视觉回忆（recollection）不同于视觉，因为很明显人的眼睛并没有参与（视觉回忆）其中。尽管这一区别显而易见，但它也是唯一有意义的区别。……**这并不是说一个是"直接的"，而另一个不是。记忆是一种能力，拓宽了我们的视野，把那些（在特定的时刻）并不为我们的眼睛所见的客体和事件包括进来。**

视网膜上的每一感受器在因果上均与一束光线相关，因此与光线的来源也有了联系。由此，许多脑皮层区域在因果上与过去的事件和客体相联。脑本身就是一个"超级眼（super-eye）"，其中客体感受器起到光感受器的作用——它们保存了过去的客体和事件，从而达到一个更大的当下。脑在因果上类似于这些因果单元的一个巨大阵列，其中每一单元都专注于一个给定的客体或事件。

假设你有无限多组的装置，每一个装置能延迟不同的时间。每一装置都是一个"因果门（causal gate）"，通过这一装置，我们生活中的客体产生了结果。在任何时候，我们都能通达——和看到——我们生活中特定时刻发生的事情。每一装置挑选出一个特定时刻的特定客体。每一装置都像通向过去某一时刻的一扇窗户。这一模型既不需要储存的信息，也不需要那种投射到心智屏幕上的"中介图像"。时空中多重瞬间的同一性，使人对过去的感知成为可能，也就是直接知觉。这组装置不需要储存图像。每一装置都像一面传播光线的镜子。想象一幅由数十亿面镜子组成的镶嵌图，其中每面镜子皆有自己的时间延迟，而整个图案就像一堵巨大无比的墙上嵌满了窗户，而窗户上的百叶窗大多都拉了下来。没有关闭的窗户让光进入。人们可以选择让哪扇窗开着。而开着的窗户则挑选出相应的客体或事件的集合使其因果上存在。人真实地感知到他们生活中的过去时刻。他们感知的不是记忆、复制品、仿制品、表征、储存的意象、回忆或印记。因为过去依然是……当下，所以回忆就是感知过去。过去即现在，因为过去在因果上依然是积极的。感知就是存在。

这样的知觉模型类似于观看夜空。视野在因果上、空间上和时间上延伸。每一恒星都属于不同的时间，尽管它们在时间上分布不均匀，却仍能结合在一起成为星座。同样，通过接通或关闭神经结构，通过选择过去的哪一部分依然存在，我们选出了我们看到的时间和地点。

＊　　＊　　＊

但是，现在有一个问题：诸如错误记忆、梦和幻觉——这些情况似乎像综合立体派（synthetic cubist）画家一样自由地重组我们的过去——又如何呢？这个理论难道不会因为传统的粉红色飞象这类事例而崩溃吗？不必担心。我们适才设计的光学装置能够应对这些情况。现在是时候利用它的第三个特征了，即多重光线的融合。

只要人的体验是真实体验的组合，那么就可以说明人所感知到的事物不过是由改头换面后的不同物理部分所组成的物理客体，时空水果沙拉和一整个水果是一样真实的。梦和幻觉不受真实生活的束缚，因而可以自由地重组人的过去。人可以梦见一只长着大象耳朵和昆虫腿的老鼠，不过在那之前这个人必须已经接触过老鼠、大象和昆虫。构成梦和幻觉的"积木（building blocks）"总可以追溯到真实的世界。

设想一个万花筒，即一组镜子——有时完全不透明，有时部分透明——通常由色彩明亮的玻璃碎片搭配而成，它以不寻常的方式把光线混在一起，因而使人从镜筒中看到不寻常的组合。由此，当我们看万花筒时，我们相信自己看到了彩色的对称图像。可是与常识相反，人们看到的不是图像，而是通过多重路径看到了玻璃碎片。至于日常知觉，路径如此复杂，以至于人们更容易假设存在一个已经被创造出来的几何图像。可是，万花筒里没有图像。万花筒里面只有改变了过程的因果几何的镜子。万花筒的例子说明，即使在没有任何时间延迟的寻常环境中，人们依然会获得某些类似几何幻觉的东西。由万花筒的例子可见，客体发生是因为环境中的因果结构的变化。

我们都知道玻璃和镜子拥有这种重新排列实在的能力。在日常生活中，例如在商店橱窗上，我可以把我的头比在昂贵西装上，却并不需要穿上西装。通常这种情况并不会发生，因为店主会试图尽量减少可能失去顾客的视觉效果，但偶尔还是会发生。于是，人们看到了奇异的组合。因为光的几何，这些组合是具有物理效果的物理客体。

我们可以设计一个"时空万花筒"，其内部的镜子类似于上面提到的光学装置，这不是一个遥不可及的想法。虽然现成的万花筒有固定的几何形状并且不具备延时能力，但人们可以给它安装上具有可重构几何形状的"延时假镜子"。这样，由于时间延迟以及假镜子的结合功能，可以想象它能够融合时空上任意分散的客体。我们可以设想一个由这样的单元组合成的蜂巢状装置，它允许多重路径合并，并以不同比例混合。这一奇妙装置并不储存任何信息。然而，每当人们看向装置内部时，他们都将看到一个过去的时刻——总的来说，**在记忆中，人确实看到了自己的过去**。装置会减缓速度并结合脑与世界之间的因果过程。通过选择因果过程，这个装置将新客体带入存在。通过这种方式，任何可设想的过去的客体和属性的组合都获得了因果效力，因此是因果上有效的，从而成为真实的存在。

我们可以用类似的方式解释梦和幻觉。它们的情况是，人的体验通过合并不寻常的因果路径而成为一个存在的客体。分散的客体——来自人一生中的任意时间和地点——会突然在当下产生一个结果。例如，关于粉红色大象的梦是对由粉色块、大象和飞行物构成的一个复合客体的直接知觉。这三块"积木"发生在我们生活中三个不同的时空位置。不过，因为适才描述的光学机制，它们的因果路径结合到一起，然后产生了一只会飞的粉红色大象。作为结果的会飞的粉红大象不是突然凭空冒出的编造出来的心智意象，而是由弥散于空间和时间中的物理部分组成的一个物理客体。我们熟悉的日常客体在这方面没有什么不同。它们同样是由分散在时空中的部分组成的。

在我们的脑中，神经通路扮演着与上述光学延时装置相同的角色。当日常知觉的约束变弱时，脑就变得像万花筒。脑是客体的因果效力实现的条件。当脑活动与附近的环境在因果上分离时——例如在梦中和感觉丧失时——时间上更遥远的原因就与脑产生了联系。**过去的客体是梦和幻觉赖以构成的质料。**

这样的复合客体与日常客体一样真实。唯一的区别是，对桌子上的红苹果有利的因素较多，红苹果更易于重复发生，而构成梦这一客体的事件则太过分散（故不易重复）。不过，声称"一只会飞的粉红色大象并不真实"，相当于声称"因为构成大熊座（Ursa Major）的七颗恒星不在我们看到它们时所在的时间和地点，所以大熊座不真实"。事实上，由于光速的约束，这七颗恒星早已改变了它们的位置。只有在地球目前所在的有限时空区域才能看到大熊座。不过，我们看到的这些恒星不是图像，而是物理客体。加纳利大望远镜（The Great Canary Telescope）拍下的不是意象的图片，它拍下了天体的照片。当我们凝视夜空时，我们感知到恒星和星座，就像我们感知到红苹果一样。我们不是在看恒星的心智意象或不存在的客体。我们在看天空中真实的星座。大熊座和埃尔伯特山一样真实。

对这个光学模型最后的质疑来自一个许多人都相信的神话——心智能够任意创造任何内容。根据这一信念，先天失明的人也能梦见或想象出颜色。人们认为独居的思考者能在他们的心智中制造出所有类型的现象体验。同样，人们认为梦能任意产生各种各样的感觉。他们也认为一个人的内心世界可以像他希望的那样丰富，不管物理世界如何。

真实情况与这一信念大相径庭。值得注意的是，据我们所知，所有的感官先天性缺失情形中，缺失者总会缺少特定的现象体验。仅有的现象体验独立于现实知觉的证据是少数事例，其中一些尚亟须进一步研究。[①] 相应地，梦和视觉意象受人的知觉限制之深，使得知觉内容中实质的变化会引起梦和心智意象的变化。[②]

还有一个常见的反例是光幻视。众所周知，（通过电、磁或者机械方式）对脑的直接刺激可以引发一种称作"光幻视"的基本视觉体验。[③] 这一事实通常被视为"视觉体验在脑中无须实际光线即可产生"的证据，例如，哲学家内德·布洛克（Ned Block）在反驳外在主义（externalism）时就使用过。[④] 但这是一个草率的结论。只有完全先天失明的人得到视觉上的光幻视——被试者在其个体历史中从未接触过光——才算是确凿的证据。事实是，并没有报告称先天失明的被试者有过光幻视。[⑤] 又一次可见，这只是一个方便的神话在支持心智的内在主义观念。

频繁接触特定类型的刺激会影响某类梦的现象的数量。例如，在20世纪50年代，黑白照片的广泛应用导致了黑白梦比率的急剧增长，以至一些心理学家怀疑我们是否做过彩色的梦。[⑥] 令人惊讶的是，一些作者得出了相反的结论——他们认为关于心智活动的主观报告是不正确的。[⑦] 这样的结论似乎意味着，无论你在白天感知到什么，做梦

---

① 原注：Brugger et al., 2000; Churchland, 2005; Kennedy, 1993; Ramachandran & McGeoch, 2008; Saadah & Melzack, 1994.

② 原注：Kunzendorf, Hartmann, Cohen, & Cutler, 1997; Murzyn, 2008; Revonsuo & Salmivalli, 1995; Schwitzgebel, 2002a.

③ 原注：Brindley & Lewin, 1968; Dobelle & Mladejovsky, 1974; Kammer, 1999.

④ 原注：Block, 2005b.

⑤ 原注：Kupers et al., 2006.

⑥ 原注：Schwitzgebel, Huang, & Zhou, 2006; Schwitzgebel, 2002b.

⑦ 原注：Schwitzgebel, 2002a, 2008.

时的现象体验都是一样的。因为体验已经被假定在现象上是有颜色的，所以许多心理学家认为这些例子是关于内省报告不可信的证据。不过，如果我们从不同的视角看待这个证据的话，我们并不需要质疑个体体验的可信度。梦既可以是彩色的也可以是单色的，因为它们是人对环境的延迟知觉。如果人们观看单色的图片和电影太久，他们就会产生无色差客体组成的梦。人们将产生关于黑白客体的彩色的梦，而不是关于彩色客体的黑白的梦。当然，这样的解释并没有否定正常色觉者不能做黑白色的梦。在这种情况中，一个人将梦到现实世界的一个子集。

＊　＊　＊

在笛卡儿的时代，知觉是根据因果关系建立起来的模型。粗略说来，这一模型认为外部客体引起脑活动，随后，引起体验。这个因果论证看起来是可靠的，不过它是建立在有问题的形而上学和经验主义前提之上的。这些前提，尽管很受传统观点的喜欢，但不是从实证上得出的结论。其中的一个前提，假定体验与神经活动在时间上同步。换言之，许多人认为存在一种特殊的神经活动，无论它何时发生，有意识的体验都会随之产生。这从未在实证上得到检验或者在概念上得到澄清。如果体验既是物理的，又与外部客体不同，那么它如何与客体产生关联呢？换言之，神经活动与外部客体是两类不同的物理存在，如果体验不是物理的，那么它如何能与物理客体和神经活动都相关呢？

尽管因果模型有许多不足之处，它依然非常受欢迎。尼古拉斯·马勒伯朗士（Nicolas Malebranche）在以下论述中就用了因果论证（黑体由我添加）：

> 让我们假设，**上帝在你的脑中印上了相同的痕迹，或者在你的心智中制造了相同的观念**，现在我们把它们呈现出来。……假设世界毁灭了，虽然如此，上帝依然**在我们脑中制造了相同的痕迹，或**

者在我们心智中制造了相同的观念，当客体存在时，它们就在客体中产生了，我们应当仍能看到同样的美景。

我的观点已经说得很清楚了。外部世界有偶然的因果作用。它可能在或者不在那里。物理客体在脑中产生了痕迹。随之，这些痕迹产生了某些观念。如果上帝想要跳过创造外部客体这一环节，那么上帝就只须制造配置精妙的脑。但是为什么非要跟脑纠缠不清？上帝也用不着神经痕迹。在二元论的形而上学中，上帝能"在我们头脑中制造相同的观念"，这就足够了。当然，对二元论者来说，这种观点完全行得通。如果你是个物理主义者，上帝同样得修补你的物理基础。如果你接受了心—脑同一论，上帝就必须照料你的神经活动。因此，不出所料，只有假定了显象与实在之间的分裂，因果理论才讲得通。

问题的关键是我们并不知道这两个前提——只须脑活动过程便能产生体验，以及显象与实在之间的分离——是否正确。我相信它们是错误的。我们也不知道如何使这两个前提成立。人们不能假定显象与实在的二分，然后反过来使用因果论证支持这个假设——这是循环论证（begging the question）。令人担忧的是，这些前提并不是关于世界的概念性真理，而是实证假设。

与传统观点不同，弥散心智理论认为体验的物理基础不是脑活动，而是外部的物理客体，即人体验到的客体。因果论证崩溃了，因为它的核心前提已被抛弃。心智与世界不再由一种怪异的因果关系联系到一起。心智与世界是被同一性绑在一起的。

许多人认为"脑藏匿了意识"是一个自明之理（truism）。然而，脑是否如此富足（以包容意识）恰是我们不知道的。我们既没有实证证据也没有理论论证。为什么人们选择脑而不是外部客体？诉诸灵魂与认为神经活动产生现象体验有什么分别？

弥散心智理论提供了另一种立场，即不再需要因果链条。事实上，根据我在这里提出的观点，体验就是人体验到的客体。弥散心智理论把同一性理论和因果理论一并纳入一个连贯的图景：**因果作用在客体与脑之间；同一性则在客体与体验之间**。弥散心智理论是一种联合，是因果理论与同一性理论的混合。同一性存在于体验与客体之间，而非脑与体验之间。因果关系存在于客体与脑之间，而非脑与体验之间。

这里提出的知觉的因果几何表明人的体验同一于外部客体。香格里拉为体验与客体之间的同一性（而不是因果关系）铺平了道路。于是，传统的因果链被修正为：

$$(O \text{ 即 } E) \rightarrow N$$

这里再强调一次，人的体验与神经活动的现实原因同一。强调现实的原因能够避开所有与"倾向的（dispositional）"以及抽象的、潜在的、"现实中的（in-actual）"或者"存在中的（in-existent）"存在物有关的议题。然而，这些因果过程并非毫无影响。相反，它（因果过程）就是将客体带入存在的关键。因为客体就是人的体验，在某种意义上，因果论证完成了它最终的复仇（产生了适当的作用）。客体的发生是因为神经活动。回到"湖—坝"隐喻，大坝在那里是因为湖，而湖存在是因为大坝。一个人的脑和身体是使外部客体（也就是他的体验）存在的条件。

但更接近身体并非必然更接近心智。为什么解释我们如何感知一个"内部条件"会比解释我们如何感知一个"外部条件"更容易呢？"内部"和"外部"的概念是两个误导性的属性！为什么内部身体状态的属性要比一个红苹果的属性更容易被人的脑理解呢？或者与极远的恒星相比？又或者与祖母在许多年前所做的手势相比？我们要把狭隘、可憎的偏见——诸如"人的心智中的事物一定在人的身体中"的信念——置于一边。

* * *

借助于体验的光学模型，以下观点是可设想的：对每一个体验而言，都有一个具有该体验属性的外部物理客体存在。这样的客体是位于特定时空位置的物理客体。进而，与根深蒂固的信念形成鲜明对比的是，没有任何实证证据证明脑能产生崭新的心智体验——比如一种人从未见过的新颜色。如果这一观点是正确的，所有体验——无论梦、错觉还是幻觉——都由物理性的成分构成，而物理成分是人体内所发生的事情的物理原因。这些原因通过人的神经结构产生了物理结果。从而，无论它们是在神经活动之前多久发生的，它们都存在于现在。它们是存在的，一如桌子上的红苹果，只不过它们的因果联系更加清晰、更加广泛。毕竟，**所有体验皆是时空上的复合客体**。不过，令人宽慰的是，所有物理客体在不同程度上皆是时空上的复合客体。

每一个体验都对应一个物理客体，这使得我们给了主体与客体、体验与自然、显象与实在之间的传统分离致命一击。须付出的代价是——以及主要的风险预测是——纯粹的心智体验不可能发生。关于这一点，我将接受挑战并宣称，任何体验都对应一个物理客体。当然，我们总能对我们的体验做出错误的推测。我们会对我们的世界（也因此对体验）怀有错误的信念。对于自己看到的动物是不是独角兽这一点，马可·波罗可能会犯错，但他看到的依然是自然的一部分。将显而易见的反例诸如错觉解释为"'我们认为一个人看见了什么'的错误信念"，问题就得到了解决。**所有的知觉错误均可当作错误信念来重新审视。**

我们如何感知到某物？因为我们就是我们感知到的客体。**再没有什么会比被称为"知觉"的因果过程所导致的同一性更直接的了。**简言之：

· 所有体验皆知觉。

· 所有知觉皆同一于物理客体。

· 物理客体是终结于人脑中的过程的现实原因。

· 现实原因之所以存在，是因为其结果。

· 人的心智是这些客体的集合。

这种观点不是凭空做出的推测,而是一个实证假设,它能发展出可证伪的经验性预测。这种观点预测,对应每一体验,必定存在一个物理客体。人体验到的事物是身体中现实的活动。每当我产生体验,与我的体验具有相同属性的客体出现。我主张我的体验与客体同一。这样的客体可发生在先前的任何时间,而且至关重要的是,它的存在是由于我体内产生的结果。没有我的身体,结果不会发生,原因也不会存在。当然,外部客体与人脑之间的偶然关系并不意味着我的体验是我脑的内部活动(比如说,梭状回中的神经活动)产生的结果。相反,是结果使客体得以存在,虽然如此,这个客体依然留存在世界中其元素所在的时间和地点。

一旦我们从"心智内在于身体"的狭隘偏见中解放出来,我们的体验就会因外部客体而充实。弥散心智理论说明世界和体验实际上具有相同的属性。

在现实世界中,没有人看到过知觉、表征、关系、现象特征、自我或灵魂之类的东西。我们看到的只是**客体发生以及在其他客体中引起的其他变化**。红苹果是一个客体。我的脑是另一个客体。我的体验不是别的,而是一个客体。是哪一个呢?我认为是红苹果。自然一直以来皆是由客体组成的。除了客体,没有人曾看到其他任何事物。

一种意识理论必须要说明,怎样的自然模型才能使体验镶嵌其中。弥散心智理论就是这样的理论。它提出,所有的体验皆知觉,而知觉具有同一性。如果这种观点在实证上是正确的,同一性则是能将心智置于自然之中的唯一方式。如果自然是由因果相关的客体构成的,并且体验是自然的一部分,**那么体验必定同样是由客体组成的**。使得学者忽视这种观点的主要因素是一种根深蒂固的信念,即显象与实在割裂,主体与客体分离。而这种信念又源于据称是有实证根据的信念:心智可以忽略物理世界而任意制造内容,体验可以与被感知的客体分离。简言之,它们相当于一堆来自幻觉、错觉和错误知觉的论证。正如我一直试图说明的那样，这些信念在经验实证上是错误的。当前的解释表明了与之相反的观点——**没有相应的物理客体，体验无法发生**。弥散心智理论说明这样的客体——时空上的复合客体——位于何时和何地。

4.

错觉

事实上，不存在感觉方面的错觉，

只有解释方面的错误，

即将感觉材料解读为不同于其自身的事物的记号。

——伯特兰·罗素（Bertrand Russell），1948

认为显象与实在——心智与世界——分离的信念在很大程度上是由这种情况推动的，即我们所谓的体验到的事物与所谓的物理实在不尽相同。一个常见的自明之理是，我们的心智能以一种不同于世界之所是的方式体验这个世界。

错觉通常被当作事物显得不同于其所是的范例，从而印证显象与实在之间的分离。例如，人们感知到一个灰色的色块好像是彩色的，或者两条等长的线段中的一条好像更短一些。这种常见的描述被经验实证证明是错误的。尽管错觉常常表现为我们所感知到的属性与物理世界不匹配，但实际上它们是一种我们相信自己应该感知到的事物与我们实际感知到的事物之间的不匹配。如果我们并不预想自己应该感知到什么事物，那么就不会应用"错觉"这个概念了。简言之，错觉实际上是错误信念（misbeliefs），而不是错误知觉。

在传统意义上，错觉所指的是，事物显得不同于其所是。关于这一点，A. D. 史密斯（A. D. Smith）曾于2002年写到，错觉是"这样的知觉情境，即一个物理客体被实际感知到，但那个客体在知觉上显得不是其真实之所是"。因此，在哲学中，错觉与幻觉的区别在于，就后者而言，我们所感知到的事物压根不存在。

事实上，大多数（如果不是全部）对错觉的描述都依赖一些不甚明确的东西，即人们相信感知到的所谓属性的本质。我何以知道人们真正感知到的属性是什么？比如，我看到粉色时，我认为我应当看到白色。为什么我应当看到白色？我怎样能排除当我看到粉色时，世界上那里的属性不是粉色？毕竟，如果我看到粉色，那么显而易见的假设就是我所观察到的属性（猜猜看是什么……）就是粉色！我何以知道我的体验理应是什么样子的？错觉体验本身并不是虚假的，而是由于我们将自己真正感知到的东西与我们期望感知到的东西相比较产生的。除非人们对自己应该感知到的东西具有一些规范性概念，否则我们甚至不能设想错觉。错觉源自对外在性权威（无论这种权威是科学还是常识）的赞同，这种权威规定了我们应当感知到什么。体验总是与知识相对。

想想这个例子。艾米莉不具备关于色彩的先验知识。她总是看到一个具有某种属性的斑点，她的同伴将这种属性称为"红色"。后来，在高中时期，艾米莉学习到红色实际上是一种特定频率范围内的光。经过仔细观察，她发现这个斑点并没有反射这样频率的光线。这把艾米莉搞糊涂了。一方面，她可能会坚持认为这个斑点与（比如说）草莓共享相同的属性，因为她体验到两者有相同的属性，那么，这个斑点就是红色的。而另一方面，艾米莉可能会由于科学权威的力量而屈服于它，从而放弃自身的体验来支持官方权威认定的知识。在后一种情况下，这个斑点就不是红色的。为了消除她的体验与其后天习得的信念之间的不匹配，科学把体验贬低为单纯的显象。这个斑点不是红色的（科学如是说！），它看上去像红色的是因为错觉。这种误导性的错觉概念表明，这个斑点和草莓可能具有不同的属性。然而，这种结论是建立在"红色应当是什么"这个公认的前提之上的。可是，相对于从物理连续统中挑选出的某种属性，为什么我们所接受的颜色模型——无论是光频率模型还是更复杂的光谱特性族群模型——要优于艾米莉的体验呢？请注意，我现在并不是在强调红色是一种主观属性。艾米莉的身体、斑点和草莓都是物理系统。它们的组合以及斑点和草莓存在某种共性的事实，并不需要诉诸心智的主观属性。红色是这个共同的物理属性，当艾米莉看到草莓、嘴唇、可乐罐和那个斑点时，红色通过艾米莉的身体产生结果。

问题的关键在于接受了科学权威所支持的对红色的标准解释。错觉并非一种知觉现象，而是一种人的体验与人应当感知到什么的信念之间的冲突。

图8 经典的视觉错觉（从左上顺时针依次为）：赫尔曼·艾宾浩斯（Hermann Ebbinghaus）错觉（注意圆圈的大小）、埃瓦尔德·海林（Ewald Hering）错觉（注意平行线的弯曲）、马里奥·庞佐（Mario Ponzo）错觉（注意两条横杠的长短）、约翰·卡尔·弗里德里希·策尔纳（Johann Karl Friedrich Zöllner）错觉（注意竖线的平行）。

在大多数情况下，我们假定知道我们应当感知到什么。我们假定我们所感知到的一定是绝对长度，或者是在正常情况下所反射的颜色，或者是从标准视角所能见到的形状。可是，在所有这些事例中，错觉知觉的概念都是基于人们所感知到的东西与人们期望感知到的东西之间的对比。后者并不是一个经验事实，而是从预先存在的关于外部世界的概念模型中得出的预期。

事实上，一个朴素的感知者无法确定一个知觉是否是错觉。我注视纸上的一个斑点。我看到它是粉色的。如果我没有额外的知识，我为什么要怀疑这个斑点是否是粉色的？就我的体验而言，我并未发觉任何错觉之处。这个斑点看上去是粉色的。如果我盯着一幅错觉图，比如，看一幅缪勒—莱尔错觉图，我会发现这两条线段有些不同。而且，如果我对这样的线段没有更深的了解，我会得出结论说这两条线段长度不同。事实上，虽然对此已有定论，但我仍会认为它们长度不同。这也正是它们看起来不同的原因所在。

总之，错觉是我们所体验到的事物与我们假定我们应当体验到的事物之间对比的结果。错觉产生于个人体验与个人信念之间的差异。然而，信念可能是错误的，但体验不可能错。

我们必须根据现实的体验来解释错觉，否则香格里拉的场景将会失效。弥散心智理论无法在显象与实在分离的情况下幸存，因为它基于体验与物理客体的同一。客体必须存在。不以物理世界为根基的显象并无立锥之地。不过，（弥散心智理论的）这种责任意识并非坏事，相反，这是一件很好的事情——这标志着弥散心智理论是一种能提出大胆的、可证伪的预测的科学理论。错觉的这些经验实证的事例给弥散心智理论提出了第一个挑战以及一个良好的测试机会。这是否有可能说明，对于每一种错觉而言，都存在一个现实的客体，并且这样的客体具有我们体验到的属性呢？我相信是这样的。

* * *

如果我们能用错误信念（的观点）解释错觉，那么为什么学者会长期秉持这样一种观点，即认为事物显现出来的与它们实际之所是不同？最可能的罪魁祸首是，（知觉的）标准观点鼓励我们偷懒：非物质的错觉体验就像一个存在论上的"王牌"（可肆意地用于解释各种情况）。这种观点总是占据上风。如果显象与实在是分离的，那么每当我体验到一种意料之外的属性，我所感知到的就可能是一种错觉。假定我们的知觉是错误的而我们的信念是正确的，这太容易了。这种观点的历史依据可以追溯到柏拉图和伽利略，他们都试图说服我们相信体验毫无价值，我们必须歪曲我们的感觉（去匹配信念）。他们所使用的方式惊人地相似，两人都将知识的权威与控制权转移给了一个由专业学者组成的精英群体，而这些精英有权说明实在究竟是什么样子。这个专家共同体规定了世界是由长度、大小、形状和光频组成的。因此，大多数人认为我们感知到的属性就应当是长度、大小、形状和光频等。所有在这份权威制定的属性列表之外的东西，都被当作存在论上缺乏分量的、虚假的心智属性而消解掉。这份列表是数个世纪努力的结果，已经过多次修改和更新。例如，关于**真正的颜色**的列表就已几经更改。[①]此外，这样的规范模型只是暂时的，往往不牢靠。它们只是粗略地与我们通过感官所感知到的现实的现象相似。我们感知到我们的身体通过因果耦合的方式从环境中择选出的物理现象。这种因果耦合的塑造是自然选择、个体发展和个体神经发育的衍生物。没有一种概念模型能与我们的身体从世界中择选出的属性完美匹配。比如，你可以想想我们所感知到的温度的高低与标准温度计通常测量出来的简单划一的温度概念存在多么大的差别。

然而，实际上，**错觉的产生是由于我们混淆了我们相信自己所感知到的属性与我们实际上感知到的属性**——在错觉中，人们并不会看到虚假的属性，只会看到一种常被误解的真实的物理属性。大多数错觉（如果不是全部的话）都能被纳入以下两大类：

---

① 原注：Albus, 2000; Byrne & Hilbert, 2003; Gage, 1993, 2006; Hardin, 1993, 2008.

·我们要么是对感知到的属性有错误信念，要么是对客体所具有的属性有错误信念。

·我们的身体状态被改变了，使得我们感知到一种不同寻常的——尽管如此，却是真实的和物理的——属性。

前一类（即对人们应当感知到的事物的错误信念）囊括了诸如海市蜃楼（mirages）、各种伪装（disguises）、几何错觉（geometrical illusions）以及各种关于强度、色调、空间分辨率（spatial resolution）的知觉错误信念，如棋盘阴影错觉（Checker-Shadow Illusion）、相对大小现象、闭合现象①、英格玛错觉（Enigma）和贝纳姆陀螺等。我们将逐一对这一系列事例进行研究。这些事例很有可能表明，我们所感知到的由被感知到的客体所例示的真实物理属性与我们认为自己所感知到的属性并不一样。

而后一类包括（心理）后像（afterimages）、注意盲视（attentional blindness）、运动诱导视盲（motion induced blindness）、多稳态图像（multi-stable figures）以及——在某种程度上还包括——贝纳姆陀螺。这一类是由于主体的物理结构发生改变而导致的。主体感知到一些不同寻常的事物，尽管如此，它们仍然是真实的和物理的。

实际上，这两个类别的界限是模糊的，并且存在部分重叠。举例来说，贝纳姆陀螺就同时属于这两大类，因为它同时利用了两种机制。这种部分重叠并不能对弥散心智理论造成困扰。要抓住这个理论的主旨，可以想想一个常见的关于房间的例子：对于整个早上都待在雪地里的艾米莉而言，它十分温暖，但对于早晨大部分时间都坐在沙发上的里卡尔多而言有些阴冷。这个房间不可能既是温暖的又是寒冷的，因此——或者正如常识和标准观点所揭示的那样——艾米莉和里卡多都没有客观

---

① 译注：指有些图形是一个没有闭合的残缺的图形，但主体有一种使其闭合的倾向，比如倾向于把半球想象成完整的球。

地感知这个房间的温度。哲学家会用"他们感知到了一种主观的温度"的说法来解释这种情况，即所呈现出来的温度不是真正的温度。相反，真正的温度是客观的。事实上，任意两支温度计，只要没有坏，都会显示相同的温度。但艾米莉和里卡多并没有感觉到相同的温度。因而，里卡多和艾米莉并没有正确地表征这个房间的真实温度。这么说是正确的吗？压根不是。

这种错误源于以下假设：艾米莉和里卡多感知到的房间温度应当是丹尼尔·加布里埃尔·华伦海特①（Daniel Gabriel Fahrenheit）和奥勒·罗默②（Ole Rømer）所定义的温度。由于科学的权威性，这种特定的温度模型被认为是一种真实的现象，而艾米莉和里卡多感知到的温度被降格为单纯的主观显象。但事实并非如此。艾米莉和里卡多所感知到的属性并不是房间的温度，而是某种发生在皮肤内部的持续过程，只不过在一般情况下，这种过程与外部温度紧密相关。通常（皮肤内的过程与外部温度）能很好地匹配，但偶尔也可能会失效。事实上经常如此。大体上说，皮肤细胞会对皮肤温度的快速变化做出反应——比如触碰到一杯热咖啡或一块冷金属片。考虑到艾米莉和里卡多不同的身体状况，在他们皮肤内部所发生的情况在物理上也有所不同。艾米莉和里卡多感知到的并不是华伦海特和罗默定义的温度，而是另一种物理现象，一种人的身体估量温度时所用的代理属性。因此，他们感知到不同的"温度"是理所应当的。**艾米莉和里卡多并不是用两种不同的主观方式来感知同一现象，而是感知到两种不同的现象，这两种现象与华氏温度一样都是物理的。**当然，（日常）语言的粗糙可能是另一个导致我们将许多稍微不同的现象混放在同一个名称下的因素。

作为进一步的证据，有个值得一提的事实是，艾米莉和里卡多所感知到的属性并非华氏温度，而是某种特定的化学反应。这种反应是

---

① 译注：他是华氏温标的创立者。

② 译注：他发明了现代温度计上的两个不动点，即水的沸点和冰点。不过，他的沸点和冰点并不是摄氏温度下的100℃和0℃。此外，他和华伦海特是好朋友，二人共同改进了温度计。

由皮肤与环境之间的温度差异和辣椒素（辛辣的辣椒分子）、大蒜素（蒜香分子）、异硫氰酸烯丙酯（芥末化合物）、薄荷醇等多种分子共同引起的。因此，当接触到薄荷醇时，人们会感到清凉；而接触到辣椒时，人们会感到灼热。这种情形的发生不是因为教科书中通常所说的那样，**物质引起主观上的感觉**，而是因为在低温和薄荷醇这两个事例中，人们所感知到的关键物理过程是相同的。这两种事例的关键过程相似的证据是它们引发了相同的结果。因为我们感知到的现象是一样的，所以我们具有相同的体验。我们所感知到的客体是一个复合客体，其中既包含某些分子又包含某些温度的变化。我们的体验并没有错。冷铁棒和薄荷糖例示了同一个属性，因此会产生相同的效果。我们所感知到的世界就是世界本身。体验与实在并无二致。我们可能会对我们感知到的事物和"世界本身是什么"产生错误的信念。一旦我们纠正了对我们所感知到的事物的幼稚信念，错觉就得以消解。我认为，冰块、金属棒和薄荷醇分子都具有相同的物理属性，因为它们对人类身体产生了相同的影响。设想我们有三枚钥匙，尽管它们在许多方面有所不同，但它们能打开同一把锁。只要它们打开了同一把锁，无论它们的整体特征如何，它们都将共享某些基本的物理特征，正是这些物理特征使锁得以打开。对锁而言，只要这三枚钥匙具有恰当的因果结构，它们就都存在。

每当我们体验事物时，就会产生一种物理属性，亦即我们所体验到的现实属性，即便在错觉中也是如此。显象与实在之间的不符是一种概念性错误，而不是一种知觉上的事实。当我们感知这个世界时，我们的知觉与我们所感知到的世界毫无疑问是同一的。**对感知到的事物的信念我们可能出错，但我们的知觉不可能是错的。**根据弥散心智理论，**每一体验都是一个物理客体，并且不可能是错的——它仅仅存在着。**我们的信念可能会出错，但体验不会。

错觉概念之所以得以发展，是由于下面的各种因素：区分显象与实在的假设、过于简化的客体模型的应用，以及对标准概念的接受（例如"我们应当感知到什么"的信念）。为了弥合我们所感知到的属性与我们应当体验到的属性之间的不匹配，我们引入了一幅虚构的心智图像（**显象或错觉**）。但我提议一个与之相反的策略。在错觉中，我们择选出那些通常被其他条件所掩盖的物理属性。错觉使我们得以窥见我们知觉过程的结构，并将我们所感知到的真实物理属性（而不是所认为的属性）择选出来。**错觉没有撒谎。**

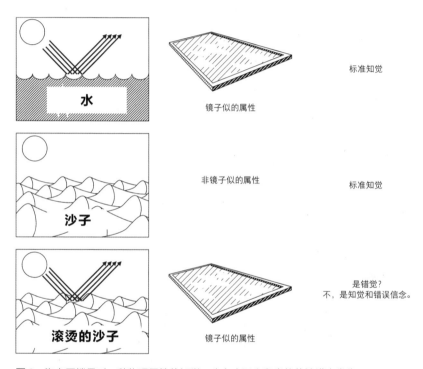

图9 海市蜃楼是对一种物理属性的知觉，会在水面上和炎热的沙漠中发生。

* * *

在很多事例中，人们相信事物表面看起来的样子指示着潜在的真理，但事实并非如此。这座大厦看上去比实际价值昂贵，这个演员看上去比他实际年龄年轻，这块巨石看上去比它实际重量重，在这些事例中，人们感知到某些事物，但人们相信自己应当感知到的是其他一些事物。事实是，由于各种原因，人们相信这座大厦应当不那么昂贵，这个演员应当更年老，而这块巨石应当更轻。然而，显象与实在之间并不存在真正的割裂。人可以有两种不同的信念来源，因此人们可以将自己的体验（比如对头发颜色的体验）和自己的信念（比如对演员年龄的信念）区分开。在这种情况下，人们会意识到这两种属性是不同一的。灰头发可能是年龄的一种标志，但不是必然如此。人们可能染了头发（但实际并不年轻），反之，有人可能本就有灰头发却年纪不大。但是，很多时候，我们更感兴趣的那种属性（亦即"所谓的属性"）并不容易获得。我们能获得的仅仅是代理属性，而那所谓的属性更难以捉摸。

所谓的属性虽然更难以捉摸，但也不一定不能被感知到，只是它可能超出了我们知觉技能的掌控。理想情况下，我们能够从灰头发与年龄的关系这一例子出发，然后深入探讨诸如表面温度（apparent temperature）、海市蜃楼、知觉恒常性（perceptual constancy）、异谱色（metameres）、视觉错觉和贝纳姆陀螺等情况。

现在我们将这个新的解释应用到白发的例子中。假设伊万的头发是白色的，他现年二十岁。如果有人秉持"白发是老龄的标志"这种信念，他将会认为伊万看上去非常老，但是实际上，伊万年岁尚小。当一个人满头白发时，通常他也已年老。尽管无人能感知到年龄本身，但我们能够看到头发的颜色。因此，我们得出一个（错误的）信念：老龄必伴随白发。所以，当我看到一个满头白发的年轻人时，我会用错觉来形容眼前发生的事。而事实上，这仅仅是错误信念。在此，我引入了一种假想的导致错觉的现象来证明：我关于灰头发的信念与灰头发在年轻人身上出现是不一致的。

由于这些局限，我们的知觉系统无法感知到一切我们想要的事物。例如，我们无法感知到事物的内部构成、绝对的大小、绝对的运动、绝对的形状、两条线组成的精确角度、个体年龄和水的存在。因此，我们的知觉系统被排在了第二位。我们的感觉器官择选出那些代理的物理属性，它们与我们期望的所谓的物理属性同时出现。有时，某个环节出了差错，我们就将面临我们所感知到的事物与我们相信自己应当感知到的事物之间的不同。在这些情况下，经典的错觉概念就被错误地拿出来救场。但是，我们所感知到的事物就是存在于那里的事物。错觉与标准知觉并无二致。错觉使我们得以准确指出我们日常所感知到的代理属性而不是（我们错误地相信自己所感知到的）所谓的属性。在所谓"错觉"的情况中，我们感知到了物理属性，它就在那里。只不过，错觉强调了我们实际所感知到的事物与我们相信自己感知到的事物之间的差异。错觉表明了，人们在标准知觉中所感知到的事物并非人们相信自身应当感知到的事物。

让我们想一想海市蜃楼的例子（参见图10）。有时海市蜃楼被当作错觉，因为人们会在无水的地方看到水。有时，一个人在沙漠中跋涉，认为自己看到了一池水，但最终发现这池水不过是滚烫的沙子。事实上，从严格的哲学意义上说，海市蜃楼并非一种错觉，而只是一种引发了错误信念的正常知觉情况。我们甚至可以用相机给海市蜃楼拍下快照。人们用错觉来解释海市蜃楼是因为我们相信自己看到了水，但事实上我们并未看到水。其实不如说，我们看到了与水同时发生的代理的物理属性。在这个事例中，反射光线的能力（就像一面平面镜所做的那样）是一种代理属性。过热的静止空气层和水都有这种属性——更别说平面镜了！在野外，水池就形成了一个部分反射光的水平面，从而例示出这种属性。有时，这种属性能通过其他物质表现出来——比如炎热的静止空气层。没有什么可惊奇的，是我们的知觉系统择选出了这个易于视觉获得的代理属性。

因此，代理属性就是一种我们希望或期望找到的事物的替代品。举例来说，在沙漠中，我们的目标是水。在这个事例中，这个所谓的属性就是"由水构成的"属性。我们无法通过视觉获取这种属性。人的身体只能挑出其他属性，比如说，像平面镜的属性。因此，在我们的环境中，人类秉持这样一种信念：水看起来就像一面平面镜。重要的是，请记住，这两种属性——"由水构成的"属性与"像平面镜的"属性——

都是物理属性，其中任何一个都不是现象特征。

如果你去沙漠，与正常的人类生存环境相比，沙漠中会发生不同寻常的情况。这不难理解，事物不同，状况也就不同。假如你是一个由科幻作家弗兰克·赫伯特（Frank Herbert）在他令人难忘的长篇小说《沙丘》（Dune）中虚构出来的来自厄拉科斯（Arrakis）星球的弗瑞曼人（Fremen），一池水看上去就会像一堆滚烫的沙子。在地球上，最常见的平面反射是水池产生的。沙子上方悬浮着的加热后的静止空气层例示了这种代理属性，即表现得像镜子。在这种情况下，我们无法在视觉上感知到水的存在，只能愚蠢地在没有水的地方看见一面平面镜。人们错误地认为只有水看起来像一面平面镜。从实践的角度看，情况往往如此，一般人无法在沙漠中寻找到水。而在哲学上，随之而来的紧缩立场则更为明智。基于我们日常感知到的事物，我们会持有错误的信念。海市蜃楼向我们展示沙漠中感知到的事物并没有什么殊异之处，同时，它揭示我们一贯相信的水的样子并不是水所特有的。那只是平面反射的一种代理属性。

有几个注意事项需要说明。首先，"平面反射"与"水组成的事物"之间的关系是偶然性的，不需要任何规范性的因果联系。这种关系可能是实用的，但并不是必然的。二者偶然地共同出现，仅此而已。其次，正如先前所强调的，光线的反射并非远处客体与主体之间的知觉因果链上的一个中间环节，也不是一种外观、一种显象、一种迹象、一个索引。它只不过是另一种物理属性。

因而，海市蜃楼的例子揭示了，当我们相信自己看到水时，我们所看到的其实是平面反射的代理属性。这种解释并不需要任何虚假的心智属性。所谓的属性和代理属性都仅仅是物理属性。在很大程度上，错觉的例子表现为下面的情形：

· **由于偶然的原因**，我们的知觉系统力图感知到预期的物理属性。
· **遗憾的是**，获取这个所谓的属性，要么毫无可能，要么非常困难。

· **幸运的是**, 另一种物理属性, 亦即代理属性, 通常与其同时发生。

· 我们的知觉系统很容易感知到代理属性。

· 我们错误地认为自己感知到了这个所谓的属性。

· 我们非正常地感知到了代理属性, 而不是所谓的属性。

· 我们固执地秉持这两种属性相同的信念。我们知晓这个所谓的属性没有出现在那里, 于是引入了错觉这个概念来解释为何我们能感知到一种并不存在的属性。

错觉是一种文化创造物, 而不是一种知觉现象。错觉是知识独裁的一种形式, 它把一种武断的实在观念(亦即"事情应当是怎样"的观念)强加于我们, 并将我们生活的世界降格为虚假的体验。当世界不符合强加于我们的标准模型时, 我们就把它放逐到主观领域。

错觉不是一种知觉现象, 而是一种妄想(delusion)。错觉揭示出了我们感知到的事物与社会所规定的我们应当知觉到的事物之间的紧张关系。错觉填补了信念与体验、权威与个体之间的鸿沟。令人讶异的是, 信念战胜了现实的体验。人们抛开自身的体验而去追随学术共同体的知识权威。弥散心智理论则支持体验, 而非一种关乎我们应当感知到什么的历史信念。

到目前为止, 我已勾勒出一个草案, 以说明如何利用代理物理属性和所谓的物理属性来模拟出错觉。为了使读者相信这个框架是成功的, 让我们来回顾一些最为著名的案例。这个画廊中收集了大量(与错觉相关的)知觉案例图鉴, 以便阐明如何在所有事例中一以贯之地用弥散心智理论找寻到真实的物理属性。

*　*　*

"体感温度"的概念就是一个直观的例子。现在大部分的天气预报系统不仅会告诉我们第二天的预期温度, 还会告诉我们第二天预计的"感觉起来的"或"体感上的"温度。"感觉起来的"温度是人们预计将感受到的温度，与科学实验所测量出的温度有所不同。

传统的解释总是如出一辙：由我们的信念系统所选择的环境属性被当作真实的温度，而另一种属性（同样也是一种物理属性、环境属性）却被忽略了。前者是所谓的属性，而后者是代理属性。由于物理学的权威性，前者被当作真实的温度，而后者被降格为一种体感温度或主观温度。事实上，从历史上看，温度这个概念早已被选定——通常指分子运动的平均速度或某种与之相近的东西。但是，我们的身体对这种属性并不敏感。我们感知到的是一些别的东西，即我们皮肤中的化学反应，这通常与环境中分子运动的平均速度相关。历史上的温度概念与我们体验到的现实物理现象不匹配，这默许了虚假的显象概念的存在。我们被教导温度应当是什么，并且温顺地相信。

气象学家一直在煞费苦心地收集这些物理属性——它们是人类体验的真正原因——并将其称为"体感温度"。体感温度并不完全等于人体验到的温度，而是一组更接近人的体验的物理原因。体感温度也是一种真正的物理现象，只不过，它不是华伦海特和罗默所选择的那个温度，它接近人们感知到的代理属性，而华伦海特和罗默的温度则是一种所谓的属性，虽然人们相信自己应当感知到这种所谓的属性，但尚未有人感知到。

历史延续下来的"客观温度"是一个具有物理意义和实际用途的概念，只是从未有人体验过这种温度。人的体验是一种更有说服力的物理属性，由于个体发育（ontogenetic）和系统发育（phylogenetic），这种属性通过人体产生影响。我们可以参照一下已被认可的体感温度的定义。国家数字预报数据库（The National Digital Forecast Database，NDFD）指出，温度高于80° F[①]时，

体感温度：在指定时间内，通过综合衡量气温和风力（风寒指

---

① 译注：80° F ≈ 26.7℃。

数，Wind Chill）①或气温和湿度（热指数，Heat Index）而得到的感知温度，用华氏温度表示。当特定格点的温度下降至50° F②或更低时，风寒指数将被用于修正该格点的体感温度。

这个定义揭示出气象学家为了能将各种各样的现象组合（比如标准温度和湿度）综合起来付出了多大程度的努力。然而，这个定义只具备有限的准确性，因为不同人体会对相同的外部物理属性做出不同的反应。因此，不同的身体使有细微差别的物理属性得以产生。体感温度的例子清楚地表明，由人体从因果上拣选出来的物理属性是我们实际感知到的属性，而另一种由科学、常识和其他历史因素促成的属性则被认作真实的属性。当然，后一种属性并不比前者更具物理性或客观性。体感温度和华氏温度都是物理现象。

＊　　＊　　＊

接着，我们来看视觉错觉中可能最为著名的例子，即缪勒—莱尔错觉，通常将其画成两个两端有固定样式箭头的图形（参见图10）。上面的线段（就像一根箭杆两端都有箭头一样）看起来比下面的线段（就像一根箭杆两端都有鱼尾翅一样）更短一些。但是，两条线的物理长度相同，这一点可以用尺子来确定。传统观点认为，我们所看到的是一种错觉：上面的线段看起来短于下面的线段。因而，我们所看到的不同长度被当作错觉和心智的产物。

我所提出的解决方案与其他所有案例中的一样。一个所谓的属性，也就是线段的绝对长度，被更复杂却也更易挑选出来的代理属性所掩盖了。我们的视觉系统借用后者来估算前者。我们感知到了代理属性，

---

① 译注：风速会影响到与人体表面接触的空气的分量，当风速增加时，与人体所接触的空气会增加，所以其所带走或带来的热量亦相应地增加，这现象便是"风寒指数"的来源。

② 译注：50° F ≈ 10℃。

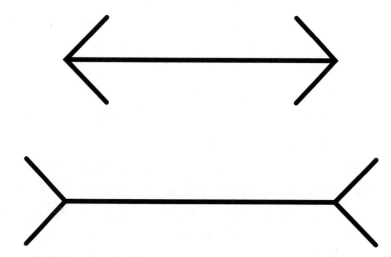

图 10 缪勒—莱尔错觉，下面的线段是否真的更长？

但我们以为自己感知到了绝对长度。错觉概念便适时赶来拯救我们的信念。

一旦考虑到知觉过程的本质（这使我们得以把握客体的尺寸），我所提出的解决方案就变得明朗起来。众所周知，视觉受诸多因素的限制，例如未知的光学参数、视网膜上不均匀的结构、未知的相对自我位置，等等。[①]视觉也是一个众所周知的数学上的不适定（ill-posed）问题，无法用精确方案解决。视觉系统并不具备测量外部客体绝对长度的物理手段：人眼不能发射用于测量绝对长度的激光束。但是，自然选择总是能寻找到应变方法。在这种情况下，应对方法就是寻找一种替代性的共生现象。遗憾的是，在尺寸的问题上，并不存在一种单一的现象，因此我们的视觉系统需要搜集一系列的线索，诸如视网膜上投影的相对大小、均匀的形状、纹理、图案、凹凸角度、平行线和相交线的存在等。这些属性常常与外部客体的长度和尺寸同时发生。在一个常规的人类环境中，大多数角度都恰好是直角，直线也恰好都是平行的或以直

----

① 原注：O'Regan & Noë , 2001; O'Regan, 1992; Poggio & Torre, 1990.

角交叉。类似地，具有相似形状的客体也通常具有相同的尺寸。此外，事实证明，凸面物体上的线条看上去比凹面物体上的线条更短，就像缪勒—莱尔错觉中箭头起的作用那样。诸如此类的例子很多，能列出一长串。尽管列出的名单各异，但这种现象在人类身上表现出了一定的一致性，因为它们有着相同的环境和身体结构。

最重要的一点是，当我们看到缪勒—莱尔线段时，我们看到了两条长度不同的线段。这是因为这两条线段在我们的视觉系统用以估算长度的属性方面有所不同。这两条线段在它们的绝对长度上并无二致。但是它们在另一个物理属性方面有所不同，即我们的视觉系统拣选出来用以估算尺寸和长度的属性。所以，在感觉上，下面的线段确实要长于上面的线段，但视觉系统所感知到的是一种代理长度，而不是绝对长度；其中一条只是**在代理属性上显得更长**。所以我们感知到的是另一种属性，就这个属性而言，下面的线段恰好长于上面的线段。

＊　　＊　　＊

另一个有趣的例子是1981年由赛亚·勒维安特（Isia Leviant）所设计的英格玛错觉（参见图11，左），我们似乎感知到其中的静态图案正在移动。有些静态图案是具有这种属性的。漂移错觉（drift illusion）也是一个著名的例子，它于1999年被两位知觉科学家——若瑟兰·福贝尔（Jocelyne Faubert）和安德鲁·M·西蒙（Andrew M. Simon）——率先提出。同样的结构被运用在之后许多广为流行的图片中。[1]简而言之，标准的解释是，虽然并没有发生实际的运动，但人们产生了一种运动的虚假知觉。据其而言，人们看到了虚假的心智中的运动。像往常一样，由于运动并未被客体所例示，所以我们假定它是在心智中或脑中，或者同时在这两者中被例示。

但是，无论是在英格玛错觉中还是在类似于周边漂移错觉（peripheral

---

① 原注：Faubert & Simon, 1999; Fraser & Wilcox, 1979; Kitaoka, 2003.

drift illusion）的情况中，特定的静态图案都像物理运动一样，激活了相同的神经区域。这两种实际的运动（客体在时间中的位移）和其他相同的物理现象都是引起人脑中特定反应的原因之一。[1]在这些物理状态中，勒维安特选出了一种特别罕见的静止现象，这种现象具有物体运动的情况下我们的视觉系统选择出的相同属性。再一次，我们可以解释说，一个共同的物理原因触发了相同的物理反应。那么，如果有两把所谓不同的钥匙打开了同一把锁，它们是否享有相同的因果属性？

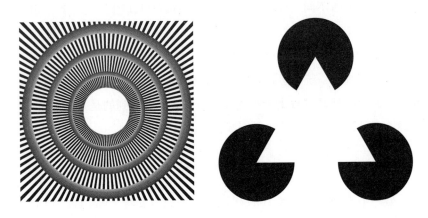

图11　左边是英格玛错觉图例，右边是卡尼莎三角。

　　人类的视觉系统本身无法检测运动。我们的视觉系统并不会发射跟踪物体实际运动轨迹的激光束。我们的视觉系统试图利用某些视觉属性（来探测运动）。它挑选出那些与运动确切共生的属性。其中部分属性也会出现在静态图案之中。因此，在英格玛错觉的例子中，这个所谓的属性是实际的旋转运动，而代理属性是这组复杂的梯度渐变。这样的梯度渐变是运动物体的常见结果。在正常情况下，这样的梯度分布并不会出现在静态图案中。因此，当视觉系统识别这种代理物理属性时，视觉系统也会将其识别为一种旋转运动。但有时，静态图案也会展现出

---

① 原注：Conway, Kitaoka, Yazdanbakhsh, Pack, & Livingstone, 2005; Kitaoka, 2003; Kuriki, 2008.

这种梯度渐变，例如在英格玛错觉中。

与之前温度的例子一样，物理运动是一种被科学权威和常识所强加的所谓的属性。而一组复杂的静态梯度、几何关系和空间导数才是我们的视觉系统挑出的代理属性。

＊　＊　＊

20世纪50年代，意大利心理学家盖塔诺·卡尼莎（Gaetano Kanizsa）设计了许多巧妙的图形，夸张地表现出轮廓错觉现象。其中，卡尼莎三角（the Kanizsa triangle）是最广为人知的（图11，右）。它既不是幻觉，也不是悬浮于图案之上的东西。从某种意义上说，我们感知到有个三角形却看不见它。但可以说，我们在图形中央感知到了某种"三角性（triangleness）"。这是一个众所周知的视觉闭合现象（visual closure）或视觉完形现象（visual completion）。[1]神经证据与其现象是一致的——相应的皮层活动与凝视标准三角形时的情形相似。惯常情况下，人们不由得陷入一种对于错觉的标准解释，即认为虽然不存在物理上的三角形，但人脑捏造了一个虚假的心智中的三角形。所谓的属性就指这种理想中的三角形——一个没有人看得见的三角形。

然而，弥散心智理论再一次提供了一个新的视角。在实践中，由于视觉系统无法感知到完整的客体或形状，因此它被排在了第二位。视觉系统挑出的用于测试三角形是否出现的代理属性（也就是所谓的物理属性）与大量的视觉线索一致。因此，由正常的人类视觉系统所选出的代理属性，就像存在着三个视觉上的凸角，它们的侧边近似相连。这种代理属性并不是一种客观上的所谓的属性，因为所谓的属性像一个具有三条直边和三个角的平面图形。作为物理属性的代理属性，不单单存在于欧几里得（Euclidean）三角形中，还存在于更多的物理现象中。

---

[1] 原注：Alleysson & Méary, 2012; Davis & Driver, 1994; Kanizsa, 1976, 1991.

而在这个例子中，三个团状图形①是将代理属性而不是所谓的属性实例化了。可以说，卡尼莎的三个团状图形就是打开三角之锁的钥匙。

最重要的一点是，当我们感知到三角形时，卡尼莎三角就是我们选取的现象之一。但是，它并不符合三角形的理想几何概念。在日常知觉中，当我们看到实际的三角形时，我们所看到的是代理属性而不是所谓的属性。对日常生活而言，代理属性已游刃有余。当然，当我们遇到卡尼莎三角时，情况就不同寻常了，那所谓的属性并没有出现。

*　　*　　*

要说明"我们预期自己应当感知到什么"的信念与我们的知觉系统实际所择选的事物之间的矛盾，颜色是另一个极佳的例子。这并不是说，颜色是由人的知觉系统所创造的，只是说明人的知觉系统刻画了一组特定的物理现象。这组物理现象决定了我们实际感知到的事物。我们所感知到的颜色是物理性的，但是它的选择标准是由我们的视觉系统和身体所嵌入的因果结构任意决定的。

颜色错觉产生于两股势均力敌的力量的冲突：一方是一系列由非常权威的文化和科学认知塑造的颜色模型②，而另一方是一个极其复杂的生物知觉系统。结果，外行人士、科学家和哲学家都面对着一个极具说服力的模型，用它来判断人们期望的颜色是什么。然而，与此同时，理解人类色彩系统所选出的东西，迄今为止依然是大多数神经学家与心理学家面临的最大挑战。

所有的颜色错觉都可以用上述的解释加以说明。一个人会遇到这样一种情况——他看到一种颜色，比如红色，而他被教导这个物体并不是红色的，而是另一种颜色的。究竟是基于什么原因他才被如此教导？这是因为，另一个权威——有可能是科学——用"我们应该看到什么"的

---

① 译注：指卡尼莎三角中三个各缺一个三角状部分的黑色圆圈。
② 原注：Albus, 2000; Gage, 1993; Goethe, 1810; Hardin, 1993; Kandinsky, 1911; Newton, 1704.

信念取代了我们的体验。

曾几何时，颜色只不过是一些看上去有色彩的东西：白色和黑色，还有棕色、金色、银色、珍珠色、珠母贝色、黄铜色、深紫色，等等。（后来）根据牛顿的颜色模型，每一个学生都被教导颜色就是一种光频。[①]结果，一旦这些概念与我们的知觉不相符，错觉就会被用来解释牛顿的权威与我们的体验之间的不一致！因而，如果我们盯着一个不包含610~700纳米频率光的图案，却看到了红色，那么我们会被教导我们是错觉的受害者，因为权威告诉我们那里并不存在真正的红色。然而，我们确实感知到了一种物理属性，一种由频率680纳米的光线和其他不包含该频率的图案组合所共有的物理属性。倘若这不是同一种物理属性，那么它就不可能在我们身上产生相同的效果。因此，这两种情况肯定具有相同的物理属性。只存在一类现象性质（比如红色），即当我们注视它们时，它们就是红色的。我必须强调这一点——仅存在那些（当我们注视它们时）是红色的现象，而不是对我们而言看上去是红色的现象。

* * *

当知觉接近错觉时，就会出现同色异谱现象（metamerism）。也就是说，当主观上的颜色与相异的光谱功率分布（spectral power distributions）匹配时，同色异谱现象就出现了。因而，一个人感知到了与外部世界不匹配的事物，正是在这个意义上，异谱色类似于错觉。"异谱色"这个术语用以描述颜色属性，但是相同的概念可以应用到其他感官形态中。例如，在食品和化妆品行业，调味物质在化学上是不同的分子，但它带来相同的嗅觉或味觉体验。广为接受的看法是，异谱色在物理上是不同的，但在体验中呈现出来的是一样的。

---

① 原注：艾萨克·牛顿自己也批评过这种过于简单的颜色模型。尽管有许多从物理属性出发的关于颜色的出色分析（Byrne & Hilbert, 2003），但颜色与光频率之间存在同一关系仍然是一个非常普遍的观点。

我们可以运用一个更简单的解释：我们所感知到的并不是所谓的真实颜色或真实味道。若每一次我们的体验都是相同的，那么我们就体验到了同一种物理属性。异谱色是同一种物理刺激，那么，毫无疑问，这种刺激引起的光感受器的激活组合也相同。但是，由于历史和文化的原因，这种物理刺激与不同的物理现象所例示的其他属性混淆了。结果，人们相信不同的刺激会产生相同的体验，但事实并非如此。刺激当然也是相同的。

首先，以颜色为例。为了方便论证，假设我选取了一个简化的色彩模型，这个模型规定颜色与光功率谱（light power spectra）对应，我们称之为"主频（dominant frequency）"。在这个信念系统中，颜色应该随着频谱的变化而变化。但是我们知道，许多具有不同主频的色谱在知觉上是一样的。解开谜底很容易，主频就相当于所谓的属性，而我们具有相同的知觉是因为代理属性。在实际情况中，颜色模型不可能与人类颜色知觉的细微之处完美契合。从主频模型到其他更复杂的模型，我们都满足于合理的近似。同色异谱概念基于一个所谓的"真实颜色"的概念，但这种概念只是假设。

接下来，以味道为例。当我吃草莓时，我体验到草莓味。我认为草莓必定具备一种能够触发我的体验的属性。我仅仅知道草莓是这样的——每当我吃草莓的时候，就会体验到草莓味。但最终，由于历史的发展，一种关于味道的科学逐渐发展起来。这个学科的专家告诉我，味道是化学物质，我对此坚信不疑。他们教导我，实际上，草莓的味道是某种分子。我也相信了。现在，我发现了另一种分子，它比真正的草莓便宜得多。如果我食用这种分子，我所体验到的味道与我吃草莓时体验到的味道一样。草莓和这种新物质就像"味觉意义上的同色异谱（gustatory-metameres）"，因为它们虽然是不同的，但"体验上是相同的"。我的脑对两种不同的物质给予了相同的解释。是这样吗？压根不是！传统的解释是一种误导。很明显的是，如果草莓和这种新物质对人的知觉系统（这是一种物理结构，而非无形的灵魂）产生了相同的影响，它们就必须具有相同的物理特征。我们可以再想想钥匙的例子，如果我拥有两把看似不同却能打开同一把锁的钥匙，它们就共有一种物理特征，这种物理特征就是锁被打开的原因。草莓和这个便宜的新物质也具有这种共同的物理特征。它构成了我的体验。这种共同特征也就是我的味觉系统所获得的属性。

在味道事例中，那个所谓的物理属性就是理论上规定的属性，而代理属性就是草莓和这种新物质所共有的东西。在颜色事例中，那个所谓的属性就是光的频率，而代理属性就是色谱及其周围区域所拥有的一组相当复杂的特征。从历史上看，关注一种属性与另一种属性之间由于实际因素而产生的频繁混淆，你将会有更深的理解。总的来说，所有错觉都能够用同色异谱现象来表示。一池水和一堆沙子在视觉上是同质异性的。

*　*　*

知觉恒常性与同色异谱现象非常相似。再说一次，我们拥有"自己期望感知到什么"以及"我们实际上感知到什么"的信念。譬如，我注视一张反射黄光的纸，我感知到它似乎是（几乎是）白色的。我远远地看着艾米莉，感觉她与我一样高。我观察着在我指间转动的硬币，无论其旋转方向如何，我都觉得它是完美的圆形。简言之，知觉恒常性这个概念基于近端刺激（proximal stimulus）[①]这个概念。近端刺激发生变化，而知觉对象与外部客体不变。事实上，在知觉恒常性情形中，变化并不寓于物理客体的属性之中，而是在物理客体对感官施加的效应的属性之中。这有点类似于近端刺激的老式概念。

我们来想想白纸的例子。我们先把白纸放在黄光下，接着放到白光下。根据传统观念，由于人体内部的巧妙计算，不同的物理现象会产生

[①] 译注：在知觉心理学中，近端刺激与远端刺激相对；在视觉中，一般而言，后者指远处客体，前者指客体在视网膜上的投影。

相同的体验。这样的结论并非必然的。或者说，如果两种情况在人体内部产生了相同的效果，那么它们一定具有某些共同点。共同的因素就是致使产生同样体验的现实原因。在不同的照明条件下，同一张纸会在人体内部产生相同的效果。只有假定一个人体验产生的原因是近端刺激而非现实的客体时，才需要用到知觉恒常性概念。

这里要附加一个说明：我所说的效果并不是现象体验，而是纸引起的物理效应。例如，在上述两个事例中，一个人指出是"纯白色"或者在潘通色卡（Pantone palette）上指出相同的色样。如果我们是这么做的，那么，在某种意义上，在我们的神经系统内部，纸张在不同的光照条件下产生了同样的效果。所以，就其因果效应而言，这两种物理状况是等同的。因此，它们具有共同的属性，这种属性也是人的体验的现实原因。这种共同属性就是代理属性。

总之，尽管从认知或心理学的角度看，知觉的恒常性极其重要，但在这里，它无关紧要。异谱色和知觉恒定性的概念是一种文化产物，而不是一种知觉现象。它们都对我们实际感知到的事物和我们应当感知到的事物——根据历史上的知觉模型——进行了对比。

＊　　＊　　＊

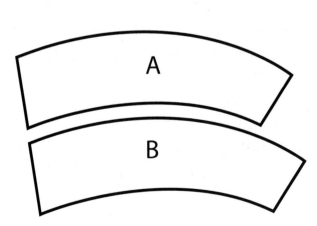

图 12　贾斯特罗错觉（Jastrow Tllusion）。

单单罗列错觉案例就能够填满整本书。我希望这种解释的总体理论框架足够清晰：错觉是一种关于我们所感知到的事物与我们相信自己应当感知到的事物的错误信念。这种理论可以用于解释许多令人惊异且令人愉悦的美丽错觉。每一个错觉事例都会告诉我们一个人实际感知到的事物与他相信自己感知到的事物之间的有趣差别。

到目前为止，我主要解释了代理属性的存在所导致的错觉案例，尽管有时候错觉也会由于代理属性的缺失而产生。对此我们至少举一个例子，这将大有裨益。我们来看看约瑟夫·贾斯特罗（Joseph Jastrow）于1889年所发现的贾斯特罗错觉（Jastrow Illusion）（参见图12）。这两个形状是相同的，但是看上去不同。观察者看到的图形 A 似乎比图形 B 要小一些，因为尺寸变化使得形状改变，所以图形 A 与 B 具有不同的形状。但是，这种错觉是因为代理属性的缺失而非其存在产生的。这组图形缺少代理的物理属性，这恰是在另外的情况中标准知觉所追求的目标，因为在另外的情况中，外部图形客体将那个所谓的物理属性（即有相同尺寸）进行了例示。

每一种错觉都能够用同样的方式加以解释，即找出被忽视的代理属性。代理属性才是知觉的对象，在非正常情况下，它不会与所谓的属性一同出现。

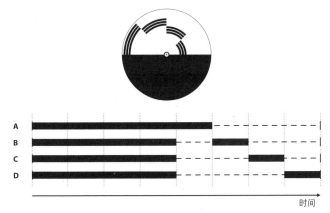

图13 贝纳姆陀螺：如果圆盘按顺时针旋转，颜色是红、黄、绿、蓝；如果圆盘按逆时针旋转，颜色为 A= 蓝色，B= 绿色，C= 黄色，D= 红色（从内向外）。

*　*　*

1894年，英国玩具制造商查尔斯·贝纳姆（Charles Benham）开始售卖一种涂着黑白图案的圆形陀螺，当陀螺旋转起来时，我们会看到一系列浅颜色的弧线。这个陀螺实现了一种显而易见的颜色错觉。很明显，陀螺的表面没有彩色，但是当它旋转起来时，它看上去似乎是彩色的（参见图13，上）。不可否认，当它旋转起来时，我们能看到多种颜色。为了更好地说明这个例子，我们来看看内圈的淡红色。这怎么可能？我们所感知到的淡红色在哪里？由于这个陀螺是非彩色的，这种淡红色是不是一种心智的颜色？出乎你意料的是，我认为我们可以证明看到了红色，因为，当陀螺旋转起来的时候，这个转盘确实是浅红色的。

根据传统的看法，贝纳姆陀螺是非彩色的，但当其旋转起来时，它看上去是彩色的。传统的解释是，我们在那里感知到了一种非物理存在的属性。淡红色并没有出现于转盘表面。淡红色只存在于我们虚假的体验中（不管这意味着什么）。我们感知到了一种心智的红色。根据这种说法，这种红色被认为是在脑中产生的，可这种说法太图省事，实在可疑。

根据弥散心智理论，贝纳姆陀螺在静止时确实是非彩色的。但是，当它旋转起来时，它是淡红色的。这怎么可能？解决方法就是修正我们对于"淡红色"的概念。淡红色不仅被淡红色的静止斑点所例示，也被这个旋转的转盘实例化了。淡红色的斑点和旋转着的圆盘之间的共同属性就是代理属性。因此，这个旋转的圆盘就是淡红色的。这个旋转的圆盘与静止的圆盘在物理上是不同的，它们例示了不同的物理属性。

与其他已知的错觉相比，贝纳姆陀螺由于显而易见的事实而显得更难解释。它利用了一个常见的错误想法，即无论客体是否运动，其真实属性保持不变。换而言之，这假定了静止圆盘的物理属性必须与旋转圆盘的物理属性相同。然而，这样的假设显然是错误的。运动的客体与静止的客体具有不同的属性。

举例来说，如果我加热一个物体，我可以观察到，只要它的温度升高，它的颜色就会发生变化。现在，热是分子（运动）的平均速度。所以，运动的（即旋转的）圆盘的颜色与它静止时的颜色不同，为什么我应当对此感到惊讶？我们可以想想某些蝴蝶五彩斑斓的翅膀，其中的色调会随着观察角度和照明角度的变化而发生变化。（蝴蝶身上的）彩虹色是由于两个或两个以上的半透明表面的多次反射形成的，其中，反射光的相位偏移和干涉通过放大或衰减某些频率来调节（进入人眼的）光线。[①] 在这个例子中，颜色差异是因翅膀中微观结构的方向变化造成的。而在贝纳姆陀螺的例子中，颜色差异是相对动量变化的结果。物理变化会触发不同的物理属性。最重要的一点是，并不存在真正的理由能够说明为什么客体不应当在旋转时呈现淡红色而在静止时呈现非彩色。一个物理属性的变化将会导致其他物理属性的变化。

但是，为什么旋转的贝纳姆陀螺能够将颜色实例化呢？我们需要对其机制的细微之处进行更深入的探讨。一条有价值的研究线索能用时间整合和运动所起的作用进行解释。我们可以考虑一个简单点的例子，比如"变成灰色"的例子。我们以一个简化的旋转圆盘为例，它由黑白交替的线条所组成。当其静止时，并不存在灰色。但是，当圆盘以一种高于我们光感受器时间整合的速度旋转时，我们就会看到一个灰色的转盘。存在一个灰色的转盘吗？是的。我们称为"灰色的"属性被旋转的圆所例示，而不是被静止的圆盘所例示。如果我们抛开狭隘的信念，我们就不会再抗拒接受这样一个事实：旋转的圆盘是灰色的，而当其静止时，这个圆盘是黑白色的。一个旋转着的黑白色的圆盘对于时间整合速度缓慢的视觉系统而言是灰色的。灰色和其余属性一样，也是一种物理的相对属性。

有人可能会反对说，灰色属性的存在取决于观察者视觉系统的整合时间。这不是没有道理，尽管如此，转盘表面的白色光线与黑色光线的

[①] 原注：Ghiradella, 1991; Vukusic, Sambles, Lawrence, & Wootton, 2001; Vukusic & Sambles, 2003.

白色和黑色是相对于观察者视觉系统中的各项参数而存在的。举例来说，如果观察者的视网膜中有更多类型的视锥细胞，那么很有可能他先前所感知到的白色的东西就不再是白色的了。如果把白色看作所有主要成分都具有相同亮度的情况，那么，如果我抽查包含不同的主要成分的光谱，我就不可能获得相同的值。而另一方面，如果有更高的空间分辨率，任何表面都将会分解成无数多彩的颗粒。简而言之，黑白色的静止圆盘对视觉系统中奇特机制的依赖程度并不亚于我所看到的旋转中的灰色圆盘对机制的依赖。此外，无论圆盘是静止还是旋转，都处于自然状态。如此一来，先前的反对意见就被驳倒了：灰色并不依赖观察者时间整合的时间，而是由于观察者时间整合的时间，灰色才得以被感知到。所有的物理属性都取决于使它们得以发生的恰当的因果环境。它们相对于其他的物理系统而存在。

海市蜃楼和贝纳姆陀螺能归入同一类错觉吗？两者多少有些不同。有人推测，我能够拍下一张海市蜃楼的照片，但我不能拍下旋转陀螺所呈现的淡红色。然而，这种说法是不正确的。事实上，如果我用足够缓慢的孔径时间，给正在旋转的黑白转盘拍一张照片，那么我的快照中将显示出一个灰色圆盘。此外，我还可以设想出一台模仿人类视网膜一些缺陷的相机。如果我的相机对不同的颜色成分采用不同的整合时间，那么它就能够拍下旋转着的贝纳姆圆盘的彩色照片。

事实上，一种类似于贝纳姆陀螺的现象考验着市面上的大多数数码相机，即"摩尔效应（the Moiré effect）"。它是贝叶斯模式的结果，用以在相邻的像素间插入颜色，并且从非彩色模式中产生意外的"虚假的"色彩效果。然而，摩尔效应并不要求相机内部具有虚假的色彩。这表明，市面上的相机并不拾取颜色，而是从相邻点拾取复合属性。相机也有自身的代理属性和所谓的属性。因此，我们有时可以拍摄到一张"淡红色"的快照。显然，这种"淡红色"并不存在，但在适当条件下，这有可能发生。复合属性就是相机所拾取的属性集群的一部分。

在海市蜃楼的例子中，我们不费吹灰之力便能辨别出两个客体：一个是水和其影像，另一个是沙子和其影像。因此，它们似乎是相对独立的。而在贝纳姆陀螺的例子中，代理物理属性与人类知觉系统中的怪异机制交织在一起，很难将其分离出来。当贝纳姆陀螺旋转起来时，我们并非面对着两种极易分离的属性，而是面对着一种明显的代理属性（即浅红色）以及一种概念上清晰但隐藏着的所谓的属性（即黑白模式）。因为人们不能将这两种属性的关系概念化，所以人们试图用错觉来解释。最重要的一点是，基于心智显象的传统解释是一种糟糕透顶的解释，这种解释是在助长思维上的惰性。

5.

幻觉与梦

就讨论的中心观点而言，
其替代观点的发明构成了经验实证方法的一个重要组成部分。

——保罗·费耶阿本德（Paul Feyerabend），1975

在前一章中，我们解决了错觉问题，明白了错觉是对现实物理属性的知觉。现在，我们来处理有关体验的所有盛行的实在论观点所面临的其他传统障碍，即幻觉和梦。事实上，如果传统上对幻觉的解释是合理的，那么幻觉就会截断体验与世界、心智与世界以及显象与实在之间牢固的同一性。1890年，威廉·詹姆斯在其里程碑式的著作《心理学原理》（*The Principles of Psychology*）中写道（黑体由我添加）：

幻觉在严格意义上是意识的一种感觉形式，它是一种完好且真正的感觉，犹如那里存在一个真实的客体。**只不过客体恰巧不在那里，仅此而已。**

如果人们能够体验到某些压根不存在的东西，就像上面引用的詹姆斯的论述那样，我先前所提出的理论就会失败。自詹姆斯以后，大多数学者都认为幻觉类同于知觉，但却不存在对应的外部客体。如果真是这样的话，那么这类体验就是心智与世界二分的主要原因。倘若幻觉产生了，对应的客体却不在那儿，那就说明体验源于内在的心智领域。大多数哲学家、心理学家和神经科学家都提出过类似的构想——他们都强调外部客体的缺失。[①]就这一点，1992年奥利佛·萨克斯（Oliver Sacks）在其所著的关于幻觉的书中写道：

> "幻觉"这个词的种种精确定义之间仍然存在很大的差异，这主要是因为，要识别幻觉、错误知觉与错觉这些情况的界限之所在，并不容易。但一般说来，幻觉被定义为一种在没有任何外部实在的情况下所产生的知觉，即人们看到或听到了**并不存在于那里的事物**。

然而，这种普遍的信念仅仅是"据说"能被经验实证证据所支持。（实际上）令人惊异的是，**当我们产生幻觉时，我们所看到和听到的事物就在那里**。我们只需要修正一下"那里（there）"这个简单的概念。

对幻觉的传统解释既非先验真理，也非概念上的可能性。它既然是一个经验实证的事实，那么必须以经验实证的证据为基础。我将论证这样的证据并不存在。如果这种经验实证的证据被高估了，那么整个"显象与实在"的纸牌屋将一并倒塌。

幻觉是否有可能像错觉那样，是现实知觉的情况呢？当人们产生幻觉时，会不会总存在着一个（对应的）物理客体？在此，我将说明这个客体究竟是什么，以及它位于何处。倘若幻觉也是一种对物理客体的知觉，那么将知觉解释为可靠幻觉的传统观点就将被抛弃。我将提出与传统解释相反的观点：**知觉并非一种可靠的幻觉，幻觉却是一种时空重组的知觉**。

成功的关键在于利用好我们先前概述过的体验的因果几何学。事件是弥散的，并由因果关系塑造出来。我们生活的这个世界和我们的体验

---

① 原注：Aleman & Larøi, 2008; Allen, Larøi, McGuire, & Aleman, 2008; Arieti, 1974; Association, 1975; Berrios & Markova, 2015; Blom, 2010; Broad, 1952; Foster, 1985; Russell, 1912b; S. Siegel, 2010; Vandenbos, 2007.

都是这种塑造的结果，世界与体验是同一的。知觉和幻觉是对这个世界的不同塑造，它们都只是世界的片段。弥散心智理论说明了知觉何以弥散成幻觉。择选出知觉的那种因果效力同样塑造了幻觉，这种幻觉并不存在于随心所欲的内在世界。幻觉并非凭空地从内在心智"飞地（enclave）"①的无形空间中产生的。幻觉是用构成我们体验的相同质料——即物理世界——剪裁出来的。与日常知觉相比，剪裁幻觉的方式更缺乏规则，但剪切两者的方式在形而上学意义上并无不同。

* * *

众多幻觉并不完全相同。从哲学的角度来看，这种说法并不那么明显。事实上，像威廉·詹姆斯、伯特兰·罗素和 A. J. 艾耶尔这样的哲学家常常采用幻觉的简化概念，把幻觉当成一种没有对应外部客体的现象体验。大多数作者都根据我们感知到的事物是否立刻随之出现来评判：如果客体并未出现，那么体验就是幻觉。这种想法是值得怀疑的，原因至少如下：首先，我们将看到，"那里"这个概念是模糊的、不严谨的、狭隘的；其次，这种观点太过粗糙，因为它并未区分幻觉的种种不同情况。在本节中，我将谈及后一个问题。

幻觉并不像人们通常认为的那样怪异。此外，幻觉在怪异程度上也不尽相同。有些幻觉非常接近日常知觉，而另一些则显得更为奇特。在知觉与最奇特的幻觉之间，存在一个事例的连续体。幻觉与日常世界只是程度上存在差别。

例如，如果我产生了幻觉，以为看见了那只几个月前在波士顿遇见的花栗鼠，那么与我产生看见一只从未见过的动物的幻觉相比，前者就不如后者更令人惊异。同样的道理，如果我产生看见一种超常规色彩的幻觉已经很惊人，那么出现看见某些法则上不可能的事物的幻觉就更神奇了。简而言之，不同的幻觉与日常生活之间存在着不同程度的分离。

---

① 编注：指位居甲地区而行政上隶属于乙地区的土地，又指甲国境内的隶属乙国的领土。

根据幻觉与幻觉者的世界之间的差距对幻觉进行分类，也许有助于揭示幻觉的本质。在此，我将根据幻觉与日常生活在因果上的接近程度而把它们整理为不同种类。如果最终发现其中部分种类是空的，那么这种努力可能就是值得的。

第一类是日常知觉。人们感知到事物实际所是的样子——例如，艾米莉感知到一个红苹果，而这个红苹果就在那里。这就是香格里拉中发生的场景。用我在本书中所捍卫的体验—客体同一性观点，就很容易处理这种情况。在弥散心智理论中，对日常知觉的解释是直截了当的——我们体验到一个红苹果是因为我们的体验就是这个红苹果。

第二类就是错觉的情况——人们感知到的事物与事物之所是有所不同。更准确地说，是人们相信自己感知到了与事物本身不同的东西。例如，我感知到一个苹果是红色的，但我有可能相信这个苹果是绿色的。正如我们所看到的，这种情况也可以被还原为现实的物理属性，这些物理属性确实存在，只不过恰巧与我们的信念不相匹配。通过修正我们关于自己感知到的属性和客体的信念，错觉问题就可以解决。

第三类，也是最后一种情况，我们面临的是一系列庞杂的幻觉。我提议将幻觉分为普通幻觉和特殊幻觉。普通幻觉是对人们之前体验过的客体或客体的部分的体验。特殊幻觉也是对客体或客体的部分的体验，但人们之前从未体验过这些客体。

我的核心观点是，特殊幻觉并不存在。它们从未出现过。它们仅仅是一种被哲学观点所左右的科学神话。可设想性（conceivability）并不是充分的证据。模态逻辑在此对我们毫无助益。我们需要处理现有的经验实证的证据。我们需要知道人们是否拥有过一种并非基于外部世界原因而仅仅存在于纯粹心智世界的幻觉。如果没有任何经验实证证据支持特殊幻觉的存在，那么源于幻觉的论证注定会失败。事实上，普通幻觉可以用知觉重组来解释。

普通幻觉可以进一步分为两个子类。第一类涵盖这种事例：在我们体验到事物的那一刻，我们体验到的事物并不存在，但我们曾在**其他**

地点和其他时间感知过该事物。比如，艾米莉体验到一个红苹果，而红苹果并不在那里，但她先前看到过红苹果。第二类包含的事例则是，当人们体验到事物时，人们体验到的事物并不存在，但人们曾在**其他地点和其他时间**感知过这个事物的属性，虽然这些属性之前是以一种不同的排列方式出现的。比如，艾米莉体验到一个红苹果，而红苹果并不在那里，但她之前看到过红色的斑点和绿色的苹果。这种幻觉的关键特征在于，它们是现实客体在时空上重组后的结果。因此，普通幻觉可以通过客体来解释，它们不需要任何的心智世界。

　　相比之下，在特殊幻觉的情形中，人的体验不能被还原为任何先前的体验。特殊幻觉同样可以被划分为三个子类。第一类包含这种事例：当某人体验到事物时，他体验到的事物并不在那里，并且这种事物是他从未体验过但却有可能体验到的。比如说，艾米莉体验到一个红色的苹果，而红苹果并不在那里。此外，她从来没有见过红色客体或苹果（但显然她是有可能看见红色或苹果的）。休谟的"缺失的蓝色（missing shade of blue）"[1]就属于这类情况。第二类包含的则是这样一种情况：当我们体验事物时，我们体验到的事物并不在那里，这种事物是我们未曾体验也不可能体验到的。比如说，艾米莉体验到苹果发出的红外光。由于她的感官限制，她不可能感知到红外光。尽管如此，由于红外线是一种物理现象，如果她的身体（在官能上）有所变化，她也许就能感知到红外光。最后这一类，也是最极端的情况：当人们进行体验时，人们体验到的事物并不在那里，这种事物是人们从未体验过也不可能经由任何现实的经验的方式所体验到的。比如说，艾米莉体验到一个拥有四条边的三角形。

---

① 译注：请想象一系列程度由浅到深均匀变化的蓝色序列。休谟认为，当我们将其中的一种蓝色抽出，并让一个从未看见过这种被抽出的蓝色的人去看这个序列时，这个人将会设想到中间遗漏了一种蓝色。因而，休谟通过这个例子想说明，我们能对自己从未体验过的感觉产生观念。休谟提出的这个例子因与其彻底的经验主义观点矛盾而令人费解。参见：Hume, D. (2007). *An Inquiry Concerning Human Understanding*. (Introduction and notes by Peter Millican) Oxford: Oxford University Press. p.188. 亦可参见：休谟著.(1981).关文运译.《人类理解研究》.北京:商务印书馆.p.22。

普通幻觉仅仅是一种延迟的知觉重组，而特殊幻觉压根不存在。为了表明情况确实如此，我将普通幻觉与其他几类的幻觉分开讨论。普通幻觉依然由人的现实体验所引起。只有特殊幻觉似乎悖离了物理世界。幸运的是，它们并不存在。因此，这种主张涵盖两个方面：

· 普通幻觉是知觉的一种形式。
· 特殊幻觉并不存在。

表1 普通幻觉和特殊幻觉

标准知觉	体验到存在于那里的事物。	我体验到一个红苹果，并且这个红苹果就在那里。
错觉	体验到存在于那里的事物，但是与该事物之所是不同。	我体验到一个红苹果，并且这个红苹果就在那里，只不过我有可能相信这个苹果是绿色的。
普通幻觉1	当我们进行体验时，我们体验到并不存在于那里的事物，但我们曾在其他地点和其他时间感知过这个事物。	我体验到一个红苹果，而我面前并没有红苹果。但是，我之前看到过红苹果。
普通幻觉2	当我们进行体验时，我们体验到并不存在于那里的事物，但是我们曾在其他时间和其他地点体验过这种事物的属性，不过这些属性之前是以一种不同的排列方式出现的。	我体验到一个红苹果，并且没有红苹果在那里，同时我也从未见过红苹果。但我之前曾见过红色的斑点和绿色的苹果。
特殊幻觉1	当我们进行体验时，我们体验到并不存在于那里的事物，但这种事物是我们从未体验过却有可能体验到的。	我体验到一个红苹果，却没有红苹果在那里。并且，我从未见过红色的客体或苹果。当然，这就是休谟的"缺失的蓝色"。
特殊幻觉2	当我们进行体验时，我们体验到并不存在于那里的事物，而且这种事物是我们未曾体验也不可能体验到的。	我体验到苹果发出的红外光。由于我的感官限制，我无法感知到红外线。但是，红外线是一种物理现象，如果我的身体发生变化，我也许就能感知到红外光。
特殊幻觉3	当我们进行体验时，我们体验到不存在于那里的事物，而且这种事物是我们从未体验也不可能经由任何现实的经验的方式所体验到的。	我体验到一个拥有四条边的三角形。

这些主张提出的第一个经验实证预测是，在幻觉以及类似的情况中，我们体验到的仅仅是生活中与我们存在着物理联系的那些客体和属性。

假设特殊幻觉是真实存在的，那么它们比普通幻觉在形而上学上的要求更严格。事实上，特殊幻觉不可能来自物理世界。特殊幻觉势必要求我们所体验到的事物独立于物理世界，也许甚至要求这些事物不可能存在于物理世界中（无论是偶然性地还是法则上必然性地）。唯有真实存在的特殊幻觉才能为源于幻觉的论证提供支持。相应地，如果所有幻觉都是普通幻觉，那么可以通过扩展知觉以涵盖比平常更大范围的时空跨度来进行解释。前面章节中所概述的体验的因果几何学就可以用以处理普通幻觉问题。

* * *

第一步是要说明普通幻觉不过是一种对时空复合客体的知觉。如果我们对以前遇到过的客体产生幻觉，幻觉与知觉之间的区别就会变得模糊。我们可以设想存在着从日常知觉到幻觉、梦以及记忆的一系列连续事例。幻觉与知觉之间的区别类似于山丘与山脉之间的区别。这个差别具有重要的实际意义，但并不具有形而上学上的意义。

其核心思想在于，如果对一个客体的知觉与这个引起当前脑活动的客体是同一的，那么幻觉就是对过去出现过的客体的知觉，并且这个客体仍然是脑活动的原因。这样的过去仍然是现在的一部分。毕竟，所谓的现在也从不与神经活动同步。

我们可以想一想标准知觉。我看到一张脸。这样一个客体是由空间分布的一系列特征所构成的。我听到莫扎特所作的"莱波雷洛的咏叹调（Leporello's Aria）"，它是由一系列分布于时间中的特征——音符和歌词——构成的。我们可以想想萨尔瓦多·达利（Salvador Dali）所画的伏尔泰（Voltaire）肖像[①]，画中诸多不同的存在物——两个修女、一

---

① 译注：指《奴隶市场和消失的伏尔泰半身像》（*Slave Market with the Disappearing Bust of Voltaire*）这幅画。

道拱门和几个阿拉伯男孩——被如此排列从而构成伏尔泰的肖像。我感知到大熊座，它的七颗恒星散乱地分布在时空中。在所有这些情况中，日常客体都弥散在空间和时间中。

我一再强调，知觉并不是瞬时发生的，它需要空间、时间和因果步骤来完成。我们感知到的客体也不是瞬时的。这不应该令人感到惊讶，因为因果过程可以随时随地挑选出其前因。因此，如果我在生活中看到过红苹果，那么可以肯定的是，只要这个因果过程依然存在，我迟早会再次看到红苹果。我将看到的不是这个红苹果的意象。我将看到的红苹果与我初次所见时的一样，当这种情况发生时，我会把我的体验称为"梦""记忆"或者"幻觉"。但是，这仍然是一种知觉。

我们应该把因果论证反过来看：如果知觉发生在时间中，那么幻觉也是如此。尽管有时间间隔，但如果日常知觉能发生，那么时间就不是一个关键因素。因此，关于客体及其属性的幻觉都是异常的延迟知觉或重组知觉。我的提议是，无论何时人们产生红苹果的幻觉，要么是因为他们之前看到过红苹果，要么是因为他们之前看到过红色客体和苹果。所以，人们在幻觉中看到的红苹果就是脑活动在时空上的复合原因，无论何时何地，红苹果幻觉的各个成分都与我们的身体有关系。由此可得出的预测是，**只有当事物由我们先前所遇到过的客体或属性所构成时，我们才能产生对它的幻觉。**

让我们进一步研究知觉与幻觉的相似之处。考虑这样一个例子，鲍勃是一个正常的知觉者，但是由于某种不寻常的疾病，他的知觉过程会由于额外的神经过程而有所延迟。起初，这种延迟几乎不可察觉。然而不幸的是，这种延迟状况随着时间的推移越发严重。一段时间后，他已经无法感知快速移动的客体了。但是，他仍然可以感知静态的和运动相对速度较慢的客体。他的世界缩小为蜗牛的周遭世界。即便他的病情很严重，他仍然能感知这个世界（尽管是以一种延迟的方式）。而且，正如控制理论所表明的那样，他可以通过自身行为的相应的长时间延迟来应对任何的长时间延迟。鲍勃通过放慢行动来应对他的疾病。尽管现在他与同龄人的社交生活变得非常缓慢，但他仍然在体验这个世界。鲍勃所处的困境说明了一个道理：无论延迟多么严重，都不会使鲍勃的知觉变成全然不同的幻觉。同样地，人们可以设想从日常知觉到梦、记忆和幻觉的一系列连续的中间事例。既然鲍勃没有产生幻觉，那么，当我体验到我昨天所吃的苹果时，我也没有产生幻觉。

知觉是一个需要空间和时间才能完成的因果过程。（需要的）空间和时间的量是任意的。这并不会影响我们的体验的知觉本质。由于各种物理条件，某些知觉过程需要较长的时间才能完成。一般的标准知觉需要100~300毫秒完成。有时候，这个过程会弥散于更长的时间跨度——几分钟、几小时、几天、几个月甚至几年。我们将这些情况称作"记忆""梦"和"幻觉"。但它们都只是知觉的不同情况而已。

为什么某些体验更容易被当成知觉呢？其实是因为实用性。因为我的行为是行动循环的一部分，所以我们习惯上认为只有那些能让我与客体进行有效互动的过程才是知觉。因而就可以顺理成章地说，知觉仅仅是那些快到足以让我做出反应的过程。这就像对某个相隔甚远的事物进行拍摄，如果隔得太远，事物就存在于过去。但是，并不存在神奇的临界值。从纯粹知觉的角度来看，在光线从客体表面反射后的300秒或300天之后感知这个客体与300毫秒后感知这个客体类似，与日常知觉一样。我敢说，没有人能够找到逻辑条件或物理约束来区分300毫秒的物理过程和300天的物理过程。一旦我们承认——就像任何严肃的物理学家应该承认的那样——红苹果与我的神经活动之间确实嵌入了一个因果过程，那么就没有什么能将知觉与普通幻觉区分开了。因果过程并没有有效期限。如果知觉能在300毫秒的时间跨度中发生，那么只要满足相同的因果条件，它就能在任何给定的时间跨度中发生。因果过程体现了客体与我的身体之间的关系。但是，我的体验并不是最终的神经结果。我的体验是原初的外在原因。我的体验就是客体。

是什么将标准知觉与记忆、梦、幻觉之类的体验分离？正是实用性上的差别。当我感知到桌上的红苹果时，我可以抓起它然后吃掉它。

当我产生红苹果的幻觉时，我无法吃到它。我们可以想想普通幻觉的第一类情况。我体验到了一周前放在桌上的那个红苹果。当然，我既不能抓住它也不能吃它。以上两种情况的区别在于实用性。再想想普通幻觉的第二类情况。比如说，我体验到了一周前我在纽约所感知到的那个红色斑点，它就在我一个月前在罗马感知到的那个绿苹果旁边。这个红苹果由我在纽约所看到的红色斑点和我在意大利所看到的苹果状的客体构成，它是一个时空复合客体。修改、重组后的客体是我的知觉的原因。这个意大利—美国复合苹果与红苹果一样是物理的——它们都是我脑活动的原因。但是，我不能吃到这个意大利—美国复合苹果。因此，我认定它是一种幻觉。从实用性的角度来看，这一点意义非凡。现在桌子上的这个红苹果也是弥散于时空中的，但是它与我身体之间的时空间隔要小得多。我在幻觉中所看到的苹果是由弥散于空间和时间中的成分组成的。我所感知的苹果也是由弥散在空间和时间中的成分组成的。只是后者碰巧更接近我的身体。知觉与普通幻觉之间不存在形而上学上的差异。习惯上，我们将知觉看作对可操控客体的体验，而把梦、记忆、幻觉和天文观察理解为一种对不可操控客体的体验。从某种意义上说，幻觉就是实用价值有限的知觉。

这两种情况缺乏实质性的区分——除了在普通幻觉的事例中我们不可能在实用意义上吃到或抓到客体——这就解释了为何没有"内省上的（introspective）"差异将幻觉与知觉区分开。人的体验没有内省上的差异。在两种情况中，我们都感知到了红苹果。在日常知觉中，我们感知到一个放在桌上的300毫秒前的红苹果——考虑到我的生活环境中苹果的平均速度，它依然在桌上。而在记忆中，我们感知到一个2014年11月也就是300天前放在桌子上的红苹果。最后，在幻觉事例中，我们感知到一个由纽约的红斑点与罗马的绿苹果混合而成的红苹果。知觉、记忆与幻觉是类型相近的过程，但它们在时间延展程度上相异。

这样一来，与行为相关的知觉过程为何享有特殊的声誉和地位也就可以理解了。毕竟，如果我们不断地被生活中遇到的所有红苹果迷惑，我们将忽视眼前的红苹果，结果是我们将会绝望地迷失在一个永恒可感的过去之中，然后饿死。常做白日梦是有危险的。可以想见，必须有各种各样的机制防止我们被时间久远的事件所淹没，因为它们可能会扰乱我们与环境之间紧要的日常互动。大多数情况下，出于实用性目的的考虑，生活在短暂的当下要比生活在或多或少遥远的过去更好。

为了使"幻觉完全就是延迟的知觉"这一观点更具说服力，我将说明这个最常被援引的内生幻觉的事例，也就是怀尔德·潘菲尔德对脑进行直接刺激的实验。[1]潘菲尔德的经验实证证据对"幻觉就是由脑内在分泌的意象"这一观点的产生至关重要。潘菲尔德对有意识患者的脑皮层进行了一项著名的实验，其所引起的概念上的"雪崩效应"不容小视。学者和大众都把他的发现当作证明意识产生于脑内的最终证据。[2]不计其数的电影和动画都受到他实验的启发，诸如《黑客帝国》（*The Matrix*）、《盗梦空间》（*Inception*）、《头脑特工队》（*Inside Out*），等等。因而，如果指出人们对潘菲尔德实验的流行解读大都不能获得经验数据的支持，这可能会大大出人意料。所以，现在我们有必要回到现实的经验实证证据上，来审视这种大众热情（所支持的观点）在哪些地方与事实相悖。

从1950年到1958年，潘菲尔德收集了一系列清醒的被试者在直接脑刺激过程中的体验的第一人称报告。他不是第一个也不是最后一个进行这类刺激实验的人。时至今日，这种侵入性实验虽然仍然应用于一小部分外科手术，但已经基本被无害的磁刺激所取代了。[3]然而，潘菲尔

---

① 原注：Penfield, 1950, 1958, 1975.

② 原注：Chalmers, 2000; Dennett, 1969; Jacob, 2008; Kosslyn & Koenig, 1992; Kosslyn, 1996; Penrose, 1989; Searle, 1992; Strawson, 2008; Taylor, 2001; Tong, 2003; Trimble, 2007; van Inwagen & Zimmerman, 2007.

③ 原注：传统刺激的例子已经有过报道，参见：Himmelbach, Logothetis, & Karnath, 2012; Brindley & Lewin, 1968; Penfield & Rasmussen, 1950; Pollen, 2004. 更多的微创脑刺激案例研究，参见：Lockwood, Iannetti, & Haggard, 2013; Pollen, 2004, 2006; Ptito et al., 2008; Salminen-Vaparanta et al., 2013.

德是第一个详细描述直接脑刺激过程中被试感受的人。简而言之，整个实验按如下方式进行：一个人的脑被一个电极刺激，其结果是，他体验到与其当下周围环境不同的事物。例如，他会看到闪光或者看到不在房间里的人。人们对此的解释是，人的体验是由直接刺激任意产生的，而他所感知到的是在脑中产生和投射出来的"电影"。但令人讶异的是，这个结论既不被潘菲尔德的经验实证证据所支持，也不被随后的直接脑刺激事例所支持。

与人们所认为的相反，潘菲尔德对脑的直接刺激从未产生新的体验，而仅仅是重组了过去的事件。至关重要的是，潘菲尔德是对成人进行实验，而成人的脑已经与有着种种因果关系的世界纠缠不清了。这些脑不是孤立的细胞团块。它们是身体的一部分，而身体又是世界的一部分。就脑创造体验的能力而言，真正的实验——并非潘菲尔德进行的实验——需要对一个自出生便被隔离的脑进行刺激。这种极端的、从未进行过的实验——类似于科幻电影《黑客帝国》中所构想的场景——将是唯一可以真正验证脑是否能产生一个内在心智世界的实验。或者，作为一个次优方案，潘菲尔德也许一直在寻找与现实生活联系很少或没有联系的现象体验，一种类同于特殊幻觉的事物。但他并没有找到。所有被试者报告的都只是普通幻觉的情况，其内容往往由先前出现过的事件、人和客体重组构成。其产生的结果与盛行的对潘菲尔德的发现的曲解相反，脑并不会产生任何原始的现象内容。脑感知到人的过去，并且由于直接的刺激而对其进行重组。更确切地说，它的过去引起了全新的组合结果。

潘菲尔德更像一个管道修理工，这个管道工在一幢老旧的建筑中修补着生锈的水管，成功地让水从中喷溅出来，弄湿了经久积灰的地板。他并没有通过摆弄水管和阀门而使水产生。他并没有通过触发神经放电来创造出现象体验。电刺激触发了一个更大的历史因果网络，在进行该实验很久之前，被试的脑就已与这个网络纠缠在一起了。例如，如果某个神经区域会因为遇见迷人的伴侣而产生特定的结构，那么遇见这个迷人的伴侣将会是任何未来该神经结构被激活的现实原因之一。随后对人脑的刺激则触发了这样一段长远的因果历史。脑的某个部分的某个活动就像潘菲尔德的电极一样，是过去事件的因果性产物。

令人惊讶的是，潘菲尔德最卓越——也更符合逻辑——的发现之一是，幻觉体验是对过去事件的重组。但这个发现是他最不受重视的成果之一。

经验实证证据表明，幻觉始终是且仅仅是"普通的"。英国神经科学家约翰·休林斯·杰克逊（John Hughlings Jackson）在他1888年的开创性著作《癫痫病》（*Epilepsy*）中指出，大体上，在幻觉中会有"旧的场景复原"。潘菲尔德自己观察到，幻觉始终是人们生活当中过往片段的组合。阅读一些幻觉患者报告的片段能获得不少有用信息，正如怀尔德·潘菲尔德和法诺·佩罗（Phanor Perot）在其1963年里程碑式的直接脑刺激实验中所收集的：

> "好像是房间里在聚会。（……）就像在舞厅里一样，像站在肯伍德学院附中（Kenwood High school）体育馆的门口。（……）人声鼎沸。"当被问及时，他说："很多亲戚，我的母亲（……）好像是我的侄子、侄女来拜访我家。（……）他们正准备回家，把他们的东西放在他们的大衣和帽子上。"当被问到他身处何处时，他说："在餐厅——前厅——他们正在移动。一共有三个人，我的母亲正在和他们说话。她很匆忙。我看不真切，也听不清楚他们在说什么。"（案例2）

> 在（刺激）视觉后，通常他会看到一个强盗。或者是一个持枪的男子正朝他走来。那个男人是他在电影或连环画中见过的人。"哦，天哪！他们在那儿，我的哥哥在那儿。他正拿着气步枪瞄准我。（……）我的母亲正在打电话，邀请我的阿姨今晚到我们家来。（……）我的母亲正在告诉我的哥哥他把外套穿反了。我正好能听到

他们说话。"当被问及他是否还记得时，他说："哦，是的，就在我来这儿之前。"（案例3）

"现在我听到了音乐——一小段有趣的音乐。"继续进行刺激。患者变得比平日更健谈，她解释说这段音乐她曾在收音机里听到过——这是一档儿童节目的主题曲。当被问及时，她说这是一段录音。（案例6）

有一个声音在喊："吉米。吉米，吉米。"当被问及时，她说这是她丈夫的名字，她就是这么叫她丈夫的。（案例8）

外科医生说："看看它是否会再次出现。"一用电极刺激，他就说："是的，滚出去。"这是台球室里一个男人的声音，让A.P.滚出去。当被问及时，他说："我之前有段时间一直在台球室里；这可能是同一个台球室，也可能不是。"手术六个星期后，在诊所里，A.P.被问到了这个问题。他说，他清楚地记得这件事：这件事发生在三年前，他在台球桌上错失一个进球后火冒三丈，并且折断了他的球杆。经理试图将他撵出去，随后发生了一场打斗。这件事给他留下了相当深刻的印象。（案例13）

　　我想，已经没有必要再对这种情况进行更多的讨论了。潘菲尔德的研究结果证明以上案例除了是普通幻觉，不会是其他任何事物，也就是说，幻觉是一种被延迟和重塑的知觉。在收集到的所有证据中，直接的脑刺激从未引起意料不到的知觉内容。他的实验表明，直接的脑刺激可以让患者感知到重组后的过往。

　　哲学家和大众通常认为幻觉是无拘无束的想象力任意发挥的结果。梦和幻觉是由什么东西构成的？**与标准知觉一样，幻觉也是由世界构成的，无论这个世界是刚刚发生的世界还是几小时前、几天前、几个月前**

或几年前发生的世界。幻觉是一种对时空复合客体的延迟知觉。

＊　　＊　　＊

仍然存在一些反对意见。首先，如果当我们感知事物时，我们与被感知客体是同一的，而当我们产生幻觉时，我们与幻觉到的客体也是同一的，那么为什么我们不会连续不断地感知过去？换句话说，为什么我们并不是时时刻刻都产生幻觉？反之，究竟是什么触发了幻觉？

幻觉被当作心智现象，是因为它们通常由头脑内部的事件所触发，比如，当电极、药物或生理过程似乎作用于大脑皮层内部时。在幻觉中，身体似乎通常与外部原因隔绝。而幻觉的直接原因，比如说直接的脑刺激，似乎与人的体验并不相符。举例来说，潘菲尔德直接刺激被试的脑，结果，被试者产生幻觉，听到了一段钢琴协奏曲。潘菲尔德的电刺激看起来根本不像钢琴协奏曲！艾米莉进入梦乡，由于一些内部过程，她梦见自己正在一个无人的沙滩上散步。对这种反对意见的第一个回应是，人们也可以将相同的理由应用到标准知觉上。事实上，在日常知觉中，内在的神经基础也不与我们的体验匹配。神经活动既有内因，也有外因。当艾米莉聆听钢琴协奏曲时，她的脑看起来也不像钢琴协奏曲。

对此的解决方案是"双重抢占（double preemption）"。一个局部原因——比如说，潘菲尔德的电极——抢占了一个已经实现抢占的原因，而后者阻断了（也是一种"抢占"）某个更远的原因——比如说，一首几年前听过的钢琴协奏曲。这个局部原因移除了这种妨碍我们感知过去事件的阻断。经验实证证据能够支持这种假说。实际上，大多数所谓的幻觉的内因是破坏过程，而不是积极干预。许多著名的致幻剂，比如麦司卡林（mescaline）、死藤水（ayahuasca）或者麦角酸二乙胺（LSD），都会减少而不是增加脑活动。①一直以来，许多增加脑活动的药物，比如可

---

① 原注：Hobson, 2002; Hoffman, 1983; Huxley; 1954; Luna & White, 2000; Shanon, 2002.

卡因，在产生幻觉方面并不是特别有效。[①]尽管如此，有时这些药物也是具有破坏性的，并因此引起幻觉。而对当前知觉刺激的抑制则是另一种双重抢占的事例。事实上，持续知觉充当了一种对先前因果过程的抑制因素。因此，剥夺其中一个当前刺激可以让更久远的事件发挥其影响力。

脑具有双重功能。一方面，它为事件未来的因果汇流保留了条件。另一方面，它通过抢占因果结构阻断了这种因果影响。获得优先权（实现抢占）的神经结构阻断了其他的神经结构，而后者本来将会使过去的事件在当下产生影响。有时，另外的原因——比如电极、药物或者生理过程——会介入这种提前抢占的神经结构，从而阻断暂时中止因果过程的（之前的）阻断者。我们可以想象一下水龙头。水流原本会从水龙头中流出，但水龙头已被关上了。关闭的水龙头就是（阻止）水流流动的提前抢占的原因。接着，你打开水龙头，水开始流出。这就是一种双重抢占。你阻止了水龙头对水流出的阻碍。你不是在水管中抽水，而是消除了阻止水流动的原因。我认为，这里的因果过程类似于移情理论家所维护的那种因果过程。[②]

在图14中，我画出了幻觉的提前抢占模型草图。普通箭头表示因果关系，而圆形箭头表示提前抢占的因果关系。一个外部原因——比如说一个红苹果——在人脑中引起了某种神经活动。如果没有内部的阻断，那么红苹果就会引起神经活动。这就是在标准知觉中所发生的情况。值得强调的是，红苹果还负责塑造人神经网络中的因果几何学，这样红苹果就会触发那个特定的神经活动。因此，当附近没有苹果时，神经活动会由于原初的原因而发生，也就是第一个红苹果和之后那些红苹果。然而，在正常情况下，这条因果之流会被脑内部的一些神经阻滞所截断。神经阻滞就像一个水龙头，它阻断了因果过程的流动，从而产生了因果效应。但是，当另一个事件——无论是像睡眠这样的内部事件

---

① 原注：Hobson, 2002, 2003; K. Siegel, 1978.

② 原注：Dowe, 2007; Reichenbach, 1958; Salmon, 1997.

还是像潘菲尔德的电极这样的外部事件——阻止神经阻滞对更远原因的阻止时，第一个红苹果就会对脑产生因果影响。这种事件就是双重抢占原因，就像有人打开了水龙头。

事实上，每当一个抑制因素被关闭时，幻觉就会出现。这与通过压抑当前的知觉刺激或破坏抑制因素而产生幻觉的事实是一致的。[①]

幻觉的优先抢占模型有助于解释潘菲尔德电刺激实验这类事例，在这种情况下，诸如放电这样的破坏性事件扰乱了正常的神经活动，从而引起了幻觉。同样地，隔离、感觉剥夺（sensory deprivation）和睡眠都通过弱化神经抑制机制的作用来诱发幻觉。优先抢占模式并不需要任何烦琐的内部表征。

幻觉不是对存储内容的重新激活。幻觉不是头脑中的"电影"，而是等同于打开一个因果上的水龙头。潘菲尔德的电极并不是患者的体验的载体，它也并不会复活神秘的"记忆痕迹（engram）"[②]——潘菲尔德本人把它当作内容的可能载体："这不仅仅是心智的一种特殊机制。它的活动伴随着意识，并在其中留存了一份完整的记录或记忆痕迹。"并不存在一个类似于更新过的——以及科学上伪装过的——笛卡儿的印象和观念型的记忆痕迹蛰伏在神经连接之中。

将致幻因素建模为一种因果促成者——作为一个抑制了另一个因果抑制者抢先阻止因果链出现的因果要素——具有两大优势。在这里，我要借用乔纳森·谢弗（Jonathan Shaffer）的术语。首先，它解释了致幻因素与产生的幻觉之间缺乏特异性。其次，它用标准知觉解释了幻觉。弥散心智理论表明，每个幻觉对应一个物理客体。如果我产生红苹果的幻觉，我脑中的神经活动是由我看到的以及尽管存在延迟，但我仍能感知到的红苹果引起的。非特殊致幻因素消除了一个因果阻滞，而这

---

① 原注：Merabet et al., 2004.
② 译注：根据某种记忆理论，记忆是由于神经元在生物物理上和生物化学上的改变形成的，那么所谓的记忆痕迹就是外界刺激使得脑产生的相应生物物理和生物化学变化所留下的痕迹。进一步，这种理论认为通过消除一些不好的记忆痕迹可以治愈某些心理疾病。

个因果阻滞本会阻止因果过程完成。幻觉的优先抢占模型将传统观念弃之一旁，这种传统的观念认为幻觉的原因完全在一个人的头脑内部。我们应当把幻觉和梦解释为"重组的延迟知觉"。它们既没有通达一个内在的私人心智世界，也不是对内在表征（在心智中）进行的预演。

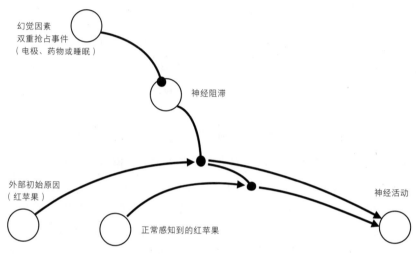

图 14 作为双重抢占的幻觉。

　　幻觉有点像一条试图穿越繁忙的交通转盘或交通环岛的车流。在通常情况下，从周遭时空环境中注入的因果车流如此密集，从而阻断了其他车辆接近交通环岛的路径。但是，如果这条车流被阻断或严重扰乱了，那么其他车辆——类比于更远的原因——就会有机会通过环岛。大多数体验并不是由近端客体引起的，而是其他感官模态减少的产物。比如，梦需要认知、心理、生理和环境上的隔离。同样地，邦纳综合征（Charles Bonnet syndrome）作为一种幻觉病症，是由于全部的皮层输入区域的破坏所导致的。[①]

---

① 原注：Ffytche, 2005; Ffytche et al., 1998; Gold & Rabins, 1989; Hedges, 2007.

感觉剥夺常常通过减少附近事件的影响来导致幻觉。[①]多种形式的药物性幻觉是抑制性因素而不是兴奋性因素造成的。[②]梦也是由于即时刺激的关闭或大量减少而发生的。最后要说的是，使各种形式的幻觉、梦、半醒时意象（hypnopompic images）和催眠时意象（hypnagogic images）得以产生的机制，就是发生在不同时期的事件的影响力之间的失衡状态。

在此提出的幻觉模型，其关键着力点在于抑制因素。脑中进行的活动往往是过去（事件）的结果。尽管脑是其全部因果历史的产物，但由于许多实际原因，任一时刻只有少数原因能够产生作用。比如，你躲闪是因为你看到了一只极具威胁性的大黄蜂朝你飞来。闪避是大黄蜂影响的结果，在那一瞬间，大黄蜂就是通过你的身体而扩散其影响的主要原因。再如，你做了一个白日梦，梦到自己在托斯卡纳（Tuscany）度过的假期，在那一刻，你的脑的因果结构就被这段宁静的时光所控制。在随后的夜晚和睡眠中，感觉神经传入末梢的突触前抑制（the presynaptic inhibition）引起了脑的相关感觉隔绝。如此一来，近端的外部世界的影响就被阻断了。

总的说来，诱导幻觉产生的条件，诸如白日梦、梦、幻肢、邦纳综合征以及其他各种情况，都拥有三个共同因素。首先，人们在产生幻觉时所感知到的客体或客体属性都是他们之前感知过的。其次，当周围环境中的因果流入有所减少时，更有可能出现幻觉。最后，幻觉是神经性破坏因素的产物。一言以蔽之，所有这些状况都是普通幻觉。

第一个因素我们先前已经解释过了。这一点至为关键，因为幻觉的内容不是在头脑中炮制出来的随心所欲的心智体验，而是始终可以追溯到外部世界的。幻觉是知觉的一种形式。而后两个因素是联系在一起的，它们揭示了幻觉的认知基础和神经基础。每当正常的因果关系中

---

① 原注：Bruner, 1959; Ptito, Kupers, Lomber, & Pietrini, 2012; Zubek, 1969.

② 原注：Hobson, 2002; Shanon, 2010.

断，更远事件的影响就变得越发明显。

对于人们在幻觉或梦中所感知到的事件的选择机制，这种解释没有涉及。它也没有涉及梦通常表现出来的那种显而易见且至关重要的系统性。这种解释仅解决了梦和幻觉的一个初步却根本的议题，亦即人为什么有体验以及人体验到了什么。这两个问题在神经科学和心理学中无法得到解决。一旦解决了这两个问题，就可以用各种途径去解释为什么人会主动择选出特定的过往事件。弥散心智理论解释的不是为什么人会梦见一些特定组合的客体和事件，而是解释究竟为什么人能够体验到事物。

*　　*　　*

现在假设，正如潘菲尔德的发现所指出的那样，所有幻觉情况都源自与物理客体的因果交互，那么我们可以进一步大胆推测，每一种体验都等同于一个客体。当我们产生幻觉而感知到一个以前（出现过）的客体时，我们就有了一种延迟知觉。但是，我们如何能感知到我们从未感知过的客体与属性的全新组合呢？比如梦见一只粉色飞象？

答案在于——其实先前已进行了部分概述——知觉有时是通过长度各异的多重因果路径来择取和挑选时空复合客体的。这只粉色飞象，就类似于一组由破碎的镜子所反射的散乱客体。大象与我们心爱的红苹

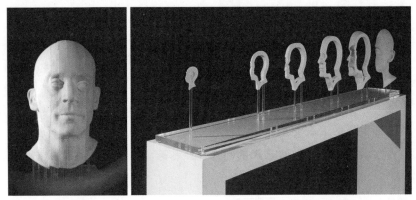

图 15　乔恩迪·赫维茨（Jonty Hurwitz）的《赫维茨奇像》（*Hurwitz Singularity*）是一个空间复合客体。

图 16 伯纳德·普拉斯（Bernard Pras）的变形雕塑《达利》（*Dali*）是复合客体。

果没有什么不同，它们都是不同物理部件和物理属性组合而成的产物。对于客体的终极存在论元素，我有意含糊其词——不管它是属性、转义（tropes）、部分还是别的什么东西。我认为，唯一的必要条件是这些构成要素必须具有因果作用，也就是说，它们是物理的。红苹果与粉色飞象之间的差别仅仅是程度上的问题，并不存在一种存在论意义上的鸿沟。红苹果更容易被感知，也更容易被掌控。而粉红飞象则需要更清晰明确的时空构造。此外，相较于粉红飞象，我们更容易设想出感知苹果时所涉及的因果结构。

红苹果的情况比较简单，因为它的构成成分——红色的果皮、球状的果肉——存在于同一时间、同一位置。相较于时空上分散的粉色飞象，它们更容易联合产生因果效应。在实际情况中，但又仅仅是偶然地，大多数视觉系统都能使红苹果存在。而要拼凑出一只粉色飞象则更困难，因为这至少需要三条截然不同的因果路径，从一个人的一生中分别挑选出三种不同的构成要素：粉色的事物、会飞的事物以及一只大象。但正如假镜子的例子所表明的那样，有时候知觉是以一种不同寻常的方式发生的。多重因果路径使得分散在时空中的要素重新组合起来。

日常知觉受到客体及其属性的时空顺序的约束。[①]只有红苹果和类似的事物才会被感知到。但是，一面部分透明的镜子或者一只万花筒可以对世界的因果几何产生影响。当神经系统与无数事件因果地关联在一起时，结果可能会大相径庭。

客体成为现实原因需要两个因素：一个是构成成分，一个是感知者的身体。有几个例子将帮助我们（更好地理解上面的观点）。一个铜球，在周围环境没有对其施加作用时，仅仅是一个球。构成"莱波雷洛的咏叹调"的一组气压波也需要精妙的认知系统和复杂的听觉系统配合（才能变成音乐）。对比墙上的一幅画和分散在分布式网络中的多个文件夹而后经过高度加密和压缩组成的同一幅画的图像，前者可以被任何（能选取出画布上组合特征的）视觉系统轻而易举地组装起来；而后者却需要一套复杂的算法来选取出物理上广泛分布的数据记录。但是，一旦它们与适当的物理结构组合，发生互动，两者就都能够作为现实原因而发生——不管与它们发生互动的必需的物理结构多么复杂。

简而言之，粉色飞象与我桌上的红苹果并没有存在论上的差异。这种差异是实用性上的，并不存在于心智世界与物理世界之间。它是基于身体为与特定客体进行交互而承担的不同程度的因果作用。我们先前所看到的三个"十"字就是这一观点的例证（参见图4）。我们可以通过设想一系列连续的事例来解释。

举个简单点的例子，像桌上的红苹果这样的静态客体。无论我用何种方式对其进行观察，这个客体都是坚固的、静止的、稳定的，而且在很大程度上，从任何角度看都是不变的。它近似于一个红色的球体。我们所熟悉的大部分客体都是如此。此外，这类客体对运动的反应也是一致的。事实上，如果我移动它们的一部分，那么它们的所有部分都会作为一个整体一起移动——比如说，如果我推动桌子的一条腿，桌子

---

① 原注：然而，不完全如此。因为身体使客体发生的方式不同，我们有许多时空上的方式来重组世界，例如，撒切尔效应（Thatcher effect）、时间置换或时间上的主观参照，参见：Haggard, Newman, & Magno, 1999; Libet, Wright, Feinstein, & Pearl, 1979.

就会整体移动。在某些情况下，可能不是如此。比如，当没有内聚力（cohesion）发生时，我们并不能确定客体是否具有统一性。即便如此，依然有几个条件是选取客体时的经验法则，比如是否能一起推动、一起移动，是否能悬挂在一起，是否具有相同的质地、颜色，等等。一个分布在时间中的客体就像一首由管弦乐队所演奏的曲子，它的因果存在令人难以捉摸，但其自身仍然被大多数人视为一个整体。这首曲子可以（作为一个整体）被聆听、被贩售、被录制。因果过程将客体从物理连续统中分离出来。

所有客体都是诸时空部分的组合，不管它是粉色飞象还是红苹果。我们将其中一部分称作客体，而将另一部分称作幻觉。可它们是同一类事物。

实在的时空复合本性经常被视觉艺术所应用。艺术家们一度着迷于将客体的时空分散结构可视化。从历史上看，经典的例子从分析立体派（analytic cubism）到达利创作的无所不在的伏尔泰肖像等不一而足。巴洛克时期的画家阿尔钦博托（Arcimboldo）的绘画就是另一个极佳的例子。在很大程度上，像西涅克（Signac）或修拉（Seurat）这样的点彩派画家（pointillist）是从感觉的角度来进行此类艺术创作的，比如乔恩迪·赫维茨的《赫维茨奇像》，以及伯纳德·普拉斯的变形雕塑。这些艺术作品通过一种直接的方式展示了许多弥散于时空区域的不同客体，例证了客体的复合本性。客体不是通过自身存在的。要让它作为一个整体出现，就需要环境中的某些质料与其他物理系统（在这种情况下是人体）进行耦合。这些艺术作品嵌入了这种组合性的因果过程。

以《赫维茨奇像》为例（参见图15）。只有从特定的角度进行观察时，这个客体才会呈现为一个头像。但是，这并不是一个"心智中的头"。只有从一个特定的角度看，它才会以一个头像的形式发生。相较于一个普通的头像，这个客体需要感知者做出更多的努力：在空间上必须处于特定位置。虽然使得红苹果存在的过程在每个角度都可能发生，但《赫维茨奇像》仅存在于一个特定的视角。

我们可以设想一种改变时间因素的事例。构成《赫维茨奇像》的诸切片可以被放置得更远些。我们可能要引入一种使得这些切片以固定的时间间隔出现和消失的机制。如此一来，整个头像就只有当人体处于恰当的时间和恰当的地点时才会存在。虽然如此，这个头像既不是幻觉，也不是心智中的幽灵。这个头像是一个客体，它的存在受到因果要素、时间要素和空间要素的制约。它是一个时空复合客体。传统的头像也是其存在受到类似限制的客体。从某种意义上说，《赫维茨奇像》就介于标准头像与幻觉头像之间。

更神奇的是伯纳德·普拉斯的雕塑《达利》（参见图16）。如果从适当的角度进行观察，这组零散的客体就会成为萨尔瓦多·达利的头像。但是，如果我们从另一个角度看这组客体，那么它们仅仅是一堆弥散在空间和时间中的零碎客体。虽然如此，达利的头像并不是一个心智编造物。它可以用数码相机拍下来。当我们从正确的角度观察这个雕塑时，我们会看到一个真实的头像。客体与因果过程之间的相互作用是通过雕塑的精巧设置实现的。普拉斯的雕塑不论从知觉还是幻觉上都是一个极佳的模型。

再举其中一个我最喜欢的例子：星座。星座就类似于赫维茨的雕像和普拉斯的雕像。这是一个天文学上的客体，并且它确实是一种知觉。构成一个星座的星星就像赫维茨的切片抑或普拉斯的零散客体。这些星星被放在不同的位置上，以及更惊人的是，放在不同的时间上。作为整体的星座弥散在空间和时间中。它依然不是一个心智客体，而是一个我们感知到的物理客体，如同感知到的其他一切事物。它是一个物理客体，与它的构成成分位于同一地点、同一时间，但它的存在只相对于特定的时空位置而言——也就是地球所在的位置。

现在，想象一下神经系统和感官系统所负责的因果耦合的数量（是多么巨大）。当我使用"神经的"或"感觉的"或"感知者"这些词语时，我并不认为这些物理结构具有特殊性。简而言之，我所指的是解剖学意义上的物理世界的一部分，而这个物理世界恰巧发挥着使某些原因发生的因果作用。我们生活中不同的时间和地点所发生的那些事件，只要与恰当的物理结构相互作用，就会按照其自身选择的顺序产生联合效应。

＊　　＊　　＊

在知觉哲学中，源于幻觉的论证都倾向于将知觉降级为一种可靠的幻觉，并将显象与实在分离。然而，这种论证是经验实证性的：要么它获得经验实证证据的支持，要么它的说服力降低。到目前为止，本章都在力图揭示，这种假设的经验实证基础确实是值得怀疑的。我的观点是，不存在支持体验与世界分离的经验证据，因为我们对这些证据的解释都不是基于详细审查而得出的结论。从这一点看，一个传统论题在当前关于知觉和幻觉的哲学辩论中一直占据着中心地位，即"共同种类假设（the common kind assumption）"，它常常被用来论证知觉是一种幻觉。但与此相反，我认为"共同种类假设"必须认为幻觉是一种知觉。

简而言之，正如苏格兰哲学家菲奥娜·麦克弗森（Fiona Macpherson）在其2013年关于幻觉的书中所清晰表述的那样，"共同种类假设"可以简单分成两部分：

· 在幻觉中不存在真实客体。
· 从内省上看，幻觉与知觉是一样的。

这两点都是经验实证性的。它们不是概念上（必然）的真理，而是必须在世界中得以确认的经验实证的事实。无论如何，基于这样的前提，弥散策略合乎情理地发展起来。标准的弥散策略认为，既然知觉与幻觉之间没有差别，而且在幻觉中不存在外部客体，那么，在知觉中，人们体验到的并不是外部客体。显然，这种"共同种类假设"——也就是将两个前提结合起来——给实在论带来了致命的打击。但是，实在论者通过否认第二个前提进行了反击。他们不承认感知到一把匕首和产生匕首的幻觉是一样的。这两种情况看起来是一样的，但事实并非如此。

幻觉与知觉是不同的，但是由于认知缺陷，我们无法说明这种差异性。这是一种"析取论（disjunctivism）"策略，也就是说，差异是存在的，但我们没有意识到这一点。弥散心智理论则提出了一个解决方案，能同时拯救实在论和内省。

我并不否认第二个前提，我否认的是第一个前提，即"当我产生幻觉时，并不存在任何物理客体"。与这个已被接受的观点相反但与经验实证的证据相一致的是，当我产生幻觉时，始终有一个物理客体与之对应。因此，当人们产生幻觉时，并没有外部客体在那里，这是不正确的。我们始终能找到一个时空复合客体。"**那里**"的概念范围已经延伸至人的一生。

"共同种类假设"中的第一个前提是错误的——**在经验实证上是错误的**。因此，第二个前提是正确的，但它的内涵与二元论者和感觉论者（sensationalist）的观点相反。所以，弥散心智理论支持实在论和物理主义（在它们最极端的情况下），但是抛弃了析取论。本章所提出的模型与其他观点兼容，但显然与各类直接实在论或关系主义最兼容。这个理论说明了如何为所有的体验事例（比如幻觉、梦，等等）定位一个真实的物理客体。因此，实在论被拯救，我们也不必放弃内省——**幻觉与知觉看上去相同，因为它们确实是相同的**。

事实上，在目前的解释中，产生匕首的幻觉与看见匕首这两种情况并没有实在论上的差别——因为在两种情况下都存在着一把匕首。在日常知觉中，这把匕首与我们仅隔短短几米、几百毫秒。而在幻觉中，这把匕首与我们相隔许多小时、许多天或者许多年。但在这两种情况中，我们神经活动的原因都是那把真实的匕首。有人可能会驳斥"在幻觉中那里曾有一把匕首"的观点，但在日常知觉中，也是"那里曾有一把匕首"[①]。在日常知觉中，我们看到的匕首与我们仅隔着一个难以察觉的瞬间，然而，这把匕首仍然处于过去。幻觉和知觉之间的差别仅仅是量上的。

---

① 译注：不是"现在有"，所以与幻觉状态的情况没有根本差别。

　　弥散策略的解释方向，通常是从幻觉到知觉，是（与本文的解释方向）相反的。而现在我所提出的解释策略是从知觉到幻觉。幻觉和诸如此类的事例都是知觉的延伸形式。实在论安全了！

　　这种倒置——根据知觉来解释幻觉，而不是用可靠的幻觉来解释知觉——的概念效应是不可低估的。自笛卡儿以来，"知觉处于附属地位"的观点挟持了大多数科学反思和哲学反思。科学家、哲学家和大众都相信世界之所是与世界所显现的样子之间存在差异。这种观念认为我们生活在一种永久的梦或幻觉之中，我们的感官与脑正费尽全力与外部世界保持一致，结果，几个世纪以来这个观念一直支配着西方的时代精神。抛弃源于幻觉的论证，也就为消弭体验与事物、显象与实在、心智与世界之间的差别铺平了道路。否认"共同种类假设"的第一个前提（即没有客体）使我们得以抛开一整套辅助观念，比如语义学、随附性、存在论层级，等等。

　　众所周知，源于幻觉的论证支持了"局部随附"的观点，而这反过来又使得源于幻觉的论证变得貌似合理。一旦源于幻觉的论证被搁置一旁，我们又有什么证据来证明我们的体验局部随附于脑活动呢？我们没有证据，因为在时空流形的某个节点，外部客体出现了。当然，如果我们假设存在某种类似于强局部随附性的情况，那么幻觉就会随附于主体的脑状态。但是，假设局部随附性存在，就犯了乞题错误，因为我们假设了我们应当证明的事情，也就是说，假设了幻觉只需要脑的某种状态。值得注意的是，与我们根深蒂固的观念相反，经验实证的证据指向了相反的方向——与世界无关的幻觉情况从未发生过。

6.

客体和体验的大观园

书名……证明了将哈姆雷特王子、

点、线、面、超立方体、

一切表示类属的名词都囊括其中是合理的，

也许还包括我们每个人以及神性。

——豪尔赫·路易斯·博尔赫斯（Jorge Luis Borges），1969

我的核心主张是，幻觉始终是延迟重组的知觉，即普通幻觉。然而，有些读者可能不赞同这种观点，他们指出了种种所谓的幻觉事例，这些幻觉与我们的现实世界没有任何联系。他们可能诉诸那些特殊幻觉的存在，即对我们从来没有感知过的事物的幻觉，以此作为弥散心智理论的致命反例。对这种异议，我的回应是，这些幻觉只不过是一种科学神话。

经常有人声称发现了特殊幻觉，比如先天失明的人做了彩色梦、与生俱来的肉体感受（innate corporeal feelings）①、幽灵幻觉，等等。这些事例的重要性取决于经验实证上的可靠性。说实话，真的有人能在幻觉中感知到不是世界一部分的事物吗？我的观点是，没有人体验过不是现实物理世界的一部分的任何事物。

以经验实证为根据，在这一章中我研究了一系列具有独特性的事

---

① 译注：这种感受主要指幻肢情况下对肢体缺失的部位依旧有感受。或译为"先天肉身感"。

例，这些事例都支持那种"体验是在脑中编织而成"的观点。我将要展现出来的结论与我们之前所接受的观点截然不同。没有证据证明体验具有自主性。实际是，现有证据表明显象与实在、心智与自然、体验与世界完全匹配。思想实验——例如僵尸（zombies）和缸中之脑（brains in a vat）——在这里要被忽略，因为它们不过是重申了源自假设的而无实证证据的偏见。思想实验是用来衡量我们的无知程度的，而不是用来描述世界的。它们充其量能揭露概念上的漏洞，而我首先要做的是修正经验实证的证据。如果没有这些证据，那么许多传统上深入人心并受到重视的思想实验、论证、信念和慰藉人心的寓言将不再令人信服。

我们将会在种种事例的大观园中漫步，在这些事例中，我们的体验与外在世界似乎不是严格相关的，但我们将会看到，每当我们体验某物，总会存在一个相应的外在物理客体。

*　　*　　*

我想处理和揭穿的第一个观点是，存在着纯粹内源性（endogenous）的心智体验，即我们的脑能凭空创造事物。令人震惊的是，在没有任何证据支持的情况下，这个概念却如此流行。如果我的目光在我的日常生活中游移，就会发现我的所有体验都是由客体、人以及它们的属性所构成的。当我做梦的时候，我的梦也是由客体、人以及它们的属性所构成的。然而，科学文献常常暗示，我们的体验可以从物理实在中独立出来，这种说法通常基于数量有限的异乎寻常且有问题的报告。也许在无意中，科学助长了内源性心智体验的神话，即体验可能与物理世界不匹配。

偶尔，人们容易普遍地接受种种由科学和哲学构造的神话。在我们的事例中，很多人认为脑"编造出（cooks up）"了颜色、声音、面容、人、幽灵意象等。这样的神话被认为是真实的，因为它们恰好证实了那些由它们自己衍生出的理论预期。在这里，我想起19世纪伟大的意大利作家亚历山德罗·曼佐尼（Alessandro Manzoni）曾就学者与学者自已制造的预期之间的关系所写的话："一个有学问的人根据其专业知识得出的观点具有多大权威性是无法说清的，因为他试图向别人证明他们早已信服的东西。"

然而，有哪个主体曾感知过或体验过一种纯粹的心智编造物吗？如果即时地研究所有的报告和所有的事例，我们就会发现，每当你体验到某个事物时，总是有可能从那种特定的体验追溯到一个物理存在物。换句话说，特殊幻觉是一个空类①。所有已知的幻觉归根结底都是普通幻觉。我们有充分的理由怀疑大多数证据都被误解了，而现有的数据都被高估了，所有这些都是为内生的原始心智体验这个神话服务的。在某些事例中，对这个神话的信念是如此强烈，以致在缺少现实数据的情况下，学者会常常假设，如果有证据，它将支持殊幻觉的存在。唯一的问题是没有找到这样的证据。与这种看法相反，经验实证的证据表明，所有的人类体验都与物理世界匹配。

内源性心智体验的神话使我联想到自然发生神话——后者认为，生命形式可以自主地创造出像蛆、跳蚤和蠕虫等不同的生命形式。②事实上，有人曾观察到，如果无人照看一块肉，其他形式的生命很快就会在里面茁壮成长。路易斯·巴斯德（Louis Pasteur），还有更早些的弗朗切斯科·雷迪（Francesco Redi）都曾令人信服地表明，一块完全孤立的肉不可能产生其他生命形式。此外，人们普遍认为缸中之脑可以独立自主地产生心智体验，就像一块玻璃罩下的肉能独立自主地生出其他生命形式一样。在两个事例中，由于对生命现象或意识现象的本质缺乏了解，思想家们在生物结构内假定了一种未知的发生原则。

如前所述，如果一个人详尽地阅读有关梦的报告，他发现的仅仅是以各种方式改造和重组后的现实世界。不会出现什么纯粹的心智

---

① 译注：或意译为"根本不存在特殊幻觉"。

② 译注：以诸多低级生物为例，比如腐肉上长出的蛆，人们认为某些种类的生物可以从其所在的环境中自然发生，而非通过一代一代的繁衍而来，这就是自然发生论观点。直到法国化学家巴斯德著名的微生物实验前，这种观点一直得到不少人的认同。

存在物。人们只会发现现实客体、个体以及它们的属性千变万化后的重新组合。不存在意料之外的色彩、神秘的味道、超感官的体验或者梦中出现的洛夫克拉夫特式的几何图形（Lovecraftian geometries）[1]。真实的事例和真实的报告都再寻常不过了。我们看过潘菲尔德的患者的事例（就很平常）。下面，我要进一步展开研究。我的主攻方向总是相同的：对于每个所谓的内源性心智体验的事例，我都将指出在人的生命中有一个（与之对应的）物理客体。下面说得尽管有点尖锐，但与弥散心智理论是相融的：所谓的纯粹心智体验的事例几乎是不存在的，通常不会有这样的记录，而且（就算有）可能是有失偏颇的解释的结果。我会列举一些具有经验实证缺陷的众所周知的事例：[2]

· 先天全盲（total blind）的被试者称可以梦到或想象颜色，这仅仅基于极少数事例，而且对此还可以设想其他替代性解释。

· 先天残疾患者身上的幻肢综合征（phantom limb syndrome）也是基于非常有限的事例提出的，并且我们能灵活地[3]选择可用的替代性解释。

· "女变男的变性者"在手术前的阴茎幻觉（phantom penises）也是基于很有限的事例，而且这可能出于其他的心理原因。

· 光幻视很可能是知觉延迟，对此也有可行的替代性解释。

· 不可能的色调，如红色绿或蓝色黄都可以解释为对更多物理颜色的知觉扩展。

· 过饱和颜色很可能是对数据的错误解释。

---

① 译注：洛夫克拉夫特是美国著名的奇幻恐怖小说家，以"克苏鲁神话"系列小说而广为人知，其小说中出现的生物都是奇形怪状而现实中不可能存在的。

② 原注：关于先天失明的被试者，唯一有案记载的案例是这个文献（Kennedy & Juricevic, 2006b）中所描述的土耳其画家。对先天性幻肢的幻肢感的描述，参见：Brugger et al., 2000; Ramachandran & McGeoch, 2007; Saadah & Melzack, 1994. 参见：Ramachandran & McGeoch, 2008. 对不可能的色调进行描述的案例，参见：Crane & Piantanida, 1983; Nida-Rumelin & Suarez, 2009. 对过饱和颜色的讨论，参见：Hurvich & Jameson, 1957. 先天失明的色彩联觉现象，在如下文献中提及但并未记录在案：Ramachandran & Hubbard, 2001.

③ 译注：latitude, 有"自主权""自由度"的含义。

· 后像和后效则可以用更简单的术语来解释。

· 休谟的"缺失的蓝色"是一个无法通过经验实证来证实的主张。

· 先天色盲或先天失明的被试者身上发生色彩联觉（color-synesthesia）的事例从未被记录在案。

· 先天失明的人身上发生视觉先兆（visual aura）现象只是被偶尔提及，但从未被正式报告过。

· 在梦中或其他环境中出现了全新的现象体验，这是无法进行实验验证的。

在逐一详细地审查这一系列离奇的事例之前，值得强调的是，绝大多数事例的知觉、梦、幻觉、错觉以及病理性综合征都与（前面提到的）这些异常情况形成了鲜明的对比。这些事例是极为罕见的情况，哲学家和神经科学家为了证实脑能创造出心智世界而一直煞费苦心找寻这些事例。然而，它们是如此罕见而缺乏细节，仅仅靠它们担负起证据之重任，我们应持相当的怀疑态度。一个特殊的主张——诸如存在体验的现象属性——需要一个特殊的证明。这些事例还远远不够。然而，人们往往不加质疑地接受它们，就因为它们证实了普遍而流行的偏见。如果体验的内容真的是由脑活动编造而成的，人们应该预料到，在疾病或功能紊乱（dysfunction）的情况下，偏离现实世界应该是常态，而不是罕见的例外。但事实并非如此。

*　*　*

人们熟知的一个所谓纯粹心智体验或纯粹神经体验的事例是光幻视。我从它开始讲起，既是因为我们都体验过它，也是因为它与物理现象显然不相关。如果我们轻轻地按压自己的眼球，几秒之后就会看到几何图形。在一个完全黑暗的房间里，这样的体验可以重复发生。因此，人们可以怀疑这种体验是否与物理现象相对应，或是认为它就是一种纯粹的心智事件。

在现象学上，光幻视通常可描述为对视觉系统的非视觉性局部刺激而产生的基本视觉体验。一方面，根据引起光幻视的不同物理现象，我们可以把它们分为这三类：机械光幻视、化学光幻视、磁光幻视或电光幻视。更罕见的光幻视可由闪电和雷暴产生的高能辐射（the energetic radiation from lightning flashes and thunderstorms）引发。[①]另一方面，可根据刺激所作用的位置把光幻视分为皮层光幻视和视网膜光幻视两种。这个令人头疼的问题，即对脑皮层的刺激是否会通过一种可能的传导而激活视网膜[②]，在这里并没有意义。[③]一般来说，哲学家喜欢光幻视现象，因为这些现象可被用作可靠的证据来证明视觉体验可以"内在生成（internally generated）"。在这一点上，内德·布洛克确信："我们现在能够引发非常简单的视觉感觉，如通过直接刺激神经而引起光的闪现（光幻视）这种错觉。"然而，正如我们将看到的，仅仅直接刺激神经是不够的，还必须有一些先前出现过的、与光相关的因果纠缠。事实上，弥散心智理论为光幻视现象提供了另一种解释。由于光是我们视网膜活动的最常见原因，所以，一个有视力的被试者很容易就能延迟对初级发光客体的知觉。因此，光幻视是对初级发光客体的幻觉，即对光的知觉延迟。

在正常情况下，光线刺激光感受器，然后在脑皮层引发效应。这种效应会挑选出世界上与光有关的事件。最终，另一种物理原因（例如，在人的眼球上施加压力）在视网膜上和相应的神经阶段都制造出相同的活动。这种活动能发生仅仅是因为光线在过去就已经塑造好了人的神经通路。光是从视网膜到皮层之间的神经通路形成的关键原因之一。事实上，光是最初的原因，而且是因果历史的一部分。

由于在眼球上施加压力，我产生了光幻视，那我看到的是什么？我看到了光。光是视网膜活动的最初的原因。局部的压力使之前的光再次

---

① 原注：Cooray, Cooray, & Dwyer, 2011.

② 译注：如果这种可能存在的话，就会导致无法区分皮层光幻视和视网膜光幻视。

③ 原注：Kanai, Chaieb, Antal, Walsh, & Paulus, 2008; Kar & Krekelberg, 2012; Paulus, 2010.

成为正在发生事件的原因。我看到的幻觉类似于那些由于潘菲尔德的电极而在脑中产生的幻觉。不同之处在于光幻视是更简单的事件，在我们身体的外围或在脑皮层它可以由更粗陋且更简单的原因触发。根据这种解释，如果一个人从来没有接触过光，那么他就不可能通过按压眼球而看到任何光。另一方面，如果神经科学家能成功地把先天失明被试者的视神经（或任何传入神经）和眼睛（无论是生物学上的还是人造的）连接起来，那么由此产生的体验将具有视觉特征。这确实是现代视觉假体（visual prostheses）（患者身上）所发生的情况。[①]事实上是这种假体与光建立了因果联系。

如果上述结论是正确的，那为什么在周围没有可视现象的情况下我们依然看到了光幻视？在非视觉性的原因触发我们外周神经或者撞到头的事例中，为什么我们会看到东西？我们看到光是因为一些额外的原因——压力、击打、电流和磁脉冲——抢先疏通了先前存在的原因和神经活动之间的神经阻滞。在有视力的被试者身上，无论是视神经还是纹状皮层（striate cortex）[②]，都已经因光学现象的因果流入而展开了活动。因此，光学现象的因果性结果发生了。**光幻视——无论是皮层光幻视还是视网膜光幻视——是由偶然原因所触发的轻微幻觉。**如同之前讨论过的更复杂的情景性幻觉那样，偶然原因没有引发内在表征的激活。偶然原因暂时抑制了某种机制，而这种机制会防止人被过去所淹没。

同样，在漆黑的房间里，当我们合上眼皮但没有睡着时所看到的扩散的红色光晕也可以如此解释。这种光晕与各种不同的光波持续地发生因果耦合，因为人们一天中大部分时间都在接触这些光波。只要眼睑闭合，就不再有任何刺激施加因果影响。于是最低程度的感觉剥夺实现了，这是一种"迷你版"的邦纳综合征。因此，人持续看到了神经活动的最后原因。由于没有更加紧迫的原因，这个最后原因的因果影响仍然

① 原注: Dobelle, Mladejovsky, & Girvin, 1974; Dobelle & Mladejovsky, 1974; Margalit et al., 2002; Shepherd, Shivdasani, Nayagam, Williams, & Blamey, 2013.
② 译注: 纹状皮层即人类视觉皮层中的初级视皮层，即V1区。

存在。

对于物理按压实现光幻视，弥散心智理论提出了两个与之相关的预测。第一个预测是，如果这种压力维持足够长的时间，并且如果一个人的神经结构有足够的适应能力，那么他会感受到视觉体验的逐渐减少和触觉体验的增加。第二个预测是，如果被试者自出生以来与光没有任何接触，他将不会产生任何视觉上的光幻视。然而，他可以用压力诱发视紫红质（rhodopsin）①的释放，通过视锥细胞和视杆细胞挑选出与压力相关的现象。换句话说，他的眼睛可美其名曰"压力传感器"。这个被试者将产生触觉事件的体验。奇怪的是，在一份有趣的早期眼科手术事例中，被试者在相对完全失明几年之后称，视力恢复之后，出现了由光刺激所引发的触觉。这个事例于1728年由外科医生威廉·切泽尔登（William Cheselden）所报告："当他第一次看见时，他认为所有的事物都在触摸他的眼睛，（正如他所表达的）就像事物作用于他的皮肤时他所感觉到的那样②。"

因此，光幻视可以用幻觉和对初级发光客体的记忆来解释，即对光的延迟知觉。就此而言，它们并不是内在心智世界的证明。就像日常知觉可以追溯到客体那样，光幻视可以追溯到光。

然而，如果一个先天完全失明的人称产生了光幻视现象，那就该另当别论了。这样的事例将会成为关键因素，因为就视觉体验而言，它将成为自出生就是"缸中之脑"事例的一个合理近似。可是，这种事例从未被报告过。

由于各种误解，许多学者和大多数外行都认为，当刺激枕叶皮层

---

① 译注：视紫红质是视杆细胞中的感光物质。在此，作者的意思是，从未与光有过接触的人与正常人一样的是，按压眼球也能诱导具有感光功能的视紫红质的释放，但由于缺乏与光接触的因果历史，他们却只能体验到触觉感受而无法产生光幻视。

② 译注：由于这个患者没有体验过光但体验过触觉，所以，当他第一次体验光时，还会用体验触觉时习惯使用的表达方式，所以把眼睛体验到的触摸感直接表达为"作用于皮肤"。

时，先天失明的被试者会报告光幻视现象。[①]情况并非如此。从未没有先天失明的被试者报告过体验到了光幻视。这种误解源自科学文献中两种常见的误导性根源。首先，完全失明的人不一定是先天失明，而先天失明的人并不完全失明。其次，由于被试者的病情是早期发作的，他们常常被归类为先天性失明。因为他们的病情发展有一个时间过程，这些被试者有机会在相对较长的时间跨度（通常是好几年）内体验到与光有关的现象。

许多患者被当作盲人，仅仅是因为他们没有能力使用自己的视觉系统，例如，他们既不能识别物体，也不能分辨形状。然而，从现象学上看，他们不是全盲的。更可疑的是，由于盲人相对少见，他们往往与有视力的患者混在一起报告光幻视现象。不幸的是，大多数文献都没有注意到患者是否是先天性失明，更不用说观察到他们是否完全失明了。[②]

在这方面，神经外科医生贾尔斯·布林德利（Giles Brindley）和威廉·勒温（William Lewin）于1968年写了一篇开创性的论文《由视觉皮层上的电刺激诱发的感觉》（*The sensations produced by electrical stimulation of the visual cortex*），文中传达了"盲人被试者可通过脑刺激看到光"这一观点。令人惊讶的是，他们的患者并非先天性失明。确实是这样的。

> 患者：52岁，自幼患有近视，1962年发展成双侧青光眼。尽管进行了几次矫正手术，但他的视力逐渐丧失，在1967年右眼视网膜脱落后，她失明了。患者只能用右眼颞部的狭窄地带识别闪光，同时只能用左眼周围低于颞侧的一小部分区域识别手部动作。

---

① 原注："沼泽人（swamp man）"和拥有光幻视的先天完全失明被试者在概念上是类似的。他们都被假定在先前与光没有任何接触的情况下拥有视觉体验。

② 原注：Gothe et al., 2002; Sayin, 2014.

因此这个患者是直到四十多岁才失明，甚至后来她仍然能辨认出闪光和手部动作。这种视觉状况与现象学上的全盲有天壤之别。同样，潘菲尔德的患者没有一个是盲的。[1]

2000年，在另一篇经常被引用的论文《在有视力的、失明的和盲视的被试者身上由磁感应诱发光幻视现象》（*Magnetically induced phosphenes in sighted, blind and blindsighted observers*）中，神经科学家艾伦·考维（Alan Cowey）和他的团队研究了八个患者，其中六个有视力，两个是盲人（PS，61岁，53岁时失明；GY，在8岁时因左侧纹状皮层V1区几乎完全损坏，纹外皮层V2区和V3区有一些额外的损害而部分失明）。这意味着这些患者都不是完全的先天性失明。

最后，再提一下1963年亚历克斯·克里尔（Alex Krill）和他的研究团队发表的另一篇经典论文《致幻剂对完全失明被试者的影响》（*Effects of a Hallucinogenic Agent in Totally Blind Subjects*）。这篇论文研究的是先天性失明被试者用迷幻药产生视觉幻觉的能力。在开篇，即在方法论部分，作者说到（黑体由我添加）：

> 对二十四名全盲被试者进行研究。其中四名被试者在2岁时完全失明，并被认定为"先天性失明"。**所有被试者在出生时都可能有些许视力。**

因此，他们中没有一个是先天性失明者。还要注意到所谓的全盲者只占研究总数的一小部分（二十四个人中只有四个）。

这些例子足以使我们对那些所谓的"从未与光有过接触的患者产生光幻视"的证据持谨慎态度。事实上，就此而言，神经科学家让娜·戈特（Janna Gothe）曾写道："在视觉传入神经高度阻滞的被试者身上诱

---

[1] 原注：Penfield & Boldrey, 1937; Penfield & Perot, 1963; Penfield & Rasmussen, 1950; Penfield, 1950, 1958, 1972, 1996.

导出光幻视的可能性在减小，尤其是在那些<u>之前没有视觉体验的被试者</u>**身上。**"的确，我们越彻底地检查数据，越能发现我们似乎无法在先天失明的人身上诱导出光幻视。[1]

从现有的实证证据中可以得出的结论是，不曾有任何先天完全失明的患者报告过光幻视现象，也没有证据可以支持"中枢神经系统的刺激足以引起光幻视"这一说法。当然，如果脑以前与光有过接触，那就是另一回事了。

＊　＊　＊

然而，有关先天失明的"传说"并没有到此结束。除却光幻视，先天失明者拥有炮制视觉体验的能力是一个永无止境的神话。这个神话之所以如此难以撼动，是因为它给我们所谓的心智世界的独立自主性提供了支持。遗憾的是，事实并非如此。在这一节，关于纯粹的心智力量编造视觉意象和视觉色彩的能力，我们将讨论与之相关的所谓证据。我将集中讨论先天失明者是否可以编造出视觉体验这个问题。

可见，在有关盲人的文献中，有视力者、部分失明者、盲人、先天失明者和先天全盲者之间的区分有些模糊。只有最后的那组[2]与内在现象体验存在（的证据）有关，而据我所知，那组中总是空无一人。据我所知，归根结底，**没有先天全盲患者报告过任何视觉体验。**让我们考虑三种视觉体验的例子：形状、颜色和深度（透视）。

首先看形状的例子。因为盲人能区分形状并对其有所体验，所以我们普遍认为盲人有所谓产生视觉上的形状的心智意象的能力。这种观念

---

① 原注：Brelén, Duret, Gérard, Delbeke, & Veraart, 2005; Brindley & Lewin, 1968; Chapanis, Uematsu, Konigsmark, & Walker, 1973; Cowey & Walsh, 2000; Dobelle & Mladejovsky, 1974; Gothe et al., 2002; Kammer, Puls, Strasburger, Hill, & Wichmann, 2005; Kanai et al., 2008; Kanai, Paulus, & Walsh, 2010; Kupers et al., 2006; Salminen-Vaparanta et al., 2013; Sayin, 2014; Schutter & Hortensius, 2010.

② 译注：即先天全盲组。

是错误的。先天失明者能够直接与世界进行物理接触。他们能触摸物体并能在空间中移动。因此，他们能体验形状、尺寸、运动、速度和位置。但他们不是在视觉上体验，而是通过其他因果通路的汇集来把握这些物理属性，如形状、尺寸，正如洛克伦·马吉（Lochlan E. Magee）和约翰·肯尼迪（John M. Kennedy）于1980年所报告的那样。有视力的人也做同样的事，但却被丰富的视觉所主导。因此，先天失明者拥有形状的现象经验，并不能证明这类人有任何视觉体验。比如，他们有形状体验，但这不是视觉体验。例如，他们可以通过触摸而体验圆形。尽管许多人认为圆是一个视觉概念，但事实并非如此。我们可以看到一个圆，但圆并非必然是视觉形式的。它是一个形状。我们可以触摸一个圆。在许多方面，相比视觉，人更容易通过触觉感知圆。

颜色是视觉所特有的体验，因为一个人不可能在没有视力的情况下与颜色进行因果耦合。颜色无法通过触摸感知到。事实上，形状是先天盲人的体验世界中一个常见组成部分，但颜色不是。狂热地支持"盲人能创造出带有视觉特征的心智体验"的人会对这种不对称性提出强烈的怀疑。诉诸我们可以通过触摸来把握形状，而颜色只能通过视觉来获得这一事实，我们能很容易地解释这两种情形之间的差异。

关于彩色心智意象（mental imagery）和失明，有一个独特的事例值得一提。在这个事例中，被试者报告说他是先天失明者，但能产生颜色的心智觉知。这个人是土耳其画家伊斯里夫·阿马甘（Esref Armagan），据说他报告过关于色彩的心智意象。[①]在这里，我们应该把画家的艺术技巧和他关于彩色视觉意象的有争议的主张划分开来。当他用各种不同的透视技巧绘画出种种复杂场景时，我们如何能证实他所声称的拥有彩色心智意象这一点呢？众所周知，盲人知道物理现象的色彩关联——例如他们也会提到蓝色的天空、红色的血液，但没有证据表明先天失明者体验到了颜色。一个先天盲人是在何种意义上提及颜色，

---

① 原注：Kennedy & Juricevic, 2006b.

这究竟是学习的结果还是某些内在能力或**先验**能力的结果，我们还不清楚。在阿马甘这个事例中，他依靠有视力的人而把颜色与物体相联系。合理地说，他必须依赖有视力的人才能用颜色作画。他在任何时候都看不到他所使用的颜色。想想下面这个残忍的恶作剧。如果用另一种（形状）相同的黑色颜料管取代彩色颜料管，阿马甘就没有办法知道哪一种颜料是他正在使用的。他的艺术作品将因此变成一个模糊难辨的黑色平面。除非奇迹出现改变这个结果。因此，他的技能似乎更像是一种认知能力，而不是内在心智世界的产物。

那么透视呢？再说一次，盲人可以通过学习而精通受视力启发的图形技能。透视就是这样一个例子——虽然它通常是由我们的视觉系统和视觉表征技能利用，但是掌握透视结构的能力不一定是视觉能力。虽然透视技巧通常不会出现于盲人的绘画中，即便如此，盲人仍可以理解透视的原理，并学会如何根据这些传统来画画。[①]然而，这个事实并不能证明他们是用内在的心智之眼看到了透视意象。这仅仅表明，透视像任何常规概念一样，不管一个人的感觉能力如何，他都可以学习并掌握。毕竟，众所周知的是，在历史的进程中，艺术家们只是在很晚的时期经过大量的理论实验之后才获得了透视技术。在20世纪70年代，詹姆斯·吉布森（James J. Gibson）认为，透视在艺术作品中较晚出现证明了人类主体无法看到内在的图像意象。如果我们能通达有关世界的内在的透视表征，那么就可以设想我们可能会更容易地画出透视意象。情况似乎并非如此。先天失明者像古代艺术家那样保存了物体的绝对形状，而不是根据物体与观察者的相对距离和相对位置来修正角度和收缩形状。当然，如果对先天失明者进行训练，他们就可以学习透视的规则并加以应用。类似地，我们也可以在没有任何"现象上的主显（phenomenal epiphany）"情况下学习各种几何变换。

盲人是在有视力的同龄人的辅助和指导下获得透视技能的，尽管

---

① 原注：Kennedy & Juricevic, 2003, 2006a; Kennedy, 1993; Kennedy & Juricevic, 2006a.

常见的观点与此相反。阿姆斯特丹大学的心理学家费尔南多·洛佩斯·达·席尔瓦（Fernando Lopes da Silva）正在与先天失明的被试者进行合作。下面是对盲人如何欣赏透视风景画的描述，这使得他构思出《先天盲人有视觉梦？》（"Visual Dreams in the Congenitally Blind?"）一文，这篇文章发表于2003年。

> 如果让一个盲人站在协和广场（the Place de la Concorde）上用手摸索着从香榭丽舍大道的一侧一直走到凯旋门，他会开始将手臂伸展开来，然后逐渐把它们并拢在一起，直到它们相遇。当它们指向更远的物体时，他的手臂会并拢。

如果没有一个有视力的帮手指导这个盲人，他的手臂怎么会并拢呢？当然，对于更小的物体，如家具、桌子、椅子，盲人可以形成第一手的空间体验，但关键是，这并非视觉体验。

在这样的体验中，没有什么事物本质上是视觉的。再强调一次，我们对经验实证的证据的解释由于其中隐含的假设而有失偏颇。[①]形状知觉既不是视觉的，也不是触觉的。有时，我们通达的是既非视觉又非触觉的世界的某些方面。它们是超模态的，因为它们被不同感官模态所共有。我们能设想出跨越不同感官模态的其他种类的超形式内容——例如：序列、节奏、模式、句法结构、组合规则，等等。

人们通常认为，视觉知觉发生于所谓的"视觉区（visual areas）"。当然，这些区域被称为"视觉的"，仅仅是因为有视力的人用它们来获取视觉客体。它们不是**本质上**视觉的。结果，许多科学家或含蓄或明确地认为，这些区域包含视觉表征，当这些区域活跃时（可以通过功能性磁共振成像确定），相应的视觉体验必随之发生。既然先天失明者使用纹状皮层执行与形状和位置相关的任务，那么就可以认为，当他们

---

① 原注：Hopkins, 2000; Kennedy, 1993; Lopes, 2002.

看见时，他们通达了与有视力的人产生视觉体验时产生于心智中的相同事物，即视觉皮层中的一系列神经元活动。[①]有时，神经科学家持这样的观点：既然那些皮层被有视力的人用于视觉，那么，即使在先天失明者身上这些区域也应该表现出某种退化的视觉。它们被认为与身俱来就是视觉的。然而许多神经科学家没有下这样的结论，比萨大学（University of Pisa）的彼得罗·彼得里尼（Pietro Pietrini）和他的研究团队就是如此。然而，一种流行的观点认为，无论对于有视力的人还是盲人，视觉皮层的激活就是视觉体验的证据。

上述观点助长了一种普遍的谬误。因为纹状皮层在有视力的人身上与视觉相关，所以它在所有人身上都是所谓的"视觉皮层"，包括盲人在内——这是一个概念上的错误。如果被试者是先天失明者，那么纹状皮层和光学现象之间的因果联系就从未在他们身上发生。盲人的纹状皮层不是视觉皮层。它有可能变成视觉皮层，但是由于没有视力，它没有变成（视觉皮层）。从先天失明者纹状皮层中的神经活动这个证据出发，我们并不能得出"存在心智视觉意象"这样的推论。当然，这样的问题未涉及跨模态可塑性（cross-modal plasticity）——这种可塑性使有视力的人可以征用其他皮层于视觉——的显著的经验实证的证据。[②]

最重要的是，对于先天完全失明的人，**纹状皮层不是视觉皮层**，即使它的功能与有视力的人的视觉功能具有认知相似性（cognitive similarity）。

* * *

并不是所有的幻觉都与客体和视觉意象有关。人们有时候会报告，他们产生了看似不属于我们世界的抽象形式和抽象模式的幻觉。它们是纯粹心智内容的证据吗？例如，如果一个人有偏头痛先兆，那么他将

---

① 原注：Stokes, 2005.

② 原注：Amedi, Merabet, Bermpohl, & Pascual-Leone, 2005; L. G. Cohen et al., 1997; Merabet & Pascual-Leone, 2010; Merabet et al., 2009; Pascual-Leone, Amedi, Fregni, & Merabet, 2005; Sadato et al., 1996.

体验到类似于防御工事形状的图案。这种情况下，相应的物理客体是什么？如果轻轻地按压一个人的眼球，他就会看到几何图形，这些几何图形是什么？在这里，我不是在说简单的光幻视现象，而是在讨论人们所报告的更复杂的几何图形的幻觉。它们会是何种物理客体？最后，如果一个人服用迷幻药，他会报告说看到像曼陀罗一样的抽象的多彩图形。它们对应着什么客体？弥散心智理论认为，无论如何，人所感知到的外部客体就是人自己的知觉系统，而知觉系统是物理客体。

让我们再一次用万花筒做类比。在大多数几何幻觉中，人们会感知到万花筒的结构。万花筒使得观察者与环境中的一个或多个客体建立多重因果路径。由于这种因果关系的重新调整，我们会感知到一个不同的客体，这是我们通过万花筒所看到的变换后的实在。正如我们所看到的，这种重新调整对人的身体而言是外在的，如同万花筒是外在的一样。

当你往（万花筒）这种光学装置里面看时，由于镜面反射光线时的种种对称性和规则性，你会看到一些特别像六边形的东西。然而，在万花筒里，没有任何像六边形的东西。但是，作为外在客体的镜子给反射施加了一些约束，以至客体在这种约束下反射时，我们会看到像六边形的东西。万花筒（类似于视网膜皮层网络）决定了一个人所看到的事物的组织方式。万花筒的活动——镜面上发生的结果——是肉眼看不到的。事实上，我们无法看见镜子，因为它们总是显示出其他事物。因此，当一个人看万花筒的内部时，他会看到以一种特定的几何方式处理后的外在世界——普通的万花筒会产生一种递归的埃舍尔式（Escher-like）六边对称图形。这种对称并不真的是万花筒的形状，而是光学装

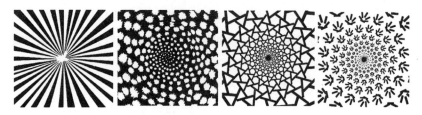

图 17 LSD 诱导所产生幻觉的几何结构渲染（改编自：Bressloff et al.,2001）。

置约束光线的方式。由于类似的方式，通常出现在许多不同幻觉中的几何图形就是视网膜皮层中拓扑变化的结果，这些拓扑变化决定了光的几何组织方式。因此，几何图形不是我们头脑编造出来的意象。它们是复合客体，这些复合客体的结构反映了万花筒的结构，即人的视网膜皮层网络的结构。

我们讨论一下像保罗·布雷斯洛夫（Paul C. Bressloff）和他的研究团队在2001年所描述的那些由药物引起的迷幻幻觉（psychedelic hallucinations）。众所周知，几何视觉幻觉具有反复出现的普遍特征（图17）。1966年，在《龙舌兰和幻觉的机制》（*Mescal and Mechanisms of Hallucinations*）一书中，心理学家海因里希·克吕弗（Heinrich Klüver）将这些幻觉现象分为四类：（1）光栅、格子、金银丝制品、蜂巢、棋盘；（2）蜘蛛网；（3）隧道；（4）螺旋。值得注意的是，这些几何幻觉所共有的普通特征是由不同的原因引起的，例如按压眼球或服用LSD（迷幻药），从直接刺激脑到做梦等不一。在2001年，布雷斯洛夫提出，这些普遍的几何特征是由"视网膜与纹状皮层（……）之间的连接模式——视网膜皮层映射——和V1区神经回路"所决定的。他们小心谨慎地不对在这种事例中的人看到了什么做任何明确的说明。然而，布雷斯洛夫指出这种拓扑模式能够约束光幻视的几何结构。弥散心智理论认为，在所有这些情况下，人们所看到的客体，是由过去的光按照施加于视网膜皮层网络上的因果几何结构而重组的客体。光存在于世界中。几何结构也存在于世界中，只不过它是感觉器官的物理结构。

另一个相关的事例是偏头痛发作前经常出现的视觉先兆现象。[①]因为这种现象表现出几何上的重复组织方式和几何结构，它经常被描述为"有点像防御工事"。一个与弥散心智理论一致的假说是，在偏头

---

① 原注: Aurora, Welch, & Al-Sayed, 2003; Billock & Tsou, 2012; Kaufman & Solomon, 1992; Pietrobon & Striessnig, 2003; Sacks, 1970; Shams & Plant, 2011.

痛时，人体验到了局部光幻视，即轻微的幻觉，其几何组织是由纹状皮层中神经元的物理联系所决定的。偏头痛先兆可能是一种罕见的情况，在这种情况下，我们感知到了自己的脑。更确切地说，并不是我们真实看到了自己的神经元，而是神经拓扑结构直接决定了视觉先兆的拓扑结构。然而，关键点是，我们并没有看到神经网络本身的拓扑结构，而是看到了由神经网络的拓扑变换重组后的世界，正如发生在万花筒中的那样——除了它们的几何组织方式源于皮层，光和颜色均来自世界。

* * *

另一个流传更广的神话是，在特殊条件下，我们能感知到不存在的颜色。众所周知，我们的现象色彩空间取决于色彩视觉系统的结构、视网膜受体的数量和种类、随后的加工阶段以及皮层排列。[①]例如，人类色觉有一个众所周知的缺限：某些颜色组合是不可实现的。虽然我们能感知到一种带点红又带点黄的色调即橙色，但我们不能感知到"蓝色黄"。据称，这种限制是颜色加工早期阶段对立机制（opponent mechanisms）的副产品，[②]可是，这种限制并不意味着颜色起源于视觉系统内部，它只是说明我们的生物机制约束了人体从环境中所能拣选的颜色。

这个问题的细节相当复杂。1983年，休伊特·克莱恩（Hewitt Crane）和托马斯·皮安塔尼达（Thomas Piantanida）在他们的著名文章《论看到红色绿和黄色蓝》（*On seeing reddish green and yellowish blue*）中主张，由于特殊的光学装置，我们有可能克服这种限制而感知到通常不可能的颜色组合，例如蓝黄色调。这一发现——最近生物物理学家文森特·比洛克（Vincent Billock）和邹鸿鹏（Brian Tsou）在升

---

① 原注：Byrne & Hilbert, 2003; Shapley, 2002; Zeki, 1973.
② 原注：Hering, 1878; Hurvich & Jameson, 1957; Shapley & Hawken, 2011.

级后的实验装置中重复了这一发现——在关于颜色体验的物理基础问题上是中立的。这个新的实验表明，在适当情况下，人类视觉系统会拣选出不同寻常的颜色组合。简言之，在这类事例中，人们并不是看到了**心智**颜色，而是暂时拣选出了额外的**物理**颜色。[①] 如果这一发现得到证实，那么它们是支持颜色视觉扩张的事例，而不是支持心智颜色的事例。

令人惊讶的是，在心智哲学和神经科学中，这些发现常常被解释为颜色的心智本性的证据。这很令人费解。首先，因为我们所讨论的实证事例需要对**外部**物理条件进行复杂的修改，我们通过使用精密的光学装置或控制外部的视觉刺激来实现这种修改。其次，这些发现利用了环境条件和行为模式的变化。因此，人感知到不可能的颜色是因为他从环境挑出了新的物理属性，而不是因为人脑编造出了新的颜色。至于哪种解释更可取，现有的经验实证证据所给的支持是中立的。我们看看克莱恩和皮安塔尼达所做实验的最初构想：

> 一些双色名称（如红色绿和蓝色黄）所描述的颜色通常是无法实现的。然而，通过稳定红色和绿色条纹（或黄色和蓝色条纹）边界的视网膜成像而不是稳定它们外缘的视网膜成像，整个区域可以同时被感知为红色和绿色（或黄色和蓝色）。

克莱恩和皮安塔尼达的实验装备是一个不寻常的外部装置，其中刺激物会随着人的注视而移动（"稳定视网膜的像"）。在这样的条件下，一对红色和绿色条纹出现于视野中，于是，人以这种（除此之外，不可能有其他的）方式与这两种对立的色调发生因果耦合。因为在人的注视下，两条条纹具有巧妙的稳定性，所以人以一种不同寻常的方式（以

---

① 原注：我很高兴地搁置了一个极其复杂的问题，即到底哪种物理属性是颜色（Byrne & Hilbert, 2003）。颜色是物理属性，不管有多困难，人们都可以精确地把它们挑出来。

这种融合不同色调的新方式）感知外在世界。**我们看到了更多的颜色。**然而，这样的颜色是物理组合，是由于上述的精巧装置人才能感知到的。这个事例更像一种颜色范围（的扩大）而不是一种幻觉。因为通常人们无法接触到这些颜色，所以它们是被禁止的、人类不可能感知的。当然，人类视觉系统所拣选的对立颜色——例如白—黑、红—绿、蓝—黄——没有形而上学的相关性。它们是自然选择过程中发生的一系列偶然事件的副产品。其他动物物种可能会挑选出不同的对立颜色——例如白—黑、绿—蓝、红—黄——从而禁止橙色（黄色红）和青色（蓝色绿）出现。克莱恩和皮安塔尼达（实验中）的颜色被禁止，只与人类的灵长类视觉系统所遵循的偶然的种系发生路径相关。

如上所述，最近比洛克和邹完成的一个类似的实验（2001，2010）运用了人造外部刺激的稳定性。他们成功地重复了原初的实验，并导致了被试者视觉系统的"灾难性的失效（catastrophic failure）"。被试者接收到的外在物理现象的组合是正常情况下由于颜色通道之间的对立而"不允许的"。简言之，他们利用了视野稳定时产生的模糊，在视网膜上的固定位置持续呈现颜色刺激。条纹之间的界限消失了——不同于标准知觉——颜色混合了。由此产生的混合颜色是黄色蓝，即那种通常不可能感知到的颜色。由于被试者数量有限以及口头报告具有主观性，这些结果遭到了批评，因为"感知到的颜色根本不是'禁止的颜色'，而是中间颜色。"[1]如果这些发现得到证实，它们就不会对颜色的坚定实在论解释构成任何威胁。它们将是人从环境中拣选出颜色的事例，尽管这些颜色不同寻常。

这些实验使许多学者就"脑有编造新颜色的能力"这个观点得出了种种形而上学结论。例如比洛克、格里森（Gleason）和邹鸿鹏在2010年大胆提出，这个实验为休谟的"缺失的蓝色"提供了一个答案。有趣的是，这个例子却可以用来强调休谟问题的双重含义。一方面，问

---

[1] 原注：Hsieh & Tse, 2006, p. 2251.

题在于人们能否体验到一种从未在物理世界中遇到的颜色。另一方面，问题在于人是否能体验一种新的颜色，因为在不同寻常的状况下，人可与一个通常不可获得的颜色进行因果往来。到目前为止，实证发现只支持第二种解释，因为所有的实验装置都基于这种情况：视觉系统以不同寻常的方式运行，从而拣选出不寻常的客体。因此，在适当的状况中，人们会看到休谟的蓝色，因为我们会从环境中拣选出这种色调。据作者自己所说：

> 有趣的是，两名被试者报告说，经过练习，他们可以在想象中看到红色绿和蓝色黄，尽管这种能力没有保留下来。因此，我们可以回答哲学家大卫·休谟在1739年提出的问题：是否有可能感知一种新的颜色？有可能，但我们看到的异常的新颜色是常见颜色的混合物。

我们所感知到的颜色是与外在世界现实耦合的结果。想象——远不是由脑任意产生的——仅限于"常见颜色的混合物"。想象是与这种属性——人们在知觉系统的正常运作模式失效后所产生的属性——的一种接触。最后，请注意比洛克等提出的颜色组合的定义，他们说："异常的新颜色……是常见颜色的混合物。"

归根结底，这样的颜色在任何形而上学意义上都是不会被禁止的，而仅仅与"对立颜色回路（color-opponent circuitry）"的正常限制有关。如同禁止人的脑袋扭转180度一样，这些颜色也在相同意义上被禁止。当然，这一动作只被一般的人体骨骼结构不允许，但是，如果有一个适当的"灾难性的失效"，它就有可能发生！

* * *

所有不寻常体验的事例都源于物理客体。错觉是人对"自己应该感知到什么"有错误信念的情况。幻觉是人感知到时空上的遥远客体以不同寻常的方式组合的情况。另一个有趣的异常情况是由改变人的身体而产生的。

现在这一点应该很清楚了：如果身体被改变，它将从世界中拣选出不同的客体和属性。因为（由于与身体的因果耦合而出现的）体验与客体是同一的，当身体发生变化时，客体也随之改变。如果我们的感官结构发生了改变，我们的身体就会拣选出不同的物理属性和客体。

人物理结构上的改变将导致不寻常的客体增加或寻常客体的减少。因此，有意识的体验充斥着不熟悉的属性或清除着熟悉的属性。有时，属性的减少可能会引起对现存属性的不同组合的知觉。令人遗憾的是，人们常常将这些情况解释为"心智存在物（mental entities）"，而不是对外在世界的不同塑造。

我们考虑一个视觉上的类比（图18）。用一个白色方块网格过滤一个无意义的黑白格子图案。所得到的图案是可识别的缩写。通过减法，我们将能够挑选出一些（否则不可获得的）东西。并不是在原来的图案之上添加了字母，而是移除了一些东西。

如果从我们感知到的世界中移除某些东西，随之而来的世界就不同了。一个人偶尔可能会产生这样的印象：有些东西被添加进来了。移除客体或属性可以使其他东西变得更为醒目或更容易获得。

另一个可能的误导来源于时间置换，当一个客体的持续时间比平常长时，它就会出现。一个经典例子是，传感器停止工作后，我们的体验停留在最后感知到的那个客体上。正后像就是大家所熟悉的一个例子。

总的来说，由于主体能力的改变而产生的体验可分为以下几类。

· 熟悉的客体或属性变得不可感知（**减少**）。
· 相对不同寻常的客体或属性变得可以通达（**增加**）。
· 过去的客体或属性被持续感知到（**延迟**）。
· 被其他属性或客体掩盖的属性或客体变得容易通达（**过滤**）。

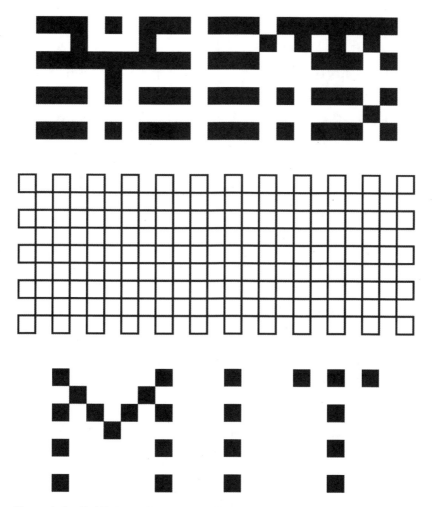

图 18 有时，做减法反而会增加一些东西。将一个网格（中间）和一个无意义的图案（顶部）重叠而相减，结果得到一个"MIT"符号（底部）。

上面的分类不能说是详尽无遗的。然而，它能使我们用这种方式思考：可以通过减少/增加物理客体和属性重组世界，而不必用心智存在物来解释世界。那些常常要用心智存在物来解释的事例，因此可以很容易地重新解释为对环境的不同塑造。由此，人不仅会对拣选出的颜色成分视而不见，甚至无法看见全部的客体和属性，即全部的客体和属性被从世界的子集（即人的意识）中移除了。

正如我们将看到的，最常见的事例表现为减少、延迟和过滤。到目前为止，我还没有碰到过那种使人能增加可感知客体子集的生理变化，尽管某些致幻剂确实可以通过这种方式发挥作用。更常见的是另一种事例，即生理缺陷、感觉刺激和认知过程使人的世界减少某些东西。

使知觉过程发生如此深刻改变的现实机制是复杂的。然而，就显象与实在之间的关系而言，客体或属性的完全消失仅仅是因为外在客体的子集在缩减，而外在客体是人内在过程的现实原因。这不是发生在心智领域的变化。客体或属性消失的显著事例是丁香错觉（the lilac illusion）、运动盲（motion blindness）和不注意视盲（inattentional blindness）。

在丁香追逐者错觉（the lilac chaser illusion）中，由于从眼睛到视觉皮层的各个层级的互补适应和多种机制，品红色斑点在人的视野中消失了。主体与环境中的某个事物被割裂开了。事物在那里，但它不能对人的身体产生任何影响。因果链条上的某个环节出错了。当然，外在客体在一定程度上仍然会产生效果，但正如"被试者无法用知觉去核实斑点的存在"这个事实所表明的那样，因果链不完整了。至少，在无法看见斑点的时候是如此。

类似地，运动诱导视盲（motion-induced blindness）是一种视觉消失或知觉错觉现象。在这种情况下，静止的视觉刺激物消失了，就好像是运动背景遮住了观察者的眼睛，而将刺激物从眼前擦掉了。

不注意视盲是另一个值得注意的事例。丹尼尔·西蒙斯（Daniel Simons）在1999年精心拍摄了著名的"看不见的大猩猩（invisible gorilla）"，视频中有大猩猩和篮球运动员，但因为一系列的预期妨碍了大猩猩对被试者产生影响，大猩猩消失了。[①]在这类事例中，要么是由于人视觉机制产生了一些知觉或认知上的变化，要么是因为客体拥有某

---

① 原注：D. J. Simons & Chabris, 1999; D. J. Simons, 2000; Bonneh et al., 2001; O'Regan, Rensink, & Clark, 1999; Schwitzgebel, 2007.

些固有特征，我们所感知到的外部世界缩小为（原先世界的）一个子集，而大猩猩则被排除在这个子集之外。

＊　　＊　　＊

从人的世界去除和过滤属性的现象，最显著的可以说是后像效应。后像——或者通常称为"后效（aftereffect）"——是对先前刺激的知觉导致的知觉体验的改变。如果我盯着一个刺激物，我的知觉结构会进行一些调整，因此，我拣选出不同的属性。曾经有过不同的感官模态的不同后效的报告。[1]

弥散心智理论提出了一种对后效的一般解释——刺激会改变身体的因果属性，因此从世界中拣选出来的客体和属性变得不同了。用过滤的方式来解释这些事例比诉诸心智存在物更有效，这就好像人们通常感知到的世界用一个网格筛选过一样。

我所提出的解决方案是，后像是一种刺激诱导的过滤的结果，经由这种过滤拣选出视野局部区域的不同属性，因此后像是外部世界的（东西）。**后像是对空间局部区域现有物理属性子集的知觉。**由于这个局部区域与视野一起移动，所以这种现象常常被描绘成一种叠加在视野之上的视觉意象。情况未必如此。事实上，将后像建模为局部过滤的产物，将使得我们能够把后像重新定位在外部世界中。我将分别讨论互补后像（有时称为"负后像"）和正后像。

首先，让我们看看最常见的事例，即互补后像（或负后像）。为了方便讨论，我们来考虑互补后像的一个经典事例。你盯着红色斑点看一

---

[1] 原注：Anstis & Harris, 1975; Bednar & Miikkulainen, 2000; Blakemore & Sutton, 1969; Coltheart, 1971; Craik, 1940; Daw, 1962; Geisler, 1978; Gibson & Radner, 1946; Gilroy & Blake, 2005; Jones, 1972; Kirshfeld, 1999; Köhler & Emery, 1947; Mather, Verstaten, & Anstis, 1998; Mollon, 1974; Phillips, 2013; Sekuler & Ganz, 1963; Shimojo, Kamitani, & Nishida, 2001; Tsuchiya & Koch, 2005; van Boxtel, Tsuchiya, & Koch, 2010; Virsu & Laurinen, 1977a, 1977b; Winawer, Juk, & Boroditsky, 2008; Zaidi, Ennis, Cao, & Lee, 2012.

分钟，然后，当你看一个灰色斑点时，你会看到一个青色斑点（图19）。发生了什么呢？传统的解释是，你看到了一个心智中的青色后像，由于这个斑点是灰色的，因此你看到的这种青色是不真实的。对吗？出人意料的是，不对。与广为流传的传统观点（这种解释相当幼稚）相反，从物理角度看，这个斑点可以是青色的、绿色的、蓝色的、红色的以及其他许多种颜色的。事实上，灰色——像白色一样——是所有颜色成分的组合。在物理意义上，它包含了所有颜色。

所以我提出了一种不同的解释。由于你盯着红色斑点看了一会儿，所以你的眼睛适应了红色。换句话说，你部分地变成了红色盲。因为目前你在刺激物形状区域是部分红色盲，所以你看到了较少的红色：你停止了从世界中拣选红色。然而，灰色斑点包含同等数量的红色、绿色和蓝色成分。由于你是部分红色盲，因此你看到的主要是绿色和蓝色。绿色和蓝色结合而成青色。这就是你看到一个青色斑点的原因。你看到的不是心智中的青色，而是在灰色斑点中的物理的青色。这种青色通常被光的红色成分掩盖。因此，互补色后像不是源于心智中的颜色，而仅仅是对现有的外部颜色的不同选择的结果。

由于适应发生的区域较小，所以过滤只影响了视野中的有限区域（图20）。通过移动目光，我们会看到过滤效应随着目光而移动，因此我们会错误地得出如下结论：一种彩色的心智意象在周围徘徊。这种事物是不存在的。相反，过滤区域随目光而移动，从而影响视觉场景的不同部分。

我们可以在实证上识别出两个模型之间的差异。事实上，根据弥散心智理论，后像（效应中看到）的颜色只是人所看到的客体的物理例示。相反，按照传统观点，后像颜色不是物理例示，而是一种幻觉。事实上，如果后像颜色是心智存在物，那么它们会取决于人的任意的心智颜色空间。经验实证的证据显示了一个不同的事实：后像颜色是人注视后形成的物理颜色的一个子集。

最后，关于正后像，我说几句：它们不是适应的结果，而是过滤的结果，它们是刺激的产物，这种刺激如此强烈以致暂时阻止了任何更进一步的感觉。正后像是这样一种事例：人卡在了他被隔离之前所感知到的最后一个客体上。最后一个客体通常就是引起暂时性感觉障碍的那个客体。有一种很常见的正后像，比如盯着强光看而产生的效果。1940年，心理学家肯尼思·克雷克（Kenneth Craik）勇敢地在自己身上做了相应的实验，即长时间看着太阳，并研究其结果。这种大胆但不明智的实验的后果是，他在视网膜烧坏后的几小时还能看见太阳。（不要这样做！他花了六个月的时间才从注视太阳两分钟这种自愿性的尝试所导致的折磨中恢复过来。）注意：他看到的不是**太阳的意象**，而是好几个小时仍看到**太阳本身**。

对正后像的一个因果说明如下：刺激是如此强烈，以致严重损伤了眼睛。结果，我们暂停感知随后的所有客体。我们仍然深陷于激活神经活动的最后一个事件。在这个意义上，正后像就好像人被迫去感知他曾感知到的最后知觉。因为最后的知觉导致了人感官能力的暂时损坏，这个人被冻结在与世界的最后因果耦合上。在受损的传感器器官恢复其功能之前，人的"现在"一直在延伸。

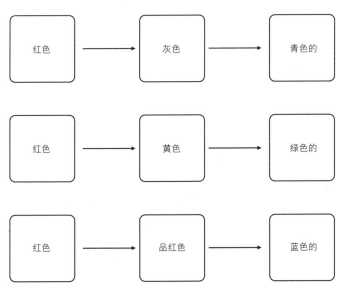

图19 相同的刺激会产生不同的后像，这取决于眼睛正在看的东西。适应不是创造出新的颜色，而是过滤世界上现有的颜色。

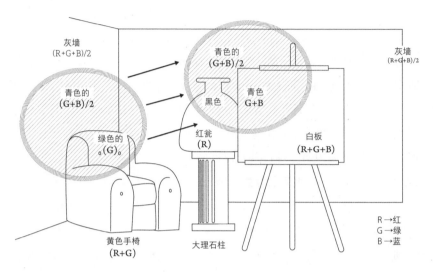

图20 虽然后像是某些颜色成分被部分过滤掉的区域，但它确实不是一种意象。

　　一般来说，邦纳综合征、患肢、感觉剥夺和创伤后应激障碍（posttraumatic stress disorders）在这一方面相似。由于一个或多个因果路径受到严重破坏，人们会一直感知到最后所感知的客体。在所有这些事例中，人的感知能力的突然严重毁坏——主要是由于中枢神经系统受损，但不一定如此，例如在后两种情况中就不是如此——将他困在了"现在"。随后，人一直活在下述原因中：这些原因是他们与世界的因果连续性中断之前的最后体验。这仿佛人的"现在"一直延伸至永远。在畅销青少年小说《星火燎原》（*Catching Fire*）——这是反乌托邦小说《饥饿游戏》（*Hunger Games*）三部曲的第二本书——中有一个虚构的人物，他用下面的说法描绘创伤性体验的弥散："当他们试图预测将上哪些菜时，我总是看到老人的头被砍掉了。"同样，在严重的创伤后体验中，人深陷于一个永无止境的"现在"。

　　更多传统的正后像现象可以用同样的方式来解释。可以说，刺激是如此强烈以致关闭了感觉之门。只要门还关着，那个刺激就留在你的体验中，也就是留在你的当下。

＊　＊　＊

在后像问题中，还保留着一个流行的心智哲学神话，即所谓的"过饱和红色"事例。过饱和红色作为一种超级后像，色调是如此强烈，以致无法在物理世界中存在，只能在看过这个"纯粹心智颜色"之后存在。有几个哲学家把这个事例当作具体的证据。[①]但它其实不是证据。

过饱和红色产生于一种可疑的实验装置。用盲目的热情去接受如此可疑且模糊的实验结果，证明了人们对心智的本质有强烈的偏见。过饱和红色似乎为"心智脱离物理世界而存在"的观点提供了经验实证的支持，而且许多哲学家不加批评地接受了这一点。

看看马克·约翰斯顿（Mark Johnston）在他2004年的论文《幻觉的模糊客体》（"The obscure object of hallucination"）中所描述的（黑体由我添加）：

> 似乎**只有通过后像形成"过饱和"红色，人才能知道它是什么。**当人产生"过饱和"红色后像时，他可以与最红的标准芒萨特色块（Munsat color chips）——之前桌子上有一个——相比，然后就能发现它是多么饱和。同样地，画家在幻觉中可能会发现一种奇怪的、迷人的颜色，于是以一种新方式混合颜料后他就能制作出这种颜色的样本。

这一段落主要描述了人可能——或有望可能——仅仅在产生后像时体验过饱和红色："这种情况表明，作为一个经验实证的事实，红色的典范——最红的红色——**只能在虚妄的体验中显示出来。**"过饱和红色应当表明现象体验是独立于物理体验的。这是问题的关键。如果这是真的，那意味着过饱和红色是纯粹的心智体验，因而颜色是一种心智体

---

① 原注：Byrne & Logue, 2009; Fish, 2013; Haddock & Macpherson, 2008; Johnston, 2007; Kalderon, 2011; Martin, 2004; Schellenberg, 2010, 2011.

验。然而，值得注意的是，过饱和红色在经验实证上是不可靠的，它只是一个很容易被推翻的哲学神话。

不管研究结果如何，正常视力状态下的被试者从未见过过饱和红色。这是一个流行的哲学神话，因为心理学家和哲学家相信存在纯粹的显象而获得动力。因此，它被誉为攻击知觉实在论（perceptual realism）的完美"排头兵"。

* * *

另一种据说与实在相异的传统心智意象是（视觉）盲点的产物。由于视网膜上有视神经的出口，视野中会出现一个无感光细胞的区域。因此，我们没有意识到，在视野中的一小片区域，我们无法看到任何东西。

如果盲点周围的图案有些规律，我们就会感知到它们的边界好像是连续的。经典的刺激图案由两道竖条纹组成。当盲点藏在两道条纹之间的空隙时，人会感知到那是一道连续的条纹，就好像它是一整道（没有间断的）条纹。因为视觉系统似乎用恰好缺失的那部分图案填充了空缺，所以有人认为某个填充机制补充了缺失的视觉细节。[1]传统解释是，脑以某种方式复制了视觉意象中的色块，然后用这个色块来填补视野中的空白，就好像这幅心智图像必须被修补一样。更完善的解释意味着更复杂的重建能力，但最流行的解释依旧我行我素：所谓的心智意象是由来自背景的信息主动填充的。值得注意的是，一些学者提出了另外的解释。例如，丹尼特认为，根本不用在意空白区域，因此也不需要什么主动填充[2]。

弥散心智理论提出了类似的解决方案。与其给声名显赫（同时声名

---

[1] 原注：Gerrits, DeHaan, & Vendrik, 1966; Gerrits & Vendrik, 1970; Spillmann, Otte, Hamburger, & Magnussen, 2006.

[2] 译注：Dennett, 1991.

狼藉）的心智视野中的缺失部分寻找主动重建机制，不如永远不要去在意缺失的那部分。弥散心智理论对盲点的解决方案不同于填充模型，而是类似于生成主义进路。你看不到的内部不需要修补。因此，我们看到了一道连续的条纹，因为两道条纹在那个位置时，一道连续条纹和一道有缺口的条纹之间没有什么不同之处。我们应该感到奇怪，如果我们找不到所谓的缺口应在的位置，那为什么非得要看到一个缺口。信息的缺失不是缺失的信息。如凯文·奥里甘（Kevin O'Regan）所指出的，如果人无法意识到他的手指之间发生了什么，那么为什么要意识到光感受器之间发生了什么呢？我们无法与世界的那一部分建立任何因果关系。人的环境根本不是由那些与盲点对应的事件构成的。心智不会弥散到它们那里。

* * *

对内在论者而言，幻肢是一种更受欢迎的"排头兵"。在这种情况下，肢体缺失的患者会报告说肢体缺失之处还有"肉体感觉"[1]。用弥散心智理论解释这样的事例并不困难：幻肢是知觉延迟的情况。患者感知到了曾经拥有的肢体，由于相应的神经区域不再与任何事物发生关联，所以患者一直在与过去的原因进行因果耦合。

幻肢类似于这种情况：由于（传感通路的）阻断（即感觉剥夺）、因果路径的损坏（邦纳综合征）、刺激物引发的感觉器官的暂时损伤（正后像）或外在对象的移除（幻肢），而导致当前的刺激缺失。

如果幻肢问题无法对弥散心智理论所拥护的实在论立场构成任何重大威胁，那么那些更加令人费解的事例，如先天残疾患者身上出现的幻肢感又是怎么回事呢？[2]确实，先天性幻肢对任何一种坚定外在主义

---

[1] 译注：比如，有幻肢问题的人通常会感到被截断的肢体那儿有疼痛感，这种疼痛感就是所谓的"肉体感觉"，用这个词强调了幻肢的感觉通常不是"精神性的"。

[2] 原注：Brugger et al., 2000; Melzack, Israel, Lacroix, & Schultz, 1997; Saadah & Melzack, 1994.

（externalist）解释都能构成严重威胁，某种程度上外在主义认为物理实在具有双重本性：一方面是神经活动和化学信号，另一方面是身体意象和体感内容（somatosensory content）。萨达（Saadah）和梅尔扎克（Melzack）在1994年的研究表明："**脑产生了身体体验**。感官输入仅仅是**调节**这种体验，而不是直接产生体验。"这里的关键点在于身体意象与脑并不相同，它是由脑中未知的先天神经结构所产生的。

为了揭示这些事例的存在论意义，我将对比"身体意象"与"身体图式"这两个概念。前者是一系列所谓的存储的现象体验，我们认为正是这些体验混合而成了肢体体验。后者是支持感觉运动映射（sensory motor mapping)发展的"硬连线（hardwired）"结构。身体图式并不一定有助于先天幻肢体验。

不论弥散心智理论如何，显而易见的经验实证问题和理论问题都向"先天意象（innate images）"这个概念发出了挑战。首先，先天幻肢会产生什么样的选择性优势并不明显。第二，目前还不清楚为什么先天的脑机制会产生类似"躯体现象体验"的东西。第三，这个概念表明躯体体验和躯体本身、躯体所例示的感觉—运动模式有所不同。更令人困惑的是如何在人的遗传物质中为现象体验（比如说肘部弯曲九十度时的感受）编码，以及为什么要如此。如果任何一个健康的人都能从真实的四肢上轻易地获得这种（基因中蕴含的）信息，那这些信息的目的是什么？为什么要以一种代价高昂的机制①为那些极为罕见的先天无肢（即先天性肢体缺失）事例提供这样的信息？矛盾的是，这种与生俱来的信息可能对那些先天无肢体的患者有一点点益处②，但没有任何实用价值③。

事实上，如果你生来就拥有健全的四肢，你不需要先天的现象意象（phenomenal image）。你能从你的四肢习得这种意象。另一方面，如果

---

① 译注：即基因编码机制。

② 译注：因为这种患者无法通过后天的肢体运动学会这种信息。

③ 译注：因为这种患者没有四肢，根本无法使用这些信息。

你出生时没有四肢，拥有先天身体意象也没有任何用处。

与此相反，身体图式这个概念在演进上是持续的。天生的身体图式有助于加速发育和感觉—运动学习。对于几乎没有时间照看孩子的物种，如羚羊、鹿和海豚，它可能是无价的。身体图式不需要传输和储存无用的现象体验。

下面是另一种担忧。如果我们生来就带有先天心智意象，从而先天性无肢患者能产生肢体体验，那么体验可能会发生——尽管是在数量非常有限的事例中——错误。换句话说，先天身体意象可能会让人误入歧

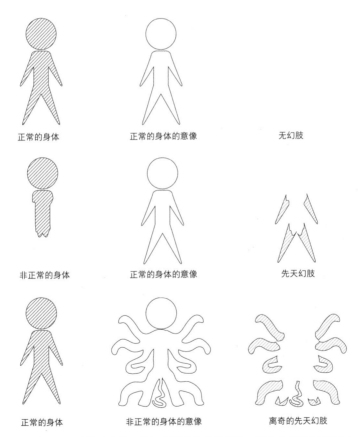

正常的身体　　　　　　正常的身体的意像　　　　　　无幻肢

非正常的身体　　　　　　正常的身体的意像　　　　　　先天幻肢

正常的身体　　　　　　非正常的身体的意像　　　　　　离奇的先天幻肢

图21　如果先天无四肢的病人有一种与身俱来的身体意象，那么他们出生时就有一种离奇的先天身体意象。

途。偶尔，患者可能会抱怨他们拥有离奇且异常的身体意象。人们可能会有异常的先天幻肢问题。幸亏情况并非如此。没有人曾抱怨自己有多余的幻肢或像龙爪似的幻肢或类似的东西。据我所知，没有人天生就有多余的幻肢。因此，如果我们先天就在心智中有身体意象，我将预测，在一些数量有限的事例中，躯体健全的被试者可能会产生一种完全怪异的身体意象，而不仅仅是对正常身体意象的调整（图21）。然而实际情况并非如此。

更有可能的是，先天幻肢的人从两条便捷的渠道获取他们的身体意象，即他们残留的感觉运动输入和对其他身体结构正常的人的观察。不可否认但又可以理解的是，这种患者会产生一种模仿或感受同龄人的渴望。对于前一个问题，即残留的感觉运动输入，值得承认的是，患者虽然生来就有肢体缺陷，但依然是有肢体的。所有这些人都有某种残留的体感体验，至少在原则上近似他们所缺乏的肢体体验。这类似于众所周知的梦中飞行体验。虽然在梦中体验飞行很常见——要么在空气中自由飘浮，要么挥舞双臂——但除非我们之前飞行过，否则我们无法感觉到真正飞行时的感觉。因此，尽管人可能会梦到飞行，但这种体验不是任何先天的无目的的飞行体验（被神奇地存储在人基因中）的结果。相反地，像组合人体验中的其他客体一样，人是从其他现实体验中——挥舞手臂、自由飘浮、向前行进、向上移动、躺在柔软的枕头上、游泳等体验中——组合出飞行体验的。

幻肢是普通的幻觉，而先天幻肢是特殊的幻觉。很可能先天幻肢从来不像它们所设想的那样，以最原始的形式出现。它们是感觉—运动体验和强烈预期的重组，是借助于先天身体图式组织起来的。

7.

弥散的现在

当音乐持续时，你就是音乐。

——T. S. 艾略特（T. S. Eliot），1941

意识是一种内禀的时间性现象（intrinsically temporal phenomenon）。"内禀（intrinsic）"一词强调我们无法在时间、变化和生成之外构想意识。我们来看一个显而易见的类似情况：速度。速度就是一种内禀的时间性现象。本质上，我们无法将速度与时间分开。我们也无法将波与粒子分离。我们可以把"巴拉克·奥巴马"这个概念与"米歇尔的丈夫"这个概念分离。我们可以将概念分开，但不能将人分开。同样地，没有体验会在生成、变化或时间之外发生。速度是位置的变化。体验是人之所是的变化。**体验是存在着的事物的变化，即生成。**变化就是生成。体验需要变化。世界也需要变化。我认为，时间就是体验的展开，因而也是世界的展开。时间不是外在盒子（事物在其内部发生）或另一个维度。我想知道是否可以将"时间"这个概念——作为某种超出变化、体验和实在的事物——弃置一旁。传统的时间概念是一个实用性的抽象物，它类似于伽利略式客体或牛顿的绝对时间，可用于描述体验以及我们生活的世界如何变化和生成。然而，我们从来不是这样体验时间的。我们体验到的是变化。

作为一个物理主义者，我再次强调：一切事物都必须与自然相符。那么，我当下的体验也必须与自然相符。自然的概念必须如此，以便适

189

应人们体验到的当下，即**现在**。

在前文中，我主张客体如同我们所意识到并生活的物理世界一样具有内禀时间性。相对地，静态形状（static shapes）和永恒客体（timeless objects）的概念则可疑地令人回忆起柏拉图的永恒理念世界。科学和分析哲学——它们强调语言、句法、逻辑、数学——都倾向于认可一种几何学上的永恒的时间观[①]，时间被认为是另一个维度，其与物理客体的关系是外在的。但我认为，永恒静态客体在我们的体验中不起作用，因此可以将其搁置一旁。它们不是我们世界中的一部分。我从树上摘下的苹果正在腐烂，我踏入其中的河水正在流动，我所看着的云正在消散，看似不变的岩石正缓慢地被侵蚀，太阳正在燃烧，而恒星则正以不可思议的速度在太空中飞驰。在我们的宇宙中，没有什么是静止的。可悲的是，最难以变化的东西是我们的偏见。然而，甚至偏见也在演变，尽管非常缓慢。正如瓦尔特·本雅明（Walter Benjamin）在1935年的《机械复制时代的艺术作品》（*The Work of Art in the Age of Mechanical Reproduction*）中所写的那样，虽然上层建筑比其物理基础演变得更加缓慢，但它终究也在演变。不幸且具有误导性的是，我们提及心智时常常指的是**心智状态**，就仿佛人的体验是一系列不连贯的静止画面，而这主要是由于计算机科学和力学对我们产生的影响。相比之下，大多数有现象学倾向的作者都强调体验的展开性，例如马赫（Mach）、詹姆斯、怀特海、吉布森、胡塞尔（Husserl）、梅洛—庞蒂（Merleau-Ponty）。

本章的目的是概述一种既与人的体验一致又与物理世界相容的关于当下的概念。目前大部分关于时间的哲学讨论集中在有时态与无时态的争论上。[②]第一组成员也被称为A型理论家（A-Theorists），或现在主义者（presentist）。而第二组的成员则被称为B型理论家

[①] 译注：Smolin，2013.

[②] 原注：McTaggart，1908；Mellor，1998；Tooley，1997.

（B-Theorists），或永恒主义者（eternalist）。前者认同当下具有不可还原的存在论差异。对此，尤瓦尔·多列夫在1989年谈论道："过去、现在和未来之间的区别与我们的体验以及思考和说话方式密切相关。"在这里，我不选择任何一个阵营。我研究"当下"的存在论。当下不是一种点状的数学抽象物，而是一种延伸的实在之块。当下是一个巨大的弥散客体。**我们就是当下或现在。**

在我们的体验中，虽然所有事物都即时地存在着，但一切都是变化的结果。在世界上，我们体验到的一切都是不同的。我们无法跳出时间、变化或因果关系。我们永远无法活在当下之外。我们也不曾滞留在过去。我们无法从当下逃离，因为我们就是我们的当下：我们无法不是我们自己。我们与我们称为"现在"的这种客体同一。现在是一个客体。意识不能发生于现在之外，因为这样的话就意味着意识可能发生于自身之外。这种必然性是根本同一性的表现。现在不仅仅是一个时间概念，还是一个指代展开的不断涌现泡泡的自然表面的多维概念。[①]当下——我喜欢称之为"现在"——既不是一条线上的一个点，也不是一个位置。我将把这个词当作可数名词来使用。我会用下面这些说法，比如："一个现在（a now）""许多现在（many nows）""每一个现在（each now）"。由于缺少更好的说法，现在可以说是"一个实在之块"。**我不是现在——我是一个现在**（I am not, now—I am a now）。这样的"一块"是由因果界线而不是由数学限制所挑选出来的。一个现在规定了一个现实的因果参照框架，即现实过程的因果网络，这个因果网络将一个客体带入存在后确定了一个参考框架。现在弥散而跨越了多个客体。我将论证，不存在一个统一的绝对的现在，相反，存在的是多个现在，其中每一个都与一个客体或一个体验时刻的发生一致。其中一些客体是人。这种作为结果的现在概念或者与客体的发生相关，

---

① 译注：试着想象一锅不断冒泡的粥，而且在每一个泡上还会继续冒泡，作者想描绘的是这样一种不断展开的"现在"的画面。

或者对应地说，与体验的发生相关。

这也许可以表明，时间概念类似于子午线概念或质心概念，是缺乏存在论分量但却实用的抽象概念。事实上，许多传统上的二分只是概念上的二分：存在与因果关系、时间与变化、体验与客体都是如此。它们之间没有存在论上的鸿沟。它们之间的裂缝是我们在理解自然的过程中才产生的。

*　*　*

无论是在科学还是在日常生活中，最常见的当下概念是，在一个笔直的无限延伸的（时间之）箭上的移动的点。无论这种观点多么流行，它都有一些缺陷。首先，点状的当下概念既不符合我们的体验也不符合物理现象。其次，时间轴上分离的点之间有着不可逾越的鸿沟。再次，一个无形的前行的当下是附加于物理世界的东西，既不可测量也不可观察。最后，点状的当下概念导致了时间鸿沟问题。

当下的跨度是多少？真的是一个点吗？如果不是，有没有限制？如果我们的体验中没有什么是瞬时的，那么我们为什么要赞同那种点状的当下概念呢？我猜测，我们接纳这种点状当下概念的主要原因是希望遵从以往的假定。历史上，由于牛顿在微积分方面的工作和赫尔曼·闵可夫斯基（Hermann Minkowski）的时空观，点状的当下概念受到相当大的推动。虽然这些模型在许多细节上有所不同，但它们关于当下的根本概念大致相似——当下是点状的，并且不包括过去和未来。许多学者认为时间就像另一个几何维度，其中当下是一个几何上不占体积的位点。尤瓦尔·多列夫最近在其2007年出版的《时间与实在论》（*Time and Realism*）一书中评论道：

> （点状的当下概念）似乎已经根深蒂固。对许多人来说，当下仅限于一个不占体积的点，这种观点是不证自明的。我认为，导致这种情况的一个原因是，在许多场合和关系中，图表上广泛使用一条

线来表示时间。

实际上，无论牛顿和闵可夫斯基拥有多大的影响力，点状当下都与我们的体验以及神经科学中被普遍接受的模型不相容。

我们经常会被一些电影所迷惑，在这些电影中，要么是魔法，要么是其他一些想象出来的"**机械降神（deus ex machina）**"[①]，将时间冻结于一个静止的当下。正如所描述的那样，在这种经典场景中，比如在1994年由乔尔（Joel）和伊桑·科恩（Ethan Coen）所导演的奇幻电影《影子大亨》（*The Hudsucker Proxy*）中，钟楼的指针慢慢地停了下来。一切都相应地冻结了。雪花停止在半空中，汽车停在道路中间，行人被冻结而以笨拙的姿势止步不前，等等。当然，时间不能停止。但如果可以的话，大多数外行人都相信宇宙会保持不变，仅仅被冻结住了——这个想法被"存在与因果作用分离"的信念所支持。类似地，许多哲学家认为，没有变化的时间是可以设想的。这种论点是有问题的，因为体验需要变化。我不否认，人们可以设想时间不变，这在逻辑上是可能的。但我认为这种时间概念无法被人的体验把握，因而在经验实证上是无用的。举个例子来说，正如前面所提到的，如果时间被冻结，宇宙将会空无一物。我们熟悉的所有客体都会消失，因为它们是嵌入因果过程的。光本身也将会消失。所有事物都将与宇宙中的其他部分完全隔绝。

宇宙由因果过程维系在一起，而因果过程需要变化。存在与因果是同一个硬币的两面。时间并不是超越事件发生而存在的事物。如果时间被冻结，一切都将与其他部分隔离。宇宙会崩溃。（事物之间的）联系需要花时间来桥接。没有时间，所有的点都会与其他点分离。

一个简单的牛顿时间模型规定，时间是一条线，而当下是一个点。这个点一直在向前移动。诚然，从数学的角度来看，"点状当下"有许

---

① 译注：这个词语指一种意想不到的力量或事件，挽救了一种看似无望的局面，尤指戏剧或小说中精心设计的情节或拥有强大力量的"神"挽救了剧情所陷入的困境。

多优点。其一是，时间可由单个变量所表示。此外，它对控制理论来说是一个有效框架。17世纪以来，控制理论将时间数学化，从而在某种意义上消解了变化。原则上，人们可以将未来的任何发展描述为一组从一开始就可获得的数字。所有的未来演变都已包含于点状的当下之中。虽然关于当下的这种模型在很大程度上被物理学的最新发展所摒弃，但它的影响力仍然很强大。①

点状的当下概念类似于伽利略式客体概念。这是一个实用但有误导性的简化概念。它是一个概念，而不是一种实在。不管点状的当下概念多么实用，它都与我们的体验不符。我们的当下是有厚度的。这种似是而非的——错误的——当下概念，一直被拿来解释我们对于当下的（在时间中延伸的）体验与所谓物理当下的点状本性之间的差异。我们在解决错觉问题时所用到的一般性解释策略，在此可再次使用——根深蒂固的观念与我们生活的世界之间的不匹配可通过归责于个体体验而得以解决。当然，如同在错觉案例中那样，精英学者的权威矮化了每个人与世界的直接联系，即有意识的体验。我们所体验到的当下是唯一的当下，现在这个当下已被降级为似是而非或虚假的当下。既然科学认定当下是点状的，那么如果体验得出了其他观点，一定是体验错了。

弥散心智理论则更加民主。如果我们体验到的当下是弥散的，那么当下就是弥散的。体验必须是自然的一部分。只有少数评论家认为当下可以延伸、持续且具有厚度。②其实，无论是实证证据还是科学数据都支持弥散的当下概念。

在我们的当下，客体、词语、整个句子、音乐片段、声音、手势和动作都融于其中。它们需要时间来完成。它们有起点和终点——它们不是瞬时的。我们看看布尔丹神父（Father Bourdin）在1685年的《对笛卡儿〈第一哲学沉思集〉的第七组反驳》（*Seventh Objection to*

---

① 原注：Barbour, 1999; Davies, 2005; Smolin, 2013.
② 原注：Ford, 1974; Power, 2011.

Descartes' Meditations on First Philosophy）中对笛卡儿观点的反对：

> 我知道一个人，有一次他正要入睡，听到钟声敲了四下，他数
> 着敲击的次数"一，一，一，一"。然后，他觉得这有点荒谬，喊道：
> "这钟一定是疯了；它在一点钟时敲了四次！"

四次钟声一起才组合为人的当下。它们无法容纳于点状当下之中。它们在一个延伸的时间跨度中弥散。同样，我们的**体验也无法置于点状瞬间之中**——客体、词语、手势、声音皆是如此。我们的**体验在时间中的弥散正如在空间中的弥散那样**。在我的体验中，点状的此时与点状的此地同样都是荒谬的。一个无维度的点根本无法容纳我们的体验。

为了维护当下的所谓的点状性，我们习惯的做法是将某些内在表征当作缓冲区，在这种缓冲区，人的体验的延伸跨度可被瞬时表征。这就是快照视图。人们假设（体验的）神经基础会启用一种神经快照来固定心智状态，就像一帧电影画面那样，这种神经快照完全可以在一瞬间完成。但这种神经快照根本不存在，我们从未发现这种东西。它既没有获得经验实证的支持，也不具备理论上的一致性。神经放电也需要时间。脑根本没有那种瞬时状态。最极端的内在论者也会认为，脑需要持续几十毫秒的神经放电才能做成并感知到某些事物。脑状态这个概念——瞬时快照这个概念——是无意义的。点状当下无法容纳任何类型的神经放电。因为它太"薄"了。它甚至无法容纳一个单位的（神经）脉冲。脉冲需要至少3至4毫秒才能完成。在更短的时间跨度里，脉冲概念毫无意义。在点状的当下概念中，脉冲没有容身之地。

有时候，我们将功能性磁共振成像当作脑活动拍摄快照，这也会导致误导性的脑状态概念。这是一种误导。首先，功能性磁共振成像不是瞬时快照，而是对数毫秒内各种量的整合。其次，功能性磁共振成像不是什么快照，而是一种统计模型。再次，功能性磁共振成像与神经

放电没有直接关系，而与（脑内的）葡萄糖和其他化学物质相关。[1]最后，这样的图像会使人联想起一系列计算机式离散状态。

"心智状态""脑状态"和"计算状态"这些概念的流行揭示了一种对变化的深层的且在很大程度上公然拒绝的恐惧。变化是生成。从长远来看，生成就意味着危险。因为，不祥的是，变化的最极端的形式当然是死亡。相比于变动和槽糕的终结，不变动更好。

人们经常提到脑状态，就好像可以对脑中发生的事情拍摄快照一样，而快照则限定了下一步将会发生什么。这又是另一个误导性概念。脑状态的概念缘于两方面的误解。一方面缘于控制理论，在控制论中，物理系统被建模为一种当前的瞬时状态决定了未来所有状态的存在物。另一方面则缘于"机器状态"的概念，这种机器状态由按照计算规则得出的离散值所确定，如图灵机或康威生命网格（Conway's life grids）[2]。事实上，这两种模型都是错误的。从时间的角度来看，这两个模型都不足以解决生物系统中既无离散状态也不具有意义的高阶派生物的问题。

＊　　＊　　＊

现在不是点状的。它是弥散的，与我们所体验的世界和科学所描述的物理现象相容。考虑下面这个案例。我当前的现在（current now）[3]由键盘、桌子、我的笔记本电脑、预兆着坏天气的多云天空、草地、几棵树、夏日微风和远处的狗吠所组成。这些存在物不是在我的**现在**之中，因为它们就是我的现在。它们也就是我自己。所有这些存在物都作为

---

[1] 原注：Arthurs & Boniface, 2002; Attwell & Iadecola, 2002; Bennett, Wolford, & Miller, 2009; Logothetis & Wandell, 2004; Logothetis, 2008; Schaal, 2005; Uttal, 2001.

[2] 译注：也叫"康威生命游戏（Conway's game of life）"，是英国数学家约翰·何顿·康威所发明的细胞自动机。在游戏中，每个方格中有一个处于活着或死亡状态的细胞，每个细胞按照初始的状态和规则与周围的八格细胞互动并决定其随后的生死。由于生与死两种状态的颜色不同，经过一定步骤后，网格中会演变出各种各样的图案，并且有些图案像生命一样具有自我复制特征。

[3] 原注："当前"这个定语没有循环性。它指的就是现在，即包含我写的这页论文和你正阅读这篇论文的现在。

我当前的**现在**这个整体的部分而发生。我的**现在**就是这样的一个整体。它不是这个整体的发生之外的东西。我就是这样一种弥散客体。**我的现在是一个弥散于时空中的客体，它是某些联合结果的现实原因。**这样的客体是我的体验。它就是我的世界，就是我当前的现在。体验、显象、存在和因果作用指的是浑然的统一体，这个统一体弥散，从而包含了一个实际的现实块。我们把这样一种延伸的现实块称为"弥散的现在"。我就是这样一个现在。现在我就是如此。我是一个现在。

这种现在模型并不像牛顿物理学那样要求一种普遍的包罗万象的现在。每一个因果过程都有自己的现在，因此会出现多个现在，每一个现在都相对于不同的客体。在弥散心智理论中，"客体"的概念是指发生于时间中的原因。这种客体是一个时空复合客体。相应地，现在并不是客体之外的某种东西。**现在就是客体。**此外，偶尔这种客体组成的客体集合不会形成任何人的体验。**现在、客体和体验是对同一实在进行概念刻画的三种不同方式。**如同其他所有事物——例如知觉、体验和因果作用——一样，每一个现在都是弥散的，而且与它所包含的一切同一。也可以说，每个现在都不是那种超越其内部所发生事物的东西。现在并不存在于嘀嗒作响的时钟内。现在就是这个时钟。**现在是通过因果作用而充实的复合客体。**扼要说来，"现在"这个概念不会在已经勾勒好的由弥散客体、现实原因和弥散心智（这三个概念只是论述相同的根本事件的不同方式）组成的框架上增添任何东西。**我们的体验不是发生于现在。我们的体验就是现在。**

现在——与其他任何客体一样——是由在其交汇处塑造出实在的因果过程所界定的。每一个客体，以及每一个体验，都有不同的持续时间，并且多个时间跨度可共存于**同一**现在中。为了证明这一点，我们回想一下我们体验中的某个瞬间。（那一刻）我体验到了一个苹果、一棵树、视野中的一片云、一道闪电、一座山、同我说话时的一段声音、在后台演奏的一首曲子、月亮、天空中的太阳和一些微弱闪烁着的星座。这些物理事件中的每一个都有不同的（时间）长度和不同的时间定位。在任何时候，许多时间定位不同的事件都可以浑然一体地共存。每一个现在的时间跨度都是不同的，它们是由因果环境决定的。每一个现在都是由一个事件挑选出来的。**联合因果作用挑选出现在以及客体，两者是同一的。**现在是实在中与复合的现实原因同一的那个部分。

以我们喜爱的红苹果为例，假设这次它在你的桌子上。它是你的现在的一部分。然而，恰好是你的现在一部分的这个苹果刚刚反射了一些光线到你的视网膜上。时间延迟是有限的，并且微不足道。最后，你向上凝视。碰巧，你看到了天空中一颗遥远的星星——比如说猎户星座中的一等星"参宿四"，它离你有642光年之远。随之，这颗星星也成为你的现在的一部分。不管你与这个天体之间的距离多么遥远，就像桌子上的苹果那样，这颗星星是你的现在的一个组成部分。在星星这个例子中，使你的现在得以存在的这个过程的时间跨度是多少？ 642年。虽然一些评论者认为很难将感知星星的情况纳入知觉事实，但我们感知到星星与我们感知到苹果没有什么不同。将星星隔离在知觉之外并不能净化我们的时间模型和知觉模型。在这个问题上，多列夫评论道："就'只有现在的事物才是可感知的'这一主张而言，存在着例外情况：非常遥远的客体，例如星系……"我不同意这种观点。其实，星星就是人的现在的一部分。我不明白为什么遥远的客体就是例外情况。星星和星系可能对于我们的偏见是个例外，对自然却不是。即便事物与我们之间存在距离，如建筑物、山脉、云层、月球、行星、彗星、恒星和星系，它们依然是连续统的一部分。对冯·尤克斯奎尔（书中描绘）的天文学家来说，天体才是他们的日常环境。下面是他在《在动物与人类世界漫游》一书中对天文学家生活的生动描述：

> 在他那高高的塔顶，离地球尽可能遥远之处，坐着一个人。借助巨大的光学仪器，他改造了自己的眼睛，它们变得能够穿透宇宙而直达最遥远的星星。在他的周遭世界里，太阳和行星在欢快地运转。飞快的光需要旅行数百万年的时间才得以进入他的周遭世界。

然而，这整个周遭世界仅仅是自然界很小的一部分，它是由人类主体的能力定制出来的。

在天文学家看来，比起一般的日常客体，星星在他们的生活中更为常见。此外，仅仅是一些偶然的情况造就了我们的世界，使得大多数客体要么离我们很近，像苹果、建筑物和山脉，要么离我们极远，像星星、星座和星系，人们由此以为这两类事物之间存在区别。其实它们之间没有什么区别。我们看到一个苹果，就像看到太阳或遥远的星星一样。设想一个情景，其中，人类在一个所有的距离都相差无几的世界中生活，这并非不可能。在这种情景下，明显不存在任何差别。

由于现在在时间上弥散，从而它包含了构成人的体验的所有客体，所以记忆就是感知到——因而同一于——过去。然而，这样一种过去仍然是现在。艾耶尔猜想，我们感知到星星这一事实是否能使"我们可能与过去存在直接联系"这一观点更具可信度。1965年，在《心智》（*Mind*）杂志中，弗兰克·埃伯索尔（Frank Ebersole）在一篇题目意味深长的论文《哲学家如何看待星星》（"How Philosophers See Stars"）中讨论了这个问题：

> 艾耶尔谈论这类事情，是为了给记忆的朴素实在论提供一种受人尊重的科学地位。因为我们看到了过去，所以认为我们与过去有直接的记忆联系，这种想法并不疯狂。（……）这种记忆理论是为了缓解过去已逝的那种哲学感受，并以"记忆中我们能直接通达过去"这种直言不讳的主张来反驳对记忆可能性的怀疑。当我们对记忆的可能性有所怀疑时，可以看看星星，然后说："过去没有消失，它就在这里。"这应该会对我们有些帮助。

然而，我们不需要同意埃伯索尔的怀疑论。我们可以确切地考虑人与过去存在直接联系的可能性，即记忆是对过去的知觉；事实上，人们可以与他们自己的过去同一。此外，该理论支持关于记忆的一种实在论观点，其中有两个关键假设。第一，人与过去存在直接的联系，因为一个人的体验与过去是同一的。第二，人体验到的过去依然是当下，因为它是构成当下的原因。这种延伸的当下就是弥散的现在。

假设一段时间后，你开始做白日梦，然后你迷失在过去的记忆或梦境中。你正在体验的是什么？当你回忆起过去时，你的体验在何时、何地？你记起了很多年前的一个冬天的晚上，你与你的祖父有过一次愉快的交谈，难道这样的谈话不是你当下的一部分吗？

创伤后应激障碍通常与深陷过去激烈情绪事件的白日梦相关联，而且患者对当前事件的注意也相应地减少了。[①]1963年，保罗·乔多福（Paul Chodoff）在他关于集中营幸存者的著作中，对这种持续存在的创伤性事件进行了生动的报告，奥利佛·萨克斯在其《幻觉》一书中引用了这部分内容。这些创伤性事件仍然存在，甚至萨克斯在某种程度上也体验到了它们。当然，幸存者的身体以及脑与萨克斯同在，但他们的当下仍深陷于他们作为囚犯时的可怕时刻。由于发生在久远的时刻的事件的力量，一个人的当下被困在过去。

这种当下显然能延伸到记忆、梦和幻觉这些形形色色的情况中。当我们回忆时，我们不是在与过去纠缠吗？我们的过去不是介入了我们的当下吗？**当我们体验过去时，过去不仍旧是当下吗？** 在这种事件与你的体验之间隐约地隔着东西吗？不，没有。正如在知觉情形中一样，透明度也是记忆和梦的一个共同特征。有什么东西让你与你的记忆及梦分离吗？当然没有。没有什么东西能将你与你的记忆分离。同样，没有什么能让你的记忆与这些记忆涉及的过去分离。任何时候，我们都与自己的体验"共在（co-present）"。不存在掩盖我们的过去的现象。

弥散心智理论模糊了当下与过去的区别。更确切地说，它将这种区别搁置一旁。**我们体验到了过去**，在某种程度上，过去仍然是当下。

---

① 原注: Lennmarken, Bildfors, Enlund, Samuelsson, & Sandin, 2002; Sacks, 2012; Shum, 1999.

记忆是对过去的延迟但有序的知觉。梦是对关于过去的知觉进行重组。
由于我体验到了过去，所谓的过去就成了当下的一部分。然而，记忆和梦中的客体都在我们的当下之中。因为体验与客体同一，也因为记忆和梦都是知觉形式之一，所以它们中的客体成了我们当下的一部分。记忆和梦都只不过与依然是当下的过去同一。

一个**现在**不是时间线上的一个点（图22），也不是挑出一个"时间窗口"的一对括号。现在是一组与自身共在的客体。为什么？因为这些客体都是联合结果的原因。如果事物不是共在的，它们就不会相遇。实在就会崩塌。过去就是当下。否则，如果它不再是当下，那么它将不会存在。

我辩护的观点如下：当下是实在的生成建构自身的方式。（形象地说，）当下就是一勺实在。过去给当下提供了实质。只要过去是某种事物，那么过去仍然是当下的一部分。如果过去不是当下的一部分，那么不仅当下不存在，而且过去也根本不会存在。它（过去）将什么也不是。

我们使用的语言反映了这样一个事实：我们体验到的过去仍然是我们当下的一部分。在英语中，表示参与了说话者当下的事件时所用的时态被称为**现在完成时**——这个词的意思恰好表明正是这样的过去完成了当下。我们再看一下英语中的过去时态。一般过去时用于表述那种发生在过去并且与当下时间不连续的事情。现在完成时态则用于表述那种发生在之前但时间跨度弥散到现在的事情。这种事情参与了我们所在的时间。一个人体验到的每件事都应该用现在完成时来表达，因为它是这个人的当下的一部分。

两种时态之间的差异也对应着情景记忆与语义记忆之间的差异。在情景记忆中，我们再次体验到自己生命中早前所体验过的事件。在语义记忆中，我们只有通过语言性的"二手"描述[①]才提及我们所知道的事

---

① 译注：与直接体验这种"一手"情况相比，作者将我们通过语义获得的信息称为"二手"的。

实。对情景记忆而言，（过去的）事件仍能对人的当下产生影响。从某种意义上说，它们仍然是一个人当下的一部分。语义记忆则对应与当前事件没有必然因果关系的描述。

* * *

人们指望所有的实在都可容纳入**现在**。希拉里·普特南（Hilary Putnam）说："所有并且只有存在于现在的事物才是实在的。"这与博尔赫斯在《小径分岔的花园》（*The Garden of Forking Paths*）中所描述的相呼应："世世代代，事情只在当下发生。"迈克尔·达米特（Michael Dummett）也有同样的评论："唯有当世界是，即唯有当世界处于现在时，我们才能描述它。"我同意他们的说法，但附带的一个关键看法是，每个现在都现实地、因果地相对于一个结果弥散着。这是关键的一点，通常这一点没有得到充分的辩护。事实上，我们很难不认同这种说法，而这个说法的关键在于现在的范围及其存在论地位。例如，如果一个人接受点状的现在论，那么达米特的评论将会站不住脚，因为我们体验到的世界与瞬时当下不符。弥散的现在论则没有这种局限。当下可以如它所需要的那样尽可能地弥散和延伸。它包含了我们体验到的一切。

我们的体验支持了这个观点。设想一下这种情况：一个夏天的夜晚，艾米莉看着夜空中的星星，听到远处的雷声，倾听一个朋友和她说话，看着波托菲诺（Portofino）海湾；最后，她凝视着一个遥远的星座。她的当下包括所有这些事件，但这些事件发生在不同的时间。在她看着夜空的那晚，它们发生在不同的时间。然而，它们也有些共同之处。它们都介入了艾米莉的当下。它们在艾米莉的脑内产生了一种联合效应。结果，它们促成了一个巨大的时空复合客体的出现，即夏夜艾米莉的现在。它们是弥散在时空中的一个巨大的联合的现实原因。总之，它们是一个现在。任何弥散于时空中的现实的联合原因都是一个现在。每个客体也都是一个现在。

图 22 传统的点状的现在概念（Δt → 0）。

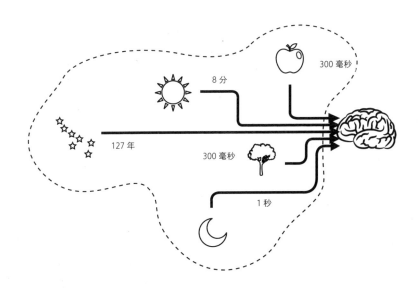

图 23 弥散的现在（Δt 可以任意大）。

毕竟，内在主义也需要弥散的时间概念。难道我们体验的神经相关物不是分布于一个时间跨度中的吗？即使是脑同一论最坚定的辩护者也会承认我们的神经基础在时空中弥散。既然我们承认（体验的）神经基础弥散于时空中，那么我们为什么要在空间上把自己限制在人颅骨的边界之内，而在时间上把自己限制在趋于极限的瞬时当下呢？

我们也可对传统上的过去概念弃之不顾。一切都存在于一种弥散的当下之中，这种当下的结构可以从不同角度做出清晰的阐述。**过去与现在的差别只是实用性的而非存在论上的**。通常情况下，我们把弥散的现在中比较容易操纵的部分叫作当下，把其他的部分叫作过去。可是，它们之间不存在形而上学的差异，只是可通达程度的不同。再说一次，传统观点只是将实用性上的差别提升到一种形而上学的鸿沟。

参与一个整体的所有事件和客体构成了一个现在。如果它们不是整体的一部分，那么它们就是分开的，因此无法共存。为了能共同存在，分离的事件必须把共同的结果带入存在。

现在是一个现实原因——又叫作一个整体，也叫作一个弥散客体——它的不同成分与最终的结果的时间距离不同。如果两个事件都是同一联合结果的关联密切的原因，那么它们就处于同一个现在。就处于同一个现在而言，发生在同一时空位置这一点既非必要条件也非充分条件。不过，这一点也是有所帮助的。

如果现在由因果关系所塑造，那么当两个事件都处于恰当的因果关系中时，它们就属于同一个现在。两个事件并不会因为发生在相同的时间片内而处于同一个现在。此外，不存在时间片这种东西。时间是一系列因果相关的现在的展开。

我提出的现在的因果结构是对客体/现实原因——联合因果作用——情况的一种概述。这种因果结构既没有固定的时间尺度，也没有时间边界。当然，实际上，相近的事件在因果上更容易纠缠在一起。在空间和时间上都相近会有助于参与相同的因果过程并产生联合结果。因此，我们通常认为刚刚发生的事情就处于当下，这是一个很好的经验法则。

根据这种解释，每一个共在事件与它所引起的联合结果之间的时间距离可能不同。像幻觉这样的时空复合客体就是个有力的例子。现在的弥散跨越了传统的时间和空间。同样地，一个知觉客体能分布在广阔的空间中，如同由不同距离的恒星所形成的星座那样。现在包含多个并且可能不均匀的时间长度（图23）。当下更像一碗意大利面，其中每一条都有自己的长度，而非像一条线上的一个点。

把"弥散的现在"概念与阿尔伯特·爱因斯坦（Albert Einstein）的"同时性"概念进行比较是很有意义的。根据同时性概念，只要相对于一个选定的观察点，两个或多个事件就是同时发生的。[①]这两个概念非常接近。根据普通大众对时间的看法，如果两个事件发生在相同的绝对瞬间，那么它们就是同时发生的。然而，在1916年出版的《相对论》（*Relativity*）中，爱因斯坦指出，没有绝对时间这回事；两个事件之间的时间关系是相对于观测者的位置和速度而言的：

> 那些相对于铁路路基同时发生的事件，相对于火车并不是同时发生的，反之亦然（这就是同时性的相对性）。每一个参照物（坐标系）都有其特定的时间；除非告知我们所说的时间是相对于哪个参照物，否则所说的一个事件的时间就没有意义。

爱因斯坦对同时性的分析和"弥散的现在"之间有很大的类似之处，即同时性概念或共在概念是相对的，而不是绝对的。然而，在这里，我考虑的不是参考系，而是因果过程网。对于弥散的现在，重点不在于参照系，而在于存在着的现实因果路径。不过，这两种进路在很大程度上是兼容的。

我们来看看爱因斯坦所用的"闪电击中A和B这两个点"的例子。

---

① 原注：Jackson & Pargetter, 1977; Salmon, 1969.

假定观察者位于中点 M。同时性取决于观察者在 M 处同时观察到了 A 和 B 两点的光。同样，在《相对论》中，爱因斯坦反驳道：

> 只有在我确定 M 处的观察者所看到的雷击闪电发出的光在 A→M 这段距离中和 B→M 这段距离中行进的速度是相同的，（这样一种）定义才可能是对的。

弥散心智理论采用的是一种与之不同但兼容的视角。爱因斯坦的分析着重用速度来确定现象的物理性质。相比之下，我在这里侧重的是塑造我们所提及的统一体的过程。弥散心智理论考虑的是日常的因果过程，而不管它们的速度如何。该理论也解释了类似于相对论的情况。在爱因斯坦的解释中，如果两个事件与第三个事件有交流并且它们的信息共同地到达了第三个事件，那么对第三个事件而言，这两个事件就是同时发生的。同样，在弥散心智理论中，只有当这两个事件到达第三事件的因果过程共同引起了进一步事件的发生时，这两个事件才属于同一个现在。在这两种情况下，沿着 A→M 这段距离的速度是否与沿 B→M 的相同就不重要了。重要的是它们共同到达那里，即它们是一种联合原因。

弥散心智理论援引了爱因斯坦的观点中对因果过程所设置的速度上限。狭义相对论设置了一些条件，在这些条件下，如果交流是通过笔直的光线以光速进行的，那么 a 点、b 点和观察者 γ 之间的现实交流才将发生。通常情况下，信息交流是一个因果过程，它传播的速度比光在真空中的速度要慢。在标准知觉中，因果过程由烦琐的不连续的若干物理跳跃过程具体实现。例如，经由树突和轴突，神经过程汇集了诸多因果过程，所以神经过程使外部事件得以共在。（神经传导的）速度远低于光速——大概是 100 米/秒。

弥散的现在是现实同时性的一种事例，也就是说，它代表了如下事例：因为两个或多个客体是一个现实原因的组成部分，所以它们统一起来了。它们是共在的，因为是相同的结果将它们带入了存在。非常重要的一点是，相对于它们所导致的联合结果，它们是共在的。而相对于其他事件/观察者，它们并不共在。爱因斯坦在分析同时性时设定了条件，在这些条件下，一个现在，即一个现实原因，发生了。这对于联合结果的发生而言已经足够。弥散心智理论关注的是一个主要由低速的物理过程——例如那些在标准知觉中所涉及的物理过程——组成的世界。现实的因果过程代替了爱因斯坦的模型中所设想的（光）信号。"现实原因"这个概念——现在——是基于"同时性"这个概念的。光速信号与相对论的同时性是一个上限。如同爱因斯坦的观点表明的那样，**现在是相对的**。

＊　　＊　　＊

"现在弥散到过去"这一观点与实证证据并不矛盾。现在是一个实在块，包含了通常称为"过去"的东西——它是一个巨大的客体。通常，现在与过去之间的不连续被认为是理所当然的。可是，这种不连续性的形而上学深度一直在很大程度上被高估了。事实上——这个事实会让人有点惊讶——从我们熟悉的现在一步一步地迈向我们所谓的过去和往昔是可能的。它们之间没有绝对的存在论上的鸿沟。过去与当下在概念上的差别就类似于丘陵与山脉之间的差别——这是惯用的表达数量差异的方式，正如1995年上映的由克里斯托夫·蒙格（Christopher Monger）编剧和导演的电影《情比山高》（*The Englishman Who Went Up a Hill But Came Down a Mountain*）的名字所表达的那样。没有什么存在论上的差异将两者隔开。当然，从实用角度来看，这种差别可能是有意义的。看向远处的客体就意味着进入更遥远的过去。[1]

我们来看一个具有现实意义的重要场景。我们将其称为"梅杰·汤姆（Major Tom）场景"（图24）。[2]想象你正通过无线电与梅杰·汤姆聊

---

[1] 原注：Ayer, 1956; Chisholm, 1957; Dolev, 2007; Ebersole, 1965; Gale, 1971; Russell, 1927.

[2] 原注：所有权属于大卫·鲍伊，参见：David Bowie, *Space Oddity*, 1969.

天。他正乘坐宇宙飞船向遥远的星球飞去。在你们聊天的时候，他离你越来越远。在你们的谈话开始时，你和梅杰·汤姆聊天基本上没有受到距离和延迟的影响。一段时间后，因为延迟变长，聊天变得越来越困难。你与梅杰·汤姆之间的距离——时间距离——变得越来越大。最后，延迟变得十分明显，以致你无法再与他聊天了，因为现在延迟与你的寿命一样长。

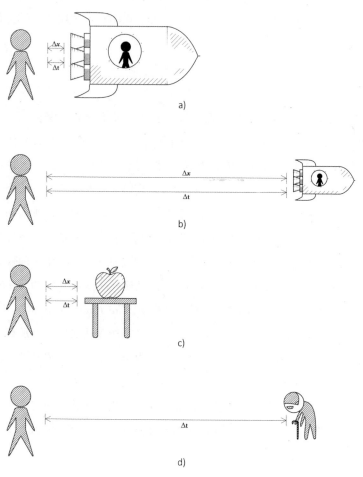

图 24 梅杰·汤姆、红苹果和已故的祖父是在当下还是过去？

尽管如此，从收音机里你仍然能听到梅杰·汤姆说话。在这种情况下，梅杰·汤姆的话好像是从过去传来的。然而，即使在这两种情况之间，也不存在存在论上的鸿沟。这两种情况类似于听到别人说话与记住别人说的话的差别。

就时间流逝而言，过去与当下这两种现象之间存在数量上的差异。可是，它们在存在论上并没有什么不同。

现在的深度是多少？如果我们改变我们的注意力所关注的客体，这种深度就会发生变化。当我的目光在视野中掠过时，时间深度的变化有时很轻微，有时很明显。借助望远镜，在时间上和空间上，我的眼睛能窥见宇宙的深处，肉眼可以看到像仙女座星系一样遥远的天体，这是一个距离我们250万光年的天体。在下着雨的周末下午，在本地的科学博物馆里，这一事实常常作为娱乐被充满好奇心的孩子忽视。可是，这仍然是一个惊人的事实。请再阅读一遍上面的句子。肉眼能看到250万光年那么远的客体。一个人可以看到过去。那么，这样的过去就是当下的一部分。

如前所述，艾耶尔认为，当我们看着遥远的星星时，我们是在感知过去。天文学家既没有重建过去，也不记得过去。天文学家是看到了宇宙的过去，而过去仍然是当下的一部分。他们也不是看到遥远星星的意象。他们看到的是那些星星。我们可以看到过去，因为过去仍然存在。如果看到了某物，某物就是当下的一部分。当然，在实践中，所谓的过去与所谓的当下之间有很大的差别。而我在弥散的现在中看到了通常被称为"过去"的那个部分，也看到了通常被称为"当下"的那个部分。重要的是，我无法触及前者，但我能触及后者。

例如，在星座的案例中，由于空间上巨大的距离，人们无法与那些星星互动。在日常生活中，我们通常把遥远的客体降级为意象或记忆。由于（在这些情况中）缺乏互惠性的互动，我们就只能把类星体和梅杰·汤姆放入过去。然而，我们对桌子上红苹果的感知与对仙女座星系的感知并没有什么不同。星星也不例外。梅杰·汤姆不会因为其位置

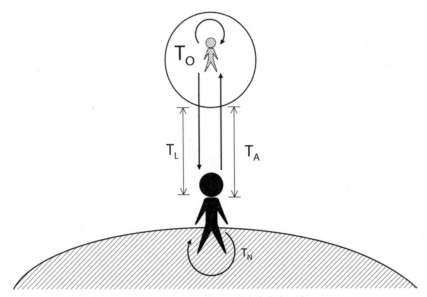

图25 如果我们能与一种现象互动，那么就可以认为它存在于当下。

的改变就退回到过去。你和汤姆是由若干因果过程联系起来的。这些因果过程有时短得无法察觉，有时长得不够便捷。然而，两者之间没有存在论的鸿沟。这种相关的因果过程和所有可设想的可能的物理情况是相同的，只是延伸得更长而已。数量上的差异不会成为形而上学的鸿沟。苹果和星星与你的身体有着同样的关系。你既是以同样的方式也是在相同的情况下看到了这两者。这种解释同样适用于近处的梅杰·汤姆与远处的梅杰·汤姆。

天体和红苹果在实践中是非常不同的。你可以抓住一个苹果，但你抓不住远处的星星。当梅杰·汤姆在这里的时候，你可以和他聊天；但是当他在很远的地方时，你不能和他聊天。然而，这仅仅是一种狭小的区别。另一个例子可以进一步说明问题。

假设你想触摸附近桌子上的一个移动的目标（图25）。你看到这个目标。你向前移动你的手，然后触摸到它。如果目标移动得足够慢，一切都不成问题，因为你的反应时间能够让你触到并抓住移动的目标。不过，情况并非总是如此。这种互动至少依赖四个参数。

最后，想象一下把你的目标放在月球上这种情况。为什么月球上的目标不应该成为你的当下的一部分？月球的表面与你的房间一样都处于你的当下。前者只是距你远一点点。大致来说，光从月球到地球需要一秒钟。另外，如果你有一把能量足够大的激光枪，你就能在一秒钟内射击到月球表面。在这个例子中，设想你的神经反应速度几乎是瞬时的，那么只要目标以这样的速度移动，仍在激光束的射击范围内，你就能击中目标。假设你的激光能将半径为1米的圆形区域的所有事物烧成灰烬，你就能击中移动速度慢于0.5米/秒的客体。在这种情况下，你会倾向于认为目标在你的当下之中。速度更快的物体则被你感知为它们好像在你的过去。这个例子表明，过去与当下的传统分离虽然是实用的，但并不是一种坚不可摧的存在论鸿沟。更快和更慢的客体都处于我们的当下。

让我们把目光移到离地球更远的地方。你所看到的天空中耀眼的太阳是在过去还是在当下？当然，随着距离的增加，因果互动——如抓取、触摸、击打——变得越来越困难。然而，没有存在论上的临界值把什么是过去与什么是当下分开。没有形而上学的鸿沟能将这两种极端的事物——一端是遥远的星星，另一端是与你聊天的人——隔离开。它们都是你的当下的一部分。

关键在于，当下与过去之间没有存在论上的鸿沟。过去和当下是基于互动条件而划分的实用性概念。如果我们由于有利的时间间隔而能与某物产生互动，那么就可认为此物存在于当下。

我们在记忆、梦、幻觉或知觉中体验到了过去，这一事实表明了过去是当下的一部分。如果我们体验了某物，那么它一定存在于我们的当下。

那么未来呢？我们永远感知不到未来。我们要撇开预感（premonition）或超感官透视（clairvoyance）这类事例，因为它们无法获得实证证据的支持。当我们提到未来时，我们指的是预期、预测、远景和猜测。这些事例都不是关于未来的真实知觉。反之，它们或多或少是我们依据过去而做的幸运猜想。

这种现在观的一个有趣结果是，当下永远不会结束。因为每一个现在都只是相对于另一个更远事件的现在，每个事件总可以是一些更远事件的当下。在这种意义上，**当下永远不会终结**。只要有充分的时间和距离，（比如我的阳台上）正在发生的事情总会是其他人的当下。

四年以后，此时此地在我的阳台上所发生一切，将是一个从半人马座阿尔法星（Alpha Centauri）附近注视地球的观察者的当下的一部分。每一个当下都是相对于某个观察者和某个特定的联合结果而言的。原则上，我们可以想象在适当的位置和时间存在一个未来的观察者。因此，你可以设想存在这种恰好的时刻，我在我的阳台上（2017年8月底）所体验到的事物将是未来其他人的当下。它将是一个未来观察者的当下的一部分，这不是在重温过去，也不是回想记忆痕迹，也不是（心智）意象的预演。在半人马座阿尔法星上的观察者所挑选出的当下并不次于我们自己的当下。**这两个当下同样有效**。总的来说，只要一个客体产生了结果，它就仍然存在于人的现在。因果链可以任意长，至少在理论上是这样的。实际上，当因果之流完全无效的时候，存在者将不复存在。

空间距离只是延伸这种因果链的时间跨度的一种简单方法。其他策略也是可行的。**没有什么能阻止我们使用其他方法来延伸因果链**。例如，我们的神经结构将若干事件的因果影响延伸到我们整个一生中。因此，经由这些由我们的神经元传导的因果链，我们仍然把我们的过去感知为我们当下的一部分。我们称这种知觉为"记忆"或"梦"。**我们知道一个知觉存在于过去，但我们没有将事情体验为过去**。由于我们的神经结构，我们生活中的事件现在产生了影响。它们的因果影响是通过神经分枝而不是通过穿越时空的光线产生的。

每件事情相对某些未来的事件可以一直是现在。简言之，**过去是当下，而一切都是现在**。因此，从某种意义上说，当下永远不会结束：当下是一直明确的。关键是，不存在什么鸿沟将过去与当下隔开。所有的当下都会过去，所有的过去都处在于当下。正如T. S. 艾略特在《烧毁的诺顿》中所写："那本来可能发生的和已经发生的都指向一个终结，终结永远是现在。"任何存在的时刻都是一个包含它的开始和结束的现在。**它的结束是它的开始存在的原因**。这种影响推动了它引起的存在。

因为每一个现在都是由一个联合结果挑选出来的一个实在块，所以有多个现在——每个现在之间没有优劣之分。每当一个人体验到某物时，这个事物就存在于构成这个主体的相同的现在。这个主体与这个现在是同一的。体验某物就意味着与它共存。更明确的说法是，体验某物就意味着与它同一。因此，体验和共存都意味着在同一个现在发生。

每当我体验某物时，某物就会生成。无论在何时何地，那个事物都是我的体验。我就是那个事物。虽然那个事物不需要成为可把握的，也不需要由一些容易获得的材料所组成，也不需要由我附近的事件所构成，也不需要与其他人可感知的客体一致，但它是真实的。一个可能成为我的事物的子集——事实上，所谓的知觉、记忆、梦、错觉、幻觉等，就是我——与我们所称的物理实在一致。**我的现在是我的世界，我就是那样的事物。我是一个现在。我是一个世界。**

综上所述，现在是因果上纠缠、彼此共存的若干事件。如果情况不是这样的话，事件将是悲惨而孤立无援的，宇宙将会崩塌。**任何事件或客体都是另一个事件或客体的现在的一部分，这是联合结果——存在着多个现在，且每一个现在都是相对于未来的事件或未来的客体而言的。**

*　*　*

与"弥散的现在"概念所声明的一致，许多作者认为，不存在什么内在的"过去的斗篷"罩着人的体验。根据多列夫所说："不存在记忆体验的过去性和预期体验的未来性这样的东西。"如果我们梦到了一个不明确的客体——比如一个红苹果——那么没有任何"罩衣"能够区分它是一个旧的记忆还是一个最近的回忆，或者是一个正在发生的知觉。相反，其他作者，如梅洛—庞蒂，曾断言过去性是由体验所例示的一种性质。体验应该带有"过去感（sense of the past）"。我不同意这种看法。在我们的体验中，一切都只是如其所是。同样，在1951年，弗朗（Furlong）评论道："我们可以看到绿色表面的绿性（greenness），但我们不会以同样直接的方式看到记忆事件的过去性。"我要补充的是，我们根本无法看到那种过去性。时间不会沉淀出一个罩在体验之上的过去性的外衣。当然，我们可以通过若干的细节、事件和事件顺序来推断某些事物是否在时间上接近。

过去性不是我们在现象学上体验到的东西。当我通过审视而体验到某物时，我不知道它是否在时间上接近我正在做的事情。我只能通过尽量可靠的方法来推断它的时间距离。然而，**时间不会污染（stain）体验**。如通常所设想的那样，时间距离是外在于人的体验的。当我看星星时，星星与其他事物一样是我当下的一部分。当我回忆起一个朋友的面孔时，在我的体验中没有任何事物能告诉我这个朋友是一个老朋友还是最近才认识的人。关键在于没有一个事件本质上是一个过去的事件。我看不出有什么东西能使我的体验具有过去体验的特征。存在许多间接线索但不存在过去性。**我能推断出体验是否处于过去，但我没有体验到过去性**。知觉和记忆都是透明的。（在知觉和记忆中）当我们与事件接触时，那些事件并未笼罩着年代久远的色彩。我们就是那些事件。

实际上，当我们认识到我们已经体验过某物并且知道其他体验发生在它之后时，我们就给体验贴上了"记忆"的标签。然而，这些标准只是简单的经验法则。严格说来，它们并不是使事物具有记忆特征的必要逻辑条件。实际生活中，它们诱导我们把事件置于过去，从而把事件的体验看作记忆而不是知觉。然而，我要再次强调，（记忆与知觉之间的）这种差别不是存在论意义上的。记忆和知觉是一个连续统一体的两个极端。

首先，我们来看互动缺失的例子。假设你正在警察局接受审问。你站在一面假镜子后面，它用于防止你打断对面的询问。在审问结束时，有个官员告诉你，你刚才看到的不是当前发生的，而是几年前发生的，一些巧妙的装置利用了镜子减缓光线传播的能力从而实现了这一点。这难道不是你目前体验的一部分吗？那件事不是你当前的现在的一部分吗？难道你不就像天文学家凝视着天空深处吗？从现象学和因果的角度来看，没有一个人的体验的内在方面能显示你所看到的事件的时间。**完全依赖体验的话**，你就不会有"时间流逝"的概念。即便注视我们体验的内部——比如，梦——我们也无法知道那个特定的体验是什么时候发生的。人们只能根据各种各样的线索去猜测某些事情是否发生在早前。然而，猜测一个体验的时间位置类似于凭借一栋建筑的风格来猜测建造它的年份。这种关系虽然可靠但是间接的。有时，没有任何线索可用。我能体验到我的孩子们上幼儿园时的样子。这是梦还是现实的知觉？既然我知道我的孩子已经上中学了，那它一定是个梦或记忆。可是，我的体验的过去性是推断出来的而不是体验到的。如果在过去的五年中我失忆了，我就无法分辨我的体验离我多遥远。实际上，没有人能独立于事件的发生而测量时间。因此，当我们说某件事发生在一分钟前时，我们的意思是，如果在这件事发生时我们已经看了手表，我们现在则会看到分针只走了一格。毕竟，**我们没有看到时间，只看到了客体的变化**。

我们来看第二个标准——体验与体验相比较。我体验到一张脸，我记得我之前见过这张脸。要么是同一个人出现在我面前，要么我在做白日梦。这是一个相当薄弱的标准。尽管如此，它依然是使我们拥有过去感的部分原因，但这是一种推断，而不是一种感受！想象一下，如果这样的标准不成立，那么会发生什么。再次假设我患有失忆症，过去五年来发生在我身上的一切被遗忘了。然后，我醒过来了。我的体验停留在我失忆之前醒着的最后一刻。在我认识到我处在不同的地方和时间之前，那一刻难道不是对于所有结果而言的我的当下吗？

我们把一个事件定位于过去是因为各种各样的经验法则。例如，这个事件是（现在）不可达到的；其后一定跟随着其他可感知的事件；我们察觉到我们曾经体验过那个事件。可是，其中的每个情况都不意味着绝对差别的存在。它们是有用的线索，但仅此而已：它们是实用的经验法则，我们应用它们是为了将弥散的现在整理成一个易于处理的部分（即所谓的"当下"）和一个难以处理的部分（即所谓的"过去"）。然而，这两个部分都是现在，即弥散的现在。

有时，我们并没有体验到将两个事件 x 和 y 直接连接起来的事件链。在这种情况下，如果我们想知道任意两个事件之间的时间量，我们就不能直接测量时间。我们必须参考按照惯例所选择的其他事件或客体，因为我们假定这些事件或客体可靠地反映了时间的流动。在这里，我会交替使用客体和事件这两个概念，当说客体时，我指的是由因果过程的发生而在因果上定义的弥散客体。事件和客体都是原因。例如，我们可能会选出一系列可预知（其时间间隔）的事件，比如人的心率、地球轨道、昼夜更替、原子振荡。我们武断地认为这样的一系列事件就是一个看不见的时钟的真实写照。然而，如果我们想知道在这样一系列事件中的两个事件之间是否有时间消逝，我们能测量出来吗？如果我们诉诸另外的参考系列，我们只不过是把测量时间的问题转移到一系列不同的事件上。或者说，我们无从知道时间是否在这一系列事件中的任意两个事件之间流动。我们从不测量时间：我们只是观察到事件链。由于有很多这样的链，我们倾向于认为它们反映了一个不可见的抽象时间单位，即绝对时间，也就是所有事件链中之链，不涉及物质或能量的纯粹变化。可是，这种理想的事件系列是一个空概念，正如牛顿在著作中多次所指出的那样。时间的经典概念类似于真实颜色的概念，是基于有限和实用的标准对某些现象做出的武断选择。在这个问题上，爱因斯坦在一篇通俗易懂的短文《相对论》中写道：

> （……）我们把一个事件的"时间"理解为该事件（在空间上）最邻近处的那个钟表上的读数（指针所指的位置）。这样，每一个本质上可观测的事件都有一个时间数值与之相联系。

这是关键的一个段落。首先，时间不会脱离上述事件、时钟和其他东西而存在。第二，观察确定了一个特定的参照系，但爱因斯坦没有给予观察者任何特殊的物理上的权力。原因与结果之间的环节——观察——才是关键。第三，也是最重要的一点，时钟必须是"该事件（在空间上）最邻近处的"，这样，就能方便地把时钟的发生和事件的发生放在同一个地方。它们必须是共在的。时钟和事件在原因上是相近的。存在于时空中接近的环境中的不同事件更有可能确实成为联合结果的原因。（时空上的）相近性有助于那些事件参与相同的现在。当然，相近性不是一个充分条件，联合因果合作关系才是。

我们不需要一个超脱变化的时间概念，除非这个概念是一个非常合适的工具，可让我们一眼便知不同的事件是否都是一个共同的现在的一部分。然而，从存在论的角度来看，时间并不比子午线更具有实质性。时间不会因为事件聚积而增加。"抽象时间"的概念超越了尘世的事物，它只是语言实践的产物。

传统的线性时间观是对时钟及其类似情况的简化，这些情况仅仅是共同体基于合理实用的理由而选出的事件链条。**我们从来没有看见过时间，我们只体验过客体**。只要有客体以及客体之间的因果关联性就足够了。我们永远无法看到时间。我们只能看到时钟。时钟是客体。客体是生成的各个瞬间，即变化。如果对现在的因果结构做充分清晰的阐明，那么它可以让我们摒弃传统的时间概念。

*   *   *

如果我们与现在是同一的，那么为什么我们能感知到时间的流动？我们是自然的一部分，我们用若干抽象概念，比如时间，来表达自然的因果展开。然而，时间只是一个虚构的传统概念，就像子午线和质心那样。与其他错觉一样，时间流动的观点是信念的衍生物。我们只能测量变化量。时间类似于伽利略式客体，是一个空洞但实用的概念。我们体验到实用的物理现象，它们与其他熟悉的现象偶然相关。比如说，这样一来，人们就可以通过看时钟来知道意大利面是不是煮好了。

所预示的主观的时间之流是对客体和事件链的知觉。有时候，就像在镜子和湖泊的事例中那样，这些现象与立法者和科学家赋予其特权的那些现象（如钟摆、机械钟、晶体振荡等）背道而驰。在《哲学问题》（*The Problems of Philosophy*）一书中，伯特兰·罗素论述了公共时间与私人时间的差别：

> 至于时间，就钟表上显示出来的流逝的时间而论，我们对时间绵延或者对时间流逝的感受是一个极为不可靠的引导。在我们觉得无聊或遭受痛苦时，时间过得很慢；在我们满怀愉悦时，时间过得很快；在我们睡眠时，时间几乎像不存在一样。所以，仅就时间是由绵延构成的而言，我们同样有必要像对待空间一样把时间区分为公共的和私人的。

这些公认的观点再次表明，显象与实在之间的冲突反映了权威与个人之间的差异。时钟的时间被认为是真实的，而感知到的东西被贬低为纯粹的显象。某些现象被选定为所谓的真实时间，而另一些则被贬低为个人的主观时间。与这种传统相反，弥散心智理论把涉及时间的显象与实在之间的冲突放在一边。我的数字时钟、地球的旋转、我的神经过程以及我的糖原水平（glycogen levels）同样是有效的变化标志，而不是所谓的绝对时间的标志。当然，它们的不同之处在于所挑选的客体不同。心理时间与生理时间之间没有界限。它们都是变化的度量。当然，它们中的某一些具有更大的实用价值。

来看一个我们熟悉的体验：几个星期以来，我们花了宝贵的时间做同样无聊的日常琐事。最后，我们回顾那几个星期时，时间就好像消失了一样。这一概念很好地体现在安东·契诃夫（Anton Chekhov）的《樱桃园》（*The Cherry Orchard*）中。在这出戏剧中，贵族家庭的衰落反映了生活的无意义。那个把一生都献给这个家庭的男管家，因为知道自己的存在被浪费了而死去。就像契诃夫的管家一样，如果什么也没发生，那就好像生活从未发生过一样——"生活过去得真快啊，就好像我从来还没有活过一天似的。"①（第四幕）。

对比一下与男管家的情况不同的例子。在某几天中，你的生活充满了非凡的事件。最终，你对这段时期的记忆感觉要长得多，好像你经历了一个更长的时间跨度。如果我们考虑事件的数量，即衡量变化而不是时间，那么数量差异是真实的，这种差异既不是私人的，也不是主观的。人们被告知，他们应当感觉到时间在流逝，然而他们真正感受到的是变化量。时间是抽象概念，而生成才是实在。可是，**我们无法测量时间，我们只能测量变化，即不同的弥散客体的数量**。契诃夫是对的：既然变化就是生活，那么如果没有变化，就没有生命。生命在于生成，而不仅仅是存在着。

在错觉案例中，专家共同体强加给我们一种应当感知到的所谓时间。然而，我们从未感知到所谓的客观时间，但我们感知到了其他的代理时间，然而，这与所谓的时间一样是物理性的。

罗素的文章中有一个常见的错误。他谈到了"对时间绵延或者对时间流逝的感受"和"时间的流逝"。我们既没有体验到时间，也不能测量时间。我们确实是在体验和测量某些发生过的事件或客体。我们知道地球绕着地轴旋转了一圈。我们知道，在这个旋转过程中，我手表的短针已经完整地转了两圈。我体验了我生活中某一部分的变化量，我们称之为"弥散的现在"。然而，我们对流动的东西没有其他额外的体验。我们无法直接体验到时间的流动，除非出现新的客体。

让我们把所有的片段拼在一起。一方面，传统模型把时间看成一种看不见的、令人费解的、不可测量的、远离因果的、跨越整个宇宙的存在物。这个存在物拥有一个点状的现在，就像一种转瞬即逝的游标，在永世的时间中滑动。结果，所有事物都必须挤压在没有宽度的瞬时当下内。这与脑的运作和我们的体验都不一致。此外，我们无法确定这样一

---

① 编注：此处取焦菊隐译本。

个当下的时间位置，这种当下显然对自然的任何物理描述都不起作用。更糟糕的是，点状的当下会孵化出一系列更多的难题，如"时间鸿沟"的论证，并且与我们的体验（体验可以是任何事物，但不能是点状的）相矛盾。

相反，弥散心智理论则把变化和生成当作实在的根本。现在——当下这一刻——是由现实因果过程汇集在一起的客体。当下不是一个容器，而是弥散且包含了我们所体验到的一切。事实上，它与人所体验到的一切是同一的。**当下是一个客体**。本质上，我的体验、我所生活的世界和现在是指称同一时刻的三种方式，即一个因果上挑选出的世界单元，一个弥散的客体。这种当下，即弥散的现在，既不违背任何物理定律，也不需要任何奇怪的形而上学假设。相反，弥散的现在与我们的体验在时间中弥散而包含了过去的事件这一事实是一致的，并且与爱因斯坦的同时性分析一致。它也与量子力学相一致。我们生命中的所有时刻，只要我们体验到它们，它们就仍是当下。每一体验都是对当下这个事物的知觉。如果它不是当下，我们怎么能体验到它呢？这样我们就驳斥了时间鸿沟理论的前提。

既然弥散的现在不是一个不可见的、在永世的时间中滑动的游标，那么它定位在何时？我敢打赌，现在总是在时间的尽头。我反对把时间比作一条河流这种传统隐喻，我认为时间更像海洋。事实上，如果时间像一条河流，现在会在哪里呢？我们没有理由沿着河道选择一个特定的点作为现在。每一个点都与其他的点一样。相比之下，时间就像一片海洋，而现在是它的海岸。多个现在就像是相隔的若干海岸。海洋与河流一样，一直在不断变化，向前奔跑。尽管如此，海岸总是在海洋的尽头。如果你把一个瓶子扔到海里，海浪最终会把它带回来。海岸线既稳定又变化。作为当下，海岸线一直在那里。现在不是河流中的任意一个点，而是所有海浪都能到达而汇合的一个地方。**现在**是时间之海尽头的海岸。

8.

除了同一性，不会有其他关系

没有任何东西可以表征一个事物，除了这个事物自身。

——埃德温·比塞尔·霍尔特（Edwin Bissel Holt），1914

根据一种广为流传的观点，心智可以表征世界。每一个学生都被教导说，表征在数字上不同于它们所表征的事物。例如，吉尔伯特·哈曼（Gilbert Harman）说："区分被表征客体的属性与那个客体的表征的属性是非常重要的。很明显，这些属性之间可能是非常不同的。"实际确实如此，表征是作为客体的替代物以这种或那种方式任由我们支配。当客体缺席时，我们就认为表征会站出来代它行事。

我不否认存在传统意义上的表征，比如交通信号灯、电压等级、粉笔标记、象形文字（hieroglyphs）、印刷字符、MP3文件、JPG格式文件等。它们也是客体，我们习惯于只有在它们所表征的事物缺席时才使用它们。这种使用依赖人类的任意选择。我也不怀疑功能性和因果性的功能表征确实存在。我的观点是，在物理世界中，物理现象不可能是心智表征，唯一可能的是心智表征与客体同一。

被表征的客体与其表征相分离，这种观点被深深地印刻在哲学传统中，一直是科学和哲学对心智的不恰当解释的罪魁祸首之一。具有讽刺意味的是，1992年约翰·塞尔（John Searle）吹嘘"表征"这个术语是哲学史上被滥用最严重的词之一。关于表征的争议已经不仅仅是一个问题，而是一场悲剧。

如果我们承认主体体验世界，那么通常有两种可能性：要么主体拥有一种与世界的关系，要么主体内化了某些事物，而这些事物具有世界的一些基本特征。迄今为止，这两种观念都被证明不太尽如人意。一方面，在物理世界中，这种关系可能是什么，并不很明确。在自然中，存在着客体、事件和因果过程，但没有一样东西明显是关系的候选物。我从来没有在物理课本中看到关系这种东西。甚至在我的一生中，我也从来没有遇到过一个关系。另一方面，虽然"在外部世界不存在时，头脑中某些东西可以再生出外部世界"这种观点非常受欢迎，但它在经验实证上和理论上都站不住脚。"关系"和"表征"的同源概念已经成为当代版本的笛卡儿的松果腺（pineal gland）①。它们是虚构出来的存在物，用于填充世界与体验之间的鸿沟。

幸运的是，在遭受关系主义和表征主义的前后夹击时（between the Scylla of relationalism and the Charybdis of representationalism）②，很少被考虑的第三种进路却是可行的，即表征与它们所表征的事物完全同一。当然，我指的是心智表征。常规表征，比如指示牌、字母、电脑文件，与它们所表征的东西是不同的。然而，常规表征能发挥其作用是因为它们利用了人的存在。在这里，心智表征被重新安置于被表征的客体之中，这些客体是弥散的和相对的。更确切一点说，表征不是在客体中，而是与客体同一。承载表征的装置，比如神经模式或电子能级，肯定不会再通达或复制它们所表征事物的属性。事实上，一旦我们将源于幻觉或者错误知觉的论证搁置一边，我们就回到了香格里拉。对应任

---

① 编注：又称"松果体"。笛卡儿提出，松果体是协调身心相互作用的器官，他认为脑中有一个很小的松果体，而松果体内富含神经，神经为松果体和身体之间的相互影响提供了基础。

② 译注：斯库拉（Scylla）是希腊神话中的女海妖，而卡律布狄斯（Charybdis）是希腊神话中的大漩涡怪，二者分别在墨西拿海峡的两侧，因而"Between Scylla And Charybdis"是英语中的惯用语，表达"进退两难、腹背受敌"的意思。

一体验，都有一个现实客体出现。体验和客体在数字上[①]和存在论上都是相同的。

许多持有实在论和关系论倾向的学者已经试图通过否认"心智表征例示了与它们所表征事物相同的属性"这一点来摆脱体验的尴尬的表征性。例如，威廉·菲什（William Fish）认为："当我们说体验有一种红色的现象特征时，我们并不是想说这种体验实际上是红色的，而是想说它有一种属性，这种属性与拥有这种体验时感觉起来的样子相似，即红色。"同样，比利·布鲁尔（Billy Brewer）认为"表征内容（representational content）"这个概念是有问题的，"知觉的直接客体是我们都知道的并喜爱的那种固执地独立于心智的物理客体"。尽管如此，实在论者并没有考虑过心智状态与客体之间是否存在同一性。大多数直接实在论者认为，在人——不管这个人是谁——与真实客体之间，关系必定存在。然而，要想为人和关系找到一种存在论地位，于他们却是困难重重。不幸的是，"关系无非就是一种涉及物理客体的事物"这种观点不会给我们理解关系的本质带来任何启发。同样地，"人"的概念也是非常模糊的，与"灵魂"这个概念的模糊程度差不多。

弥散心智理论使得我们能够提出一种表征与被表征事物之间的同一性概念。这种同一性非常关键，因为它使我们能够在不诉诸任何可疑的桥接关系（bridging relation）的情况下重新阐述表征问题。体验正好是人体验到的客体。本着同样的精神可以说，体验就是心智表征。因此，让我们认真考虑这种可能性，即红色的表征就是红色！在物理世界中，唯一能成为红苹果的心智表征的事物就是红苹果。当然，我知道这种说法与通常所教导的大多数有关表征的观点相冲突。再强调一下，或许，

---

① 译注：本书中多次出现"numerically"这个词，有时会与"ontologically"连用。后者侧重表达两个事物本质上相同，前者侧重表达两个事物"在数字上"是"一"。换言之，就"相同"的意义而言，后者已经包含了前者的含义，而且更严格。作者同时使用这两个词汇是为了强调不同的侧重点。具体可参见斯坦福哲学百科中的"Personal Identity"词条：https://plato.stanford.edu/entries/identity-personal/。

我们所强调的区别（诸如在表征媒介与其目标之间的区别）既无必要又具有误导性。

体验是心智表征，而心智表征则与外部客体同一。这种规定了表征与被表征客体同一的表征模型，不需要在不一致的存在物之间（诸如"人或心智"与"客体或内容"之间）建立一种莫名其妙的关系。

事实上，在物理世界中我们不会遇到表征。这种说法可能听起来很奇怪，因为在日常生活、认知科学、人工智能、计算机科学和神经科学中，"表征"这个术语无处不在。所有这些事例都不是心智表征，而是传统的或功能性的存在物。它们本身不是表征，而是在使用方式上被称为"表征"。我们无法分辨一个物理现象是否是一个表征，而这恰恰证明了物理世界不存在内在表征。我们不能分辨是因为表征根本就不存在。我们在一张纸上看到一系列墨水斑点，它们是表征吗？还是它们只是意外溢出的墨水？我们在电路中测量出的一系列电压等级是布尔值的表征吗？它们是颜色色调的表征吗？它们是声音的表征吗？或者，进一步说，它们仅仅是电压等级？我们能不能通过直接观察和测量来证实某些东西是表征？不能。我们不能证实一种物理存在物起着表征的作用。例如，电子能级的相同模式可以代表一个数字、一种特性、一个声音音调、一类像素或者仅仅代表"无"。任何实验都不能通过对物理存在物的彻底分析来揭示这种存在物是否是另一种物理现象的表征。

若我们将表征重新放置于它们恰好表征的客体中时，整个问题就可以得到修正。我们来看一个熟悉的认知事例：步行回家时，你看到一个很吸引人的户外广告指示牌，上面有电话号码。之后，当回到家坐在客厅的沙发上时，你想起了那个广告牌并拨了那个电话号码。这是否意味着你的头脑已经储存了那个号码？或者你的神经元编码了这些数字？不一定。这当然是因为，你的神经活动将特定符号的因果影响从街道上的广告牌延伸到了你在家打电话这一行为上。不过这只是一个因果过程。从这条因果链的开头和结尾都出现了这些数字，从这个事实来看，如下观点并不正确：在整个过程中，数字或者数字的表征必然在物理上位于电子内部。这是一个非常幼稚的信念，类似于相信颜色和图像储存在电子存储器或者无线电波中。这当然是由于脑中神经事件传递着外部事件的因果影响，与机械齿轮将方向盘的因果影响传送到轮胎上没有区别。

同样地，电路中相同的电子数值序列——与我现在敲打键盘时产生的电子数值序列相同——可能是随机事件的结果。它们有相同的值，因此不可能区别电路随机产生的序列和打字随机产生的序列。它们在物理上同一，因而无法区分。当然，这里我只是重申了塞尔的"中文屋论证（Chinese room argument）"，即信息本身既不包含内容也不包含语义。

无论一个物理现象是否被用作表征，它都有同样的因果力量——在传统意义上，表征是副现象的，因而，表征在物理上是非物质的——"副现象"这个概念就是表示某些事物不存在的一种政治正确的说法。如同本书中其他地方所论证的那样，存在与因果作用紧密相连。在任何意义和目的上，如果某一事物是副现象的，那么它就不是物理的。它不会发挥因果作用，也不会参与我们生活的物理世界。简言之，它不存在。事实上，不存在纯粹是副现象的物理属性。所有副现象属性的物理事例常常只是部分副现象的。例如，齿轮上的雕刻于发动机而言就是副现象的，但于光线或在它上面滑过的高敏感应器而言就不是副现象的。相反，信息、语义、表征内容和意向内容的传统概念才完全是副现象的，因而不存在于物理学中。它们是空概念。心智是副现象属性唯一反复诉诸的位置，这一事实已经充分说明了问题。如果心智表征是真实的，它们应该在因果上是积极的，从而是物理的。

传统的表征概念和关系概念都不可能存在于物理世界中，因为在物理世界中每个事物都与自身同一。一棵树就是一棵树。一块石头就是一块石头。一具人体就是一具人体。一种电荷耦合器件（CCD）里的电子能级就是一种电荷耦合器件里的电子能级。一种神经放电模式就是一种神经放电模式。不管我们多么仔细地分析神经过程，也不会发现表征内容。一切都因为先前的原因而存在，但是一旦事物发生了，事物就是其所是。鸟已离巢，原因已成结果。**在物理世界中，只有同一性法则。**

原因引发新的结果，并且结果确定了其原因的存在论地位。一切事物仅仅是其所是，而不是其他事物的表征。在物理世界中，只有一种东西可以表征另外的客体：客体本身。客体与身体之间会发生一系列事件，但这并不能表明因果链真的在传递某些东西。我们也无法得出如下观点：就像在彩虹的尽头藏有一罐金子一样，[①]在因果链的尽头存在着表征。

我们表征世界是因为我们就是我们体验到的世界。一个红苹果的表征就是这个红苹果。当然，身体与世界是不同的事物。因此，即使我们不是我们的身体，我们也不用担心身体与世界是不同的。毕竟，我们体验到的不是我们的脑。由于我们的脑，我们才体验到世界。我们的脑与身体使得客体（也是我们的体验）产生。身体通达的不是独立存在的客体。身体使客体得以存在。我们的体验就是那个客体。

对表征问题而言，同一性是其真正需要的解决方案。只有当x是y，存在物x才表征了y。由此类推，当我是x时，我体验到x。表征问题的出现是因为学者将表征的例示要么置于心智中，要么置于身体中。他们假定，表征的载体应该不同于它们所表征的事物。在心智哲学、神经科学和认知科学中，抵制这种直截了当的（表征同一于事物）解决方案的主要理由就在于所谓的体验与世界、显象与实在之间的分离。然而抛开源于错误知觉的论证，同一性就足以解释表征问题了。

只要x表征y，那么x与y就是同一的。借用苏珊·赫尔利（Susan Hurley）在20世纪90年代引入的流行术语，我认为媒介、内容和它们的参照在数字上和存在论上都是同一的。它们都是同一个（事物）。为了处理独立的存在物而引入的关系，比如意向性、内容、表征、参照，都可以用同一性来替代。那么脑包含了什么呢？脑包含神经结构，这些神经结构延伸了外部客体的因果之流。脑是外部客体的因果代理。表征不在脑内部：表征是它们所表征的客体本身。

---

① 译注：这是西方文化中的一个典故，常被用来喻指永远得不到的报酬或可望而不可即的财富。

* * *

提出"同一性是唯一的关系"这一观点，具有里程碑式的意义。在心智哲学和认知科学中，我们已经设想出许多试验性的关系来试图弥合心智与世界之间的鸿沟。只有同一性这种关系能得到物理世界的支持。然而，同一性就足够了。

用关系概念去解释表征概念，困难重重，并且会引起两个问题。在物理世界中，关系是什么呢？正如前面提到的，语义和表征是副现象的，因此它们没有因果作用——它们不存在。有谁见过两个客体——无论是诸如椅子这样熟悉的客体还是基本粒子——之间的关系吗？我们只能观察到诸如电磁或重力这样的物理过程和自然力。我们观察到的是物理变化。但关系是不可观察的，且据我所知，关系在因果上是副现象的。关系就像语义一样没有因果效力。更糟糕的是，它们没有物理上的对应物。哲学家哈罗德·兰萨姆（Harold Langsam）在2009年清楚地表述过"体验是物质客体与心智之间的关系"，这一观念在物理世界中是站不住脚的。不论语义关系（或类似的东西）是否存在于一个物理存在物与另一个之间，这个存在物的行为表现都不会改变。语法规则抽空了所有因果关联的语义。在物理世界中，"因果超越决定（causal overdetermination）"消除了语义和其他同源关系。当关系被例示于物理存在物之间时，它们的存在论地位是可疑的。当关系被假定为物理客体与人之间的桥梁时，这种桥梁不仅是多余的，而且是荒谬的。语义，如果存在的话，就是同一性。

传统的关系概念是一种概念上的支撑物，用来防止概念的纸牌屋发生灾难性的崩塌。关系不是我们在自然中能找到的东西。它们是一种描述自然的方式。就这一点而言，关系是很好的概念工具——例如，一个集合中成员之间的等级关系就是如此——但它们既不是构成自然的基石，也不是体验的基本成分。令人费解的副现象关系并不能阐释心智的本质。人们只能依托因果关系。[①]

总之，在自然内部，有什么事物是关系吗？有，它就是同一性：

A 即 A

与其他关系相比，同一性这种关系看起来相当乏味。可是，在物理世界中，如果我们想让原子、椅子、体验、想法和我们自己变得有血有肉，同一性是我们唯一可以支配的关系。很幸运，好消息是，有它就足够了。

当我看到一棵银色高耸的白杨随着地中海的炎热夏风摇摆时，这种场景不需要那种缥缈空灵的关系将我与杨树联系在一起。我也不需要这棵白杨的内在心智版本。就在那里，银色的杨树被风吹弯了腰。我的视觉体验就是那棵白杨本身，而不是与那棵杨树相关的东西。

哲学家常常会受语言的迷惑。人会说"我对杨树的体验"这样一类话，哲学家则往往从这种事实中得出深刻的形而上学真理。事实上，"对某种东西的体验"这种表达蕴涵着展现体验、内容、世界三者之间关系的二元论。不过，这只是一个语言使用问题。我们可以将"对"（of）这个词搁置一边并遗忘它。换言之，人们可以说"我体验到杨树"。我产生了一种体验，而世界碰巧在事物之中发生了一棵杨树。这棵杨树就是我。仅此而已。

我的体验完全缩减成为这棵杨树，我就是这棵杨树（而不是我的身体）。我的身体是物理世界的一部分，正是这部分使那片树林、树枝、花朵、银白色叶子得以出现。为什么我要继续相信"我的体验在我的脑中、在我的身体中、在我的灵魂中或者在任何与这棵杨树不同的事物中"这种想法呢？对那棵特定的杨树的体验而言，我的体验正是这棵杨树。为什么我还需要别的东西呢？

---

① 原注：Dowe, 1992, 2007; Reichenbach, 1971.

如果之前我对错误知觉的解释有任何成效的话，那么对于每一个表征，我们都能够找到现实的物理客体。如果是这样的话，我们就没有任何理由抵制"表征与它所表征的事物同一"这种观点。这两者总是共生。正如我们所论证过的，共生并不需要同时出现。这只需要（二者）以恰当的方式在因果上纠缠到一起。通常被当作表征的载体的东西（比如神经模式）对于外部客体来说是一个因果代理者。然而，表征不是神经载体，而是外部客体。

我们再看看这棵杨树。我们是用两种不同的方式来提及风中摇摆的杨树这种存在物的。也就是说，我提到了在风中摇摆的杨树和它的体验/表征，就好像两者是不同的。这种语言用法并不是从存在论上将杨树一劈为二。杨树仍只是一个事物。我们体验到的杨树并不是由神经元构成的。它的出现是特定的物理系统——由血肉、神经细胞、眼睛和其他生物学组织所组成的物理系统——使得它作为一个联合结果的原因产生的。我们体验到的杨树由木头、树叶、树皮、树枝和水组成。我对杨树的体验和风中摇摆的杨树是同一事物。A 是 A。

我提出的观点直截了当：我的体验是那棵杨树，因而表征了那棵杨树。假设我们还不知道我的体验是什么。正如我们所看到的那样，最简单的解决方案就是，体验就是那棵杨树自身。可悲的是，传统观点否定了这种解决方案，因为源于错误知觉的论证使每个人都确信，在许多情况下，我对那棵杨树的体验在那棵杨树不在场时也可能发生。基于这种理由，人们认为体验不可能是那棵杨树。可是，现在应该很清楚的是，我们误解了经验实证的证据。事实是，每当我体验到一棵杨树，我都可找到一棵物理上的杨树，尽管这棵杨树弥散于空间中。因此，我们可以对源于错误知觉的论证不予理会，并且拥抱这种最简单的解决方案，即我对那棵杨树的体验就是那棵杨树。我对那棵杨树的表征就是那棵杨树。这就是同一性法则。为人周知的是，1904 年威廉·詹姆斯在他的文章《"意识"存在吗？》（*Does "Consciousness" Exist?*）中讨论过类似的观点：

一个同一的空间如何能存在于两个地方，这个令人费解的谜题，归根结底，与一个同一的点如何能存在于两条线上这个谜题是一样的。如果这个点位于两条线的交叉点，它就可以（……）那么，体验是（同时属于）诸多不同过程中的一员，我们可以从体验出发，却可以沿着完全不同的路线走下去（……）在其中一种语境中，体验就是你的"意识域（field of consciousness）"；在另一种语境中，它就是"你所处的空间"，并且它能同时完整地进入这两种语境。（……）那么，空间—体验可以同时进入的两个过程是什么呢？其中一个是读者的个人历史，另一个是包含着这个空间的那座房屋的历史。

与詹姆斯的"纯粹体验"观点相比，弥散心智理论勾勒出了这个空间的因果模型，并且概述了如何揭穿错误知觉论证的真相。此外，弥散心智理论在形而上学上不需要借助物理世界之外的东西，也不需要那种"心理—物理"中立的存在论立场[1]，也不需要诉诸中立一元论（neutral monism）。物理世界就足够了。

当詹姆斯在发展他的多元存在论时，一群学者——他们自封为"六个实在论者"——提出了一个与本文观点类似的同一性表征概念。他们分别是埃德温·霍尔特、沃尔特·马文（Walter T. Marvin）、威廉·蒙塔古（William P. Montague）、拉尔夫·佩里（Ralph B. Perry）、沃尔特·皮特金（Walter B. Pitkin）、和爱德华·斯波尔丁（Edward G. Spaulding）。[2]尤其是霍尔特，在1904年的《意识的概念》（*The Concept of Consciousness*）一书中，他非常清楚地阐明了同一性是解决表征问题的唯一方法。

---

[1] 原注：有些作者认为，物理主义学派的观点是寄生在身—心问题的二元论解释之上的，似乎概述物理主义的唯一方法是从二元论出发，然后否定心智领域（Montero, 2001, 2013）。我不同意这种观点。相反，我同意斯特劳森的观点（Strawson, 2008）。

[2] 原注：Edwin Bissell Holt et al., 1910, 1912; Tonneau, 2004.

表征常常与它所表征的那个东西部分同一，并且它作为表征，与那个东西的所有特征和方面是完全同一的。在它更严格的逻辑意义上，每一个表征事例都是两个系统部分或完全同一的事例。

因此，表征就是被表征的事物本身。本着同样的精神，霍尔特毫不掩饰地声称："表征概念可还原为同一性概念。除了事物本身，没有任何东西可以表征它。"[1]我在这里所辩护的观点与之类似。

当一个事件据称表征了另一个事件时，它们之间不存在什么神秘的关系。更确切地说，是我们产生了错误的信念，即认为其中一个事件一定带有另一个事件的本质。事实并非如此。在物理世界中，每个事物只是它所是的那个东西。神经放电就是神经放电，而红苹果就是红苹果，电压等级就是电压等级，而按键就是按键。所谓表征事件是无法担负起表征本身的。所谓的表征的载体也只是因果过程的结果，它产生并延伸了表征事件的因果影响。表征一个事件或客体的那个东西就是这个事件或客体。A 是 A。所谓的表征就是需要它们去表征的事物的因果代理者。

人们可能会奇怪，为什么这种观点在相关哲学文献中的传递极其有限。[2]我相信有几个历史因素阻碍了我们去充分考虑有关表征的同一性理论。首先，源于错误知觉的论证通常表明同一性在经验实证上毫无成功的希望。第二，神经科学的权威表明神经活动必然是心智唯一可能的物理基础。结果，心智表征的载体被认为是神经性质的载体。因此，詹姆斯的纯粹体验的观点与霍尔特的同一性观点被当成了无法获得经验实证支持的形而上学的胡言乱语，从而被摒弃。所以，大多数科学家只在脑中寻找表征的合适的中间载体，从感觉材料到大卫·马尔的认知模型，从怀尔德·潘菲尔德的记忆痕迹到朱利奥·托诺尼（Giulio Tononi）的整合信息。由于陷入了二元分裂（心智与世界分裂）的假

---

① 原注：Edwin Bissell Holt, 1914, p. 154.

② 原注：Tonneau, 2004.

象，大多数的科学家抛弃了表征与它们所表征的世界同一这种可能性。第三，计算范式将表征概念与信息概念混为一谈。大多数学者认为信息、计算和表征三者都发生于头脑中，好像脑就是计算机一样。

与这种传统观点相反，几年前杰尔姆·瓦尔贝格（Jerome J. Valberg）提道："如果我们对自己的体验持开放态度，那么我们所能找到的就是这个世界。"[1]同样地，暗指某种密切关联的"亲知（acquaintance）"概念，是同一性的一个子集。关于这个问题，瓦伯格在他1992年的《体验之谜》（*The Puzzle of Experience*）一书中评论道：

> （在体验中）存在意味着一种直接的或即刻的可通达性。存在着的客体就在这里，我们可以得到它。这使得人们很容易将存在看作罗素亲知观念的对应物。即我们（在罗素的意义上）亲知到的客体在体验中存在；在体验中存在的客体与我们亲知到的客体是一个东西。

这样一种可通达性是什么？它如何在物理上例示？答案是同一性。没有同一性，也将没有任何一种关系能永远弥合两个在存在论和数字上都不同的存在物之间的鸿沟。只有同一性能解释我们与世界的联系，并且只有体验才能实现这种密切联系。表征某物的唯一方法就是使那个事物存在，即成为那个事物。

* * *

如果心智是弥散于世界中的，那么表征与被表征事物同一也就不奇怪了。对表征和体验的任何解释终究都会归结为同一性。综合考虑，无论体验是什么，它都必须与某物同一。一切事物都不得不与其所是同一。这是不证自明的道理，却常常被忽视。事实上，长期以来，我们都处在布伦塔诺的"意向性"和"（不）存在客体"的魔咒中——

[1] 原注：Valberg, 1992, p. 4.

更不用说诸如表征、内容、意义和关于性（aboutness）这些同源概念了——这种魔咒指望将分离的存在物连接起来而不用付出任何存在论上的代价。

事实上，同一性是许多心智理论的关键。弥散心智理论表明：（1）体验确实与物理客体同一；（2）客体外在于身体；（3）身体使得客体产生，并存在。不过，同一性的观点也曾在内在论者的阵营中有所体现。大多数对心智的存在论解释都是同一性理论。我们来看两个讨论得最多且最流行的意识理论：感觉材料理论和心—脑同一性理论。两者都坚持认为心智状态与特定的存在物同一。这两种理论都是同一性理论。

我们来看感觉材料论的一种简化版本。客体触发感觉材料，然后人因为拥有这些感觉材料而感知到某些事物。为了避免无限的倒退，我不能借助于另外的感觉材料来体验感觉材料，所以，唯一的解释只能是"拥有感觉材料"，相当于"是这些感觉材料"。为了停止无限的倒退，人的心智必须与人所例示的感觉材料同一。拥有体验就是拥有感觉材料，并且感觉材料与人的体验之间的关系只能是同一性关系，不可能是别的关系。否则，又会产生如何用另外的感觉材料来体验感觉材料这种问题。因此，感觉材料理论就是同一性理论。

现在我们来看心—脑同一论，不用惊讶，这是同一性理论的另一个例子。（两种理论的）动机大致是相同的。如果我们想知道人如何以及为什么感知到脑状态，那么我们将面临一个潜在的无限倒退的问题。因此，心—脑同一论者引入了"体验与神经活动同一"的概念。存在许多问题的心—脑同一论与感觉材料论有着相同的解释结构——由于某物被那种认作与心智同一的东西所例示，因此它是一种心智状态，在心—脑同一论中，是指脑状态。没有人知道脑如何与有意识的体验相似或相同，但这根本不重要，因为这种观点的主要魅力在于同一性。其核心观点是，体验与神经过程的发生是同一的。这是一种有趣的经验实证的假说。在神经活动与体验之间，如果存在什么关系的话，也只能是同一性，而不会是其他任何关系。该理论认为人的神经活动应该与人的体验同一。不幸的是，这种假设没有任何经验实证的基础。脑与心智并没有任何共同属性。

感觉材料论与心—脑同一论之间（与我们的主题相关）的最大差异就在于与体验——神经活动或外部客体——同一的东西是什么。诸如"感受质"或"信息整合复合物"这类最近才提出的概念在两个理论中没什么不同。

由于感觉材料论和心—脑同一论提出的与体验同一的事物都不恰当，所以它们都是失败的。感觉材料论提出的是非物理性事物，而心—脑同一论提出的是其属性与人的体验不相符的物理性事物。感觉材料论失败于形而上学层面，而心—脑同一论则失败在经验实证方面。然而神经科学家仍然不承认他们对心理—神经法则（psycho-neural laws）的探索已经失败了。他们一直如救世主般希望天启即将来临。[①]

同一性是唯一切实可行的选择。大多数自然现象都可通过现象之间的同一性来解释。我要解释温度是什么，可通过它与分子平均速度同一加以说明。我要解释物种的起源，我可以展示出它与选择、变异和传输的同一。诸如此类的情况还有很多。在物理世界中，体验与什么同一？心智表征是什么？弥散心智理论认为，人的体验与人的神经过程的现实原因同一，即与外部客体本身同一。因此，人的体验与世界上（由于与人体有因果往来）发生的事情是同一的。脑和身体将外部的、相关的、与人的体验同一的客体带入存在。

总之，同一性理论是必不可少的，因为从根本上来说，体验与且必定与自然界的某些部分同一。此外，在自然界中，一切都只是其所是。自然中，传统的心智表征已经没有立足之地。语义关系也无法融入纯粹的物理框架，因为它们在假装做些不可能的事情，即表征不是它们自身的东西。相反，弥散心智理论认为同一性是唯一的关系，并且为体验和

---

① 译注："天启""救世主"，都是作者讽刺这种希望不可能、不现实的词语。

表征提出了一种物理性的对应物，即相对存在的现实弥散客体。

最后，同一性是一目了然的。由于表征与被表征事物的同一，中间媒介消失，两者的关系异常透明。与此相似，许多学者已经指出，不存在覆盖着我们体验到的世界的现象；特别是前面提到过的吉尔伯特·哈曼，他在1990年论述过类似的观点。

还有什么能比同一性更显而易见吗？人的视觉体验与所呈现的客体之间没有任何差别，还有比这更好的解释吗？同一性就是解决方案。可是，如果我们假设体验与客体——表征与所表征的客体——不同，并且在数字上有区别，那么就没有希望解决它们之间的关系问题了。同一性解决了所有的传统问题。

*　　*　　*

本章只讨论心智表征。我非常清楚有许多物理现象——无论自然的还是人为的——被当作其他客体、事件和事实的表征。我也知道一些物质状态被用作指示牌、证据、索引，以及被用于测量其他物理事件。这不值一提。只是，这些现象并不能解释那种使我们得以体验到世界的表征。让我用几句话来澄清不同类型表征之间的区别。正如我已经做过的那样，我将常规表征、功能表征和心智表征进行了区分。[1]当然，我所要讨论的表征属于最后一种，并且这种表征与人的体验同一。在这里我并没有提出什么新颖的分类法。

常规表征可以是任意一种物质状态，人们选择用这种物质状态去指代另一种物质状态。我在一张纸上画了一条线，然后声称它表征比萨斜塔。功能表征则是一种与另一物质有功能/因果关系的物质状态。我往自动售货机中丢了一枚硬币，随后齿轮转动，我最喜欢的饮料就掉了出来。（上述过程中）机械手自动抓取目标，一些电子数值和目标位置相

---

① 原注：在其他地方，我使用了意思大致相同但稍微不同的术语，即"派生表征"与"自治表征"（derived vs. autonomous representations），参见：Manzotti & Tagliasco, 2001.

关。功能表征被认知科学家和心智哲学家所钟爱。[①]无论是常规表征还是功能表征，它们都没有解释内容如何与物理存在物相关联，更不用说认同物理主义的解释了。常规表征和功能表征设想的物理基础是物理存在物，因此也就没有任何附加的内容。它们也不包含意向的、目的论的或者表征的内容。在自然界中，只有物理现象和物理属性才会发生。

常规表征和功能表征都强调了不改变它们本质的外部环境的重要性。就像桌上的 A 牌，它不会因为游戏规则的不同而改变它的属性。牌可以代表我们喜欢的任一东西。同样地，电路中的电压等级可以代表音乐、词语、图像等。树木的年轮则可用于估算年降水量。当然，我们可自由地把这些现象称为其他现象的"表征"。然而，在这些现象（不管是符号、电子能级还是树木的年轮）中并没有隐藏着难以捉摸的表征内容。这种功能性的表征无论如何都不会使电压等级变成词语、声音或者图像。树木的年轮也不会使木头变成雨。再怎么拆解、磨损或者探查也不会揭示出它们内部的任何内容：它们根本没有什么内在的内容。这些现象就是其所是，不管是指示牌、电子能级还是年轮，都是如此。神经活动也是如此。神经活动并不包含任何表征内容，因为没有任何一种自然现象会包含表征内容。它们不是外部世界在内部的预演。神经放电就是神经放电。

常规表征和功能表征——比如指示牌、电子能级或神经状态——都没有任何内在内容。正如我强调的那样，审视表征本身不会使我们发现任何内容。在物理质料中也不会发现内容。表征内容根本就不存在。因为表征内容不是物理事物，所以它不可能存在。因此，内容不存在。同样地，神经活动不能——也不会——包含我们借助于神经活动而表征或者体验到的东西。

最后，我们来看心智表征。我们体验到了世界，这是一个事实，一个自然事实。因此，本质上就是这样，我们能体验到世界。人体验到

---

① 原注: Dretske, 1977, 1995, 2000; Millikan, 1993.

的是人体之外的客体和其他事例。这种说法不是一种理论假定。它描述了一个自然存在论必须面对的经验实证的事实，即心智表征的存在。由此而言，拥有对某物的体验就是拥有它的表征。当然，这两者可以归结为，某物是自身的一部分。我们用我们体验到的世界的组成部分来表征世界。

就此而言，弥散心智理论是一种心智的表征主义理论——不论何时体验某物，人们都会有对某物的表征。如果体验不是主观的心智状态，那么它们在物理世界中总对应一个对象。这个对象可通过同一性达到。人的体验并非一种内部的隐秘成分，而是由我们所体验的世界的属性构成。表征不能通过难以捉摸的、物理上不可能的关系获得，而是要通过同一性获得。所以，人们不该对此感到惊讶：一方面，弥散心智理论把传统的表征概念——比如代表其他事物的某物——搁置一旁，它实际上是一种反表征主义理论；另一方面，只要我们依据同一性重新构想心智表征，那么弥散心智理论就是一种表征主义理论。以下公式是等价的，比如"S表征x""S体验x""S有对x的表征""S有对x的体验""S是x"和"S的体验是x"。它们都表达了"某物是主体的一部分"。这个主体与某物同一。

我之所以强调弥散心智理论是一种表征主义理论，主要是因为它论述了没有一种体验是没有客体的。因为体验对应着世界中的客体，所以每一体验都是其所是。体验对应客体是因为体验与那个客体同一。传统上所谓没有表征内容的心理状态——比如抑郁、心境和冥想状态——其实并非没有内容的状态。它们只是不容易追踪到明显日常客体的体验。不过，它们大多是对身体状态的体验。在弥散心智理论中，内容的差别始终是客体的差别。

心智表征是拥有被表征客体属性的物理存在物。只有一个事物拥有这些属性，即客体本身。因此，心智表征恰是我们体验到的客体或者事件。因为人产生了对x的表征，所以人体验到x，这种事实可以归结为"人由x构成"。人们可能会反对如下观点：脑是一种能用外部世界例示多重功能表征的结构。这是显而易见的。事实上，脑的目标就是与世界中的无数事件——如躲避捕食者、追逐猎物、选择配偶和寻找住所——维持着有效的功能联系。所有的感觉运动皮层都能引发复杂的功能表征[1]——这是一种迷人的、经验实证可证的科学发现。然而，功能表征无法解释这种事实，即我们体验到的是外部世界，而不是我们自己的脑。

功能表征即便在没有体验时也会发生。最著名的例子有盲视[2]、意识丧失时依旧执行的认知功能[3]、诸如驾驶之类的自动行为[4]、由小脑和其他脑核团执行的认知功能[5]、行为中的无意识决定因素[6]和我们神经系统执行的没有觉知到的各种功能。大量的证据表明功能表征不是意识产生的充分条件。功能表征是那种试图完成实践任务的结构。但功能并非如哲学家斯特凡·哈纳德（Stevan Harnad）反复强调的那样，是一种感受——感受无法发挥功能作用[7]。那么感受是什么？感受就是存在。由于联合因果关系，当物理条件促使外部客体发生时，感受才会出现。人感觉到某物是因为他与他感受到的事物同一，不论这个事物是外部客体还是人的身体。情绪和感受有点类似于安东尼奥·达马西奥（Antonio Damasio）的"躯体标记（somatic marker）"，即身体的某种状态，我们把这种状态与特定情况（比如，忐忑不安）联系起来。内嵌于人脑的功能过程与内嵌于人的心智的功能过程之间的关系是什么？人脑的功能结构——很可能还有许多动物脑的功能结构——提供了必要的因果条件，从而建立起一个巨大的现实原因网络，人的弥散心智得以存在。脑功能结构使外部世界得以存在。

与外部世界进行功能活动的其他器官，比如免疫系统或肝脏，怎么样呢？它们有心智吗？它们有独立的意识流吗？答案是既有又没有。弥

① 原注：Gallese, 2000; Rizzolatti, Fogassi, & Gallese, 2001.

② 原注：Stoerig, 1996; Weiskrantz, 1990.

③ 原注：Koch & Crick, 2001; Reber, 1992.

④ 原注：Armstrong, 1961.

⑤ 原注：Doya, 1999; Grieve, Acuña, & Cudeiro, 2000; Ledoux, 2012; Seymour & Dolan, 2008.

⑥ 原注：Driver, Haggard, & Shallice, 2007; Haggard & Libet, 2001; Libet, 1993, 2004.

⑦ 原注：Harnad & Scherzer, 2008.

散心智理论竭力避免那种不同于客体组成的世界的意识流。因此，肝脏很可能是一些客体出现的原因。例如，肝脏能择选出化学客体，比如特定的分子组合。同样地，免疫系统能择选出病毒或细菌。为什么我们要为这些客体的存在而困扰？人的视觉系统择选出来的苹果仅仅是桌子上的苹果，而不是心智存在物，因此病毒只是另一种物理存在物。当然，人的体验不需要包括所有与他的内部器官有因果联系的客体。有时由于纯粹的偶然因素，它可能会发生，而非必然发生。这种解释没有藏着什么深奥的形而上学之谜。

弥散心智理论也对常规表征做了不同的解释。我们来看这个例子。我的外祖母要我的外祖父在他们的乡间花园种一棵冬青树。他饱含爱意地做了这件事。不幸的是，光照条件和土壤却很不给力。冬青树长得瘦小而可怜。尽管如此，外祖母还是很喜欢它。外祖父过世后，出于同样的原因，我母亲也很喜欢它。现在，我坐在花园里，看着它那可怜瘦弱的树枝和稀稀拉拉的树叶。我很乐意把它砍掉。我对外祖父种树的时光没有任何个人记忆。对我来说，那棵树已经失去了意义，但对我母亲来说并不是。然而，我母亲的喜好并不是内部神经活动的结果（虽然她的脑状态肯定会影响她的行为），而是她父母行为的结果。

因此，这棵树代表着她父亲对她母亲的爱，但在冬青树中不存在这些表征内容。这些内容在哪里呢？不在树中。如果它以某种方式存在于树中，那么在一番仔细检查后，我应该能探知到它。不幸的是，我无法找到。虽然在我母亲的世界中，这棵树有意义，这个意义不仅仅是她记忆的触发器，而且是将她与树连接的真正意义。对我母亲来说，任何脑刺激都永远无法代替这棵树。树的意义既不在树中，也不在我母亲的脑中。树的意义与多年前我外祖父母的行为同一。意义既不在这里的这棵树中，也不在此时此地，也不在我母亲的脑中。意义仍然在我外祖父种下这棵树时的那时那地。这棵树是因果联系，通过它，外祖父母的那些行为对我母亲而言依然存在。他们的行为是我母亲的现在的一部分。我的母亲想保留这棵树，当然她的脑也是如此，因为——通过她的脑和树的结合——她仍能体验到她父母的爱和感情。

这些联系对我来说不起作用，因为这个事件发生时我还没有出生。因此，不管我花多少时间和冬青树待在一起，或者多么仔细地检查这棵树，我都不能经由它而体验到任何东西。我可能会用薄金属片切开这棵树，刮掉它的皮，然后盯着它的果肉看，却什么也找不到。从神经学角度来说，我也能对我母亲的脑做同样的事情。但语义关系或者表征内容都不会从中显现出来。树的意义是我母亲世界的一部分，可以追溯到我外祖父母的行为。这样一个世界与我的世界并没有重叠，而我的世界目前也没有延伸到过去。

再扼要地说一下：冬青树就是途径，通过这个途径，某些事件在一定条件下仍然发挥其影响。它是仍然存在的过去的代理者。然而，不管是树还是脑，它们内部不存在任何内容。内容是外在于树的。正是因为树和我母亲的脑，那些过去的事件仍然存在，但只是相对于我母亲的脑存在。常规表征之所以如此，是因为代理者延伸了人自己的心智表征（这种心智表征只不过是外部客体和事件）的范围。常规表征在客体之流的因果弥散中发挥着作用。因果过程和功能过程提供了物理支持，从而塑造出形成体验的现实原因。

* * *

因为常规表征内部没有任何真实的内容，它们也没有通过神秘的关系与它们所表征的事物联系起来，所以信息不是产生内容的东西。信息只是具有重大实用价值的功能表征，但它并不是任何事情的容器——它既不包含意义也不包含内容。那么信息是什么？信息只不过是对事件之间因果关系的定量描述。

例如，我们来看一列多米诺骨牌（图26，左侧）。如果第一个倒下，后面的将会依次全部倒下。如果要描述它们发生了什么，除了牌和因果关系之外，我们还需要其他任何东西吗？不，我们不需要。如果A倒下，B最后也会倒下。没有什么东西从A穿梭到B，只有一系列独立的事件发生。

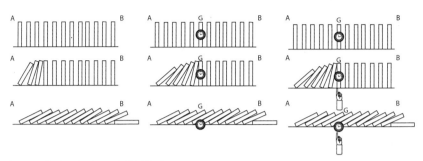

图26 信息只是对因果事件的描述。

现在思考第二种情况（图26，中间）。这种情况与前面的相同，只是G倒得有点慢。更准确地说，G有一个时间延迟——G前面的牌倒下后，G在一定的时间延迟后才倾倒。多长时间？假设我们可以用程序指令控制这个时间延迟。这个时间延迟可以是我们想要的任一时间跨度，从1毫秒到100年或者更久。这种情况与上述情况有何不同？不，没有什么不同。它与上述情况是一样的，只是可能要花更长的时间。再强调一次，牌从A经由G到B倒下的过程中，我们不需要引入任何特殊的东西。这里只有依次倾倒的牌。

最后一种情况（图26，右边）。G不仅有一个时间延迟，它还有一个开关，允许外部代理者重置其时间延迟。因此，倘若前面的牌已经倾倒，而G正由于时间延迟还没有倒下，我们可以随时使G倾倒。这再一次说明，没有任何东西从A传递到B，在G中也没有任何东西耐心地等待某个代理者开启它或等时间延迟耗尽。只有依次倒下的牌、缓慢倒下的牌和通过重置G的时间延迟来疏通因果之流的可能性。

但如果上述观点是真的，信息就不存在！事实上，上述三种情况详尽无遗地展示了信息装置中发生的所有事例。特别是最后一种事例，它就是一个晶体管和一个存储单元组合而成的一个完整模型。存储单元不是别的，它就是等待倒下的牌。当我们读取它们时，它们的内部时间延迟就被重置，因此我们可以知道它们是否在等待倾倒。它们不是静态容器，不是盒子，也不是"存储着比特信息的记忆细胞"，而是传输波的通道。通道有一扇门，可以让波在你想要的时候通过。

假设你想到了晶体管的经典图片（它是所有计算机的基本构件），将它逆时针旋转90度，并和上面的多米诺骨牌并排做比较，你就会马上明白这个类比（图27）。

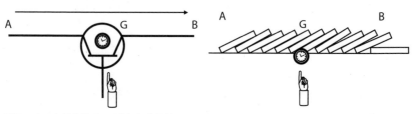

图27 一个晶体管和一列多米诺骨牌。

这两种情况有完全相同的结构。有一个从A到B的因果链和一扇允许这条因果链传输的门G。没必要增加其他任何组成部分，也不存在从A穿梭到B的信息。计算机仅由若干晶体管组成。不管这里有多少晶体管，它们都不包括任何另外的成分、另外的"电流"、信息和精神。除了将倒下的牌，什么都没有。

总之，除了作为描述因果耦合事件的方式，信息并不存在。这与克劳德·香农（Claude Shannon）在1949年所提出的关于信息的原创性表述是一致的。信息概念是一种描述因果关系的方式，而不是一种真实存在的现象。

正如心智表征不是真实的物理存在一样，信息也不是。在这两种情况下，它们都不是那种可以弥合脑与世界之间鸿沟的存在物。它们是虚构的存在物，只是我们习惯于把这些虚构存在物当作具体的存在物一样对待。然而，事实并非如此。石头、苹果、汽车、身体和脑是具体的物理存在物。信息和表征则不是。后者不是真实的存在物。因此，如果要解释我们的体验和我们的意识是什么，那么我们必须找到一个与我们的体验一致的物理性的事物。这是神经科学家用传统心—脑同一论试图做的。他们的努力在方法论上是正确的。不幸的是，他们在经验实证上注定是失败的，因为神经活动并没有我们的体验的属性。而在这里，我们考虑的是一种心智—客体同一理论。

通过聚焦于物理事物——外部客体——并从时间和相对存在方面重新审视它们，我在这里提出的理论回避了全部有关表征和信息的问题。

然而，信息常常与记忆联系在一起。难道我们不是把信息存储在我们内部的"计算机"里？难道这些信息不是携带着意象、声音和文字？

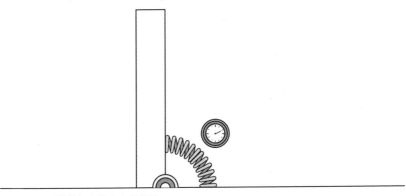

图28 一副稍微复杂的多米诺骨牌。

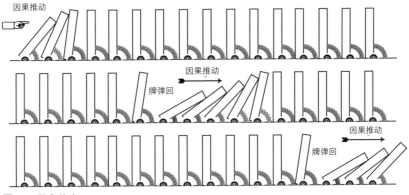

图29 牌和信息。

到现在，应该明确的是，如果我们将点状的时间概念弃之不顾，就不需要假设什么中介载体存在。当下并不是一个点，而是事件的整个因果作用域。

因此我们可以从因果过程出发重新审视信息概念。假设我们有一张稍微复杂点的多米诺骨牌（图28）。这张新牌带有一个可编程而造成时间延迟的弹簧。在实际中，不论这张牌何时倾倒，它都会在固定的时间间隔后又"啪嗒"一声弹回到原始位置。这并不是什么大的变化。与其说有人将牌放回原来的位置，倒不如说牌一会儿自动弹回来了。有了这个简单而精巧的装置，一列牌就能传播初始扰动。

假定每个弹簧都有少量能量，这种装置就能够在无限的时间内跨越无限多的牌而无限传播任一初始扰动。为了便于举例，我们可以用一种简化的方式来代表这列牌。用黑色矩形表示倒下的牌，用白色矩形表示直立的牌。箭头将指示因果扰动的方向。进一步地简化，设想这张牌在猛地弹回之前，已经倾倒到尽可能最低的角度（而不是在中途就弹回来）。结果如图29所示。因果波从一端传播到另一端。然而，没有任何物理性的东西在这一过程中传播。这一端发生的事情决定了另一端发生的事情。"信息传播"这个隐喻性的术语在这里具有误导性。其实没有传播什么东西。事情的发生是由于其他的事情。当然，一切都保持原样。[①]当然如此。

那么记忆呢？难道不是有些东西存留在一个存储系统中，比如在脑中或计算机中？难道没有留下痕迹吗？当然有，有些东西在存储系统里发生了，但是在脑内发生的东西并不携带任何的内容。它更像低速传播的因果波，或者类似于一列逐渐倒下的多米诺骨牌，或者一列逐渐倒下的牌。再一次，我们可以用倾倒的牌作为例子来勾勒一个不含任何存储内容的记忆模型。

原则上，对于排成一条直线的牌，假设这条线足够长，我们想要多长时间，因果扰动就会持续多长时间。那么时间跨度的大小也就无关紧要了。这就类似于我们盯着遥远的星星看时所发生的事情。正是由于这段（持续了一定时间的）因果过程，才使得当下的弥散本性和因

---

① 译注：指自动弹回来后还是原样，这证明了倒下去时并没有多出什么东西。

果现象的时间范围变得显而易见。可是，很明显，在脑或计算机中并没有一条相当长的因果链。有变通方案吗？有，而且非常简单，即因果涡流（图30）。想象一组如下按环状结构排列的牌。只要给一个因果扰动，它就会一直延续下去。而这种情况就类似于我们看远处的星星。其中没有什么内部意象、内部电影、信息或中介表征。

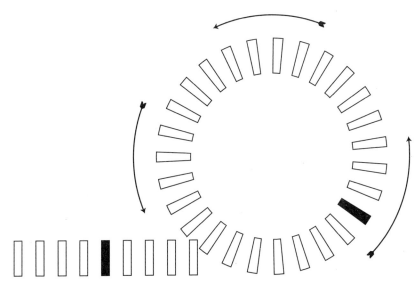

图30　一个因果涡流会在不存储任何内容的情况下实现记忆功能。

以这种方式，过去可以无限期地存在下去，因为它能在未来任何时候产生结果。设想在这个环状结构的另一端有另一列牌，一扇门允许环中的因果扰动去影响环外的那一列牌。用这种简单的结构装置，我们有效地模拟了一个物理系统，在这个物理系统中，因果扰动不受时间的限制。因果扰动会在我们想要的之后的任意时间产生效果。原则上，只要有足够多的牌，我们就会有一个系统，这个系统有无限多事件的因果存在。于是，它就可能是一个“过程支持（process-supporting）”的结构，其中任一事件A能在以后的任一时间导致事件B。如上所述，当我们看星座的时候，事情发生的原因可能在任意的过去中，但现在出现了。这个过程不需要信息的产生。

＊　＊　＊

　　抛开信息不提，从我们的表征与外部世界的同一性出发，我在这里提出的理论解释了心智表征的问题。然而，如果这是真的，那么人如何表征一个虚构物，即看起来不是真实的东西？弥散心智理论如何解释虚构的存在物和想象的世界？人又如何与不存在的事物同一呢？我们如何解释心智可以表征虚构存在物呢？我们是不是陷入了假设不存在的客体存在这种危险中？我认为不是。正如我们在幻觉和梦的案例中所看到的那样，时空复合客体可以证明虚构物比通常认为的更真实。要点是在虚构物与我的猫之间存在一个连续体而非一道鸿沟。

　　简言之，要表征某物，我们既不需要例示一些神奇的关系，也不需要编造出一些内在模型。相反，也许令人惊讶的是，要表征某物，人不得不让那个客体作为自己的一部分而发生——换言之，客体是它自己的表征。由于相同的理由，表征的产生使得事物存在。所以，人无法表征与人体毫无关系的东西。其实这理论听上去并没有那么疯狂。

　　关于脑创造了一个想象但真实的新世界，要理解这一点，我们可以将脑看作因果关系的大门。脑没有创造内部世界。脑是使世界得以存在的因果之门。以一种原本不可能的、不同寻常的方式，脑使得外部世界发生了。当然，这并不意味着脑相比于物理世界的其他部分具有任何特殊的存在论地位。脑也是复杂而清晰的结构。在某种意义上，每一物理环境都是一扇允许其他事物发生的大门。反过来，所有事物的存在都要归功于其他的事物，因为那些事物充当了其因果之门。每个客体都相对于其他客体存在。因果关系是事物进入存在的大门。脑是将新世界带入存在的因果之门。脑是复合客体（诸如事物的状态、关系、图案、面孔、桌子、椅子、绘画、漫画、电影、声音，等等）得以存在的大门。这些存在物不是心智中——或者，更糟一点，脑中——的意义。它们是物理世界中的现实客体。如果脑不促使它们发生，它们就不会出现。

把脑和身体看作门，这个观念在所谓的想象世界和心智世界中尤其具有挑战性，比如在那些通过想象力或创造力创造的世界里。虽然想象力常被描述为一种可以通达纯粹心智领域的能力，但我们必须承认，所有想象出来的存在物都会在世界中发挥实际作用。因此，它们也在世界里。因为它们产生了效果，所以它们与石头一样真实，或者与建筑物一样真实。它们是由适当的因果条件带入存在的真实客体。

脑能把一些原本分散的事实集合在一起。由于脑提供的机遇，若干分散的部分可以作为一个整体发生。某物发生，并且成为某个结果的原因，所以这个事物就是真实的。因此，爬在我窗户边的树上的蜥蜴，与人想象中的怪诞的龙没有什么不同。龙和蜥蜴都处于真实的时刻。它们都产生了物理效果。因此，它们必定是真实的物理存在物。我们既不能创造出一个心智想象，也不能凭空创造出一只蜥蜴。这两种行为都需要上帝般的力量。然而，人的脑使得那些组成蜥蜴的真实部分以一定的方式产生，人就体验到了蜥蜴。

同样地，我们使得其他分散的事件和环境在我们的生命中产生交集，从而作为一个整体发生。这个整体可能是一个有翅膀、金刚爪、铁鳞等东西的怪异生物。如果没有人脑，所有的这些部分将无法作为一个整体而发生，这些部分通过与人脑的因果交融组合在一起。脑像一个因果透镜，将一系列时空上分散的因果过程和客体聚焦在一起。脑把它们联系在一起，正是这样，龙得以存在。脑就像一个因果万花筒。

笛卡儿在他的《沉思录》中，将想象与梦比作把现实世界中挑出来的特征集合起来的画家。

因为，事实上，画家即使用最伟大的技巧描绘出奇形怪状的人面鸟身的女海妖（Siren）和半人半羊的森林之神（Satyr），也不能赋予它们全新的性质，而只不过是把不同动物的肢体以特定方式拼凑起来；或者，如果他们的想象力足够荒诞以捏造出如此新颖的、我们从未见过的东西，那么他们的作品描绘的就只是一种纯粹虚构且绝对虚假的东西，不过，仍然可以肯定的是，组成这个东西的各种颜色必然是真实的。

如果听到"龙是真实的存在物"，我们可能会扬起眉毛表示惊奇。真实的蜥蜴是存在的。它们会爬树。我们可以观察、捕捉、饲养、杀死、吃掉它们，甚至能对它们进行防腐处理。相应地，它们也能呼吸、攀爬、进食、饮水、捕猎、逃跑、交配以及繁衍后代。这些事情是我们想象出来的龙做不到的。然而，一座蜥蜴雕像也做不到这些。但至少我们可以触摸到这座雕像。一幅画不能像一只蜥蜴和一座雕像那样被触摸——蜥蜴与画中龙的触感没有任何相似之处。就此而言，画出来的龙与想象出来的龙没有什么不同。在某些方面，想象中的龙甚至比画中的龙更真实，因为在想象中我们可以触摸它。当我们想象去触摸龙的皮肤时，过去摸过的爬行动物的皮肤会发挥它们的因果影响，从而成为现在的一部分。想象的虚构物是真实的客体，尽管使它得以发生的因果情况有些不同寻常。（想象出来的）龙与（真实的）蜥蜴的区别仅在于因果关系的复杂程度。

当然，实用上的差异将蜥蜴与人们想象出来但真实的虚构物区分开来。这些差异是偶然的物理差异的组合，其中，若干事件被时空组合在一起。然而，正如我们所论证的，人的知觉能力的改变可能会除去其中的一些存在物。例如，如果一个人先天失明，那么他就无法体验画中的龙。

类似地，许多物理客体都是私人的，因为它们无法共享。然而，这种障碍是偶然因素的结果，而不是形而上学的鸿沟。在相对私人的物理客体中，彩虹是我最喜欢的例子。要举更粗陋的例子的话，热狗也差不多。我们不会分享自己正在吃的那个热狗，因为"吃"这个行为正好使得分享无法实现。因此，"私人的"这个事实并不是想象的心智存在物所独有的。实际上，许多物理现象都是私人的，比如彩虹、热狗、反思、内脏状态，都是如此。例如，虽然米开朗基罗（Michelangelo）的"大卫"在佛罗伦萨美术学院里是一个公共客体，但由于人在感知、认知和文化技能方面的微小差异，任何两个观看者都无法声称以同样的方式看到了它。私人性是一个程度问题，而不是存在论上的分歧。私人性是客体的相对性的结果。

假设我们走进一个有着不同动物的博物馆。设想我们每个人都装备了不同的光学装置。由于装置的差异，假设我们每个人都以不同的组合方式看到了展览品。我看到中间的和底部的架子，而你看到了顶部和底部的架子。每个主体都以私人的方式重组了博物馆展览品（这是一个关于世界的寓言）。然而，我们无法看到想象中的展览品。相反，由于我们的不同，我们使博物馆以不同的方式得以产生，因而构建出不同的博物馆。不同的装置妨碍了我们看到同样的组合，这一事实并不意味着我们看到的东西不是真实的，也不意味着我们看到的东西是心智的。**私人性并不蕴涵存在论上的鸿沟。私人性仅意味着所有权和相对性。**

通过艰苦的努力，不同的人用独特新颖的方式重组他们的世界，因此产生新的组合。毕竟，这是非常普遍的。而文学是成功做到这一点的另一种方式。

想象与手工艺品没有什么不同。人的脑通过全然的神经重组创造出世界中的现实客体。这是可能的，因为神经元位于身体之中，而对新的客体和未知的世界来说，身体是非常复杂的因果之门或代理人。脑是物理世界中的物理客体。脑和人的手一样都是物理的。因此，为什么脑产生的结果和手产生的结果应该不同呢？

总之，人不是通过想象过程看到心智世界的。相反，想象借助因果过程重组了外部世界。想象制造了世界。想象是一种知觉形式。人以一种不同寻常但真实的组合方式将现实世界重组起来。这种组合与其他的组合一样真实。而且，它们通常也是有用的。再强调一次，我们根据有用与无用的程度划出了真实与虚幻的界限。真实的红苹果是我可以吃的那个苹果。想象出来的红苹果不能吃，但可以看到、触摸到和闻到！一个只能看的苹果比一个能吃的苹果不真实一些。然而，吃和看是两种物理过程，而能吃比能看更真实仅仅是人的贪食本性导致的狭隘结果。

想象是一个创造新客体的物理过程。想象扩展了存在论意义上的物理世界。当我们想象某物时，对于那个事物的存在而言，我们的脑扮演着世界制造者的角色。

9.

注视宇宙，你看到的是你自己

> 不符合现有范式的东西都难以捉摸。
>
> ——文森特·比洛克和邹鸿鹏，2010

在西方文化中，一个老生常谈认为，心智是一口井——或者，不那么诗意地说，是一个存在论上的垃圾箱，甚至是一个消化系统——它编织而且储存我们的思想、体验和感受。这口井被意识的聚光灯照亮。否则，无论是精神分析的无意识心智还是认知心智，都将处于现象的黑暗之中。由于这种心智不像日常熟悉的物体那样是可观察的，于是许多学者得出这样的结论：意识一定在某种东西内部。这个想法类似于这种幼稚观点：如果某物是不可见的，那么它一定被藏起来了，比如藏在口袋里——井里、垃圾箱或者胃里。如此，这个口袋就是心智。

然而，我们还有其他的解释方案。意识可能在别的地方。它也许就是我们每天观察到的东西，只是我们不知道它就是我们自己的心智。像埃加德·爱伦·坡（Edgar Allan Poe）的"失窃的信"一样，它可能就藏于显而易见的地方。因为，一方面，人们假定心智不同于客体，而另一方面，我们只看到了客体——汽车、树、身体，于是这个共识应运而生，即意识是不可观察的。可是，这样一个共识导致了无穷无尽的疑惑。尤其是，它导致了一个古怪的概念上的扭曲：物理世界中所谓不可见的意识是使我们得以感知世界的现象。困惑随之而来。

　　这似乎是一种无解的情况，除非我们采纳一个完全不同的视角，正如我在本书中努力展示的那样。我知道，要对我们的基本假定做出如此极端的改变不会那么容易让人接受，因为正如保罗·费耶阿本德在1975年提醒的那样，"这不是通常的做法。通常的做法是忘记困难，永远不去谈论它们，而且要像现有理论根本没有错误那样继续下去。"①今天的主流态度是接受意识与外部世界的分离。事实上，大多数科学家和哲学家从不质疑他们所接受的框架——我把这个框架称为"朴素唯物主义"或"标准观点"。甚至连生成主义者也对感官运动的偶然性与外部世界做了区分。也就是说，不管代价多大，得体的做法就是继续前行，就好像这种分离是无可争议的事实一样。

　　在20世纪，科学家极力将形而上学的内在性概念转化为更简单的"内在于脑"概念。他们拒绝承认非物质的灵魂，随后却走错了一步：随着更为贴切的具身性（embodiment）概念的兴起，脑和身体成了灵魂的物理替代品。大众与学者都接纳了这个观点，即要知道体验是什么，我们不得不向内审视自己。在什么内部呢？身体和脑，因为它们已经成为新的灵魂。信息则是新的精神。这样一种（向内）探寻的方向至今没有取得任何进展。没有什么可追随的内部的轴线，也没有什么进入内部的方向。宇宙就在我们面前，而不是在我们内部。更恰当的说法是，宇宙——或者它的一部分——就是我们之所是。没有什么隐藏在我们内部。宇宙是一切之所是。从存在论上来说，甚至也不存在一个向外的方向，因为世界与它自身是同一的。没有值得探究的内部世界。谈论"内部与外部"和谈论地面的"向上与向下"并没有什么不同。天空之上没有天堂，而地面向下亦没有地狱，正如没有世界外部和心智内部一样。向上、向下、外部和内部，都不是存在论上的方向，而是人类中心主义自然观的概念残留。

　　弥散心智论表达了一种完全不同的观点。人的意识是因果择选

---

① 原注：Feyerabend, 1975, p. 46.

出来的人所体验到的客体之整体。人的意识是时空上的复合客体，这些客体之所以存在是因为人的身体使得它们发生。值得强调的是——这种定义的可取之处在于——不需要用到任何心智主义的概念。万物皆是物理的，并且人的意识是物理世界的一个子集。构成人的意识的特殊世界是由因果过程塑造的，而因果过程是经由人体发生的。因此，人的心智是物理的，但最重要的是，心智不在人体内部。它也不在人的脑内部。

自然是由分散在空间和时间中的要素组成的。每一要素都在特定的时间和地点发生。当然，空间和时间只不过是一种实用的方式，用来指示客体如何与其他所有客体因果关联。每当联合效果出现时，这些成分的任意组合都会构成一个新的整体。在任何时候，当前世界的存在论都是不确定的，因为它只能被未来的偶然结果所固定。这里"客体"一词既指单一客体也指整合客体。

自然是这些客体——比如，此刻桌子上的红色苹果——的总体。人的身体也是一个客体。人对客体的体验就是他体验到的客体。一个人是一个客体，一个与其身体不同的客体——两者在数字上不同但在存在论上是相似的。一个现在也是一个客体。发生的一切都是客体。我的体验也是客体。

对于物理客体而言，体验不是额外的存在物。因为客体参与了我们的生活，所以客体（与体验）没有什么不同。苹果永远是苹果，不管它是否是人类心智的一部分。它没有任何额外的现象属性。心智不是由客体之外的东西构成的。一些客体被称为"心智"——或者"人"——是由它们在人类历史中的作用决定的。人是一组客体，它由更深一层的客体，即身体，汇集而成。一具尸体也是一个客体，只是它不能再像活着时那样把那组客体汇聚起来了，而身体可以。

我们最后一次将标准观点——心智是相对于自然世界的额外存在物——与弥散心智理论做比较。标准观点描绘了一幅前景惨淡的画面：我们只不过是在拥挤的街道上行走的身体，这些身体都包裹着它们私人的内在心智世界。这样的身体在其头脑内部调制出有意识的体验，就像灰烬中的一个火花，或者像一盏内在之灯发出的强烈聚光。每具身体都走在缺乏光亮的世界之中。这个世界不仅是盲的、黑暗的，也是哑的、聋的，因为所有的颜色、声音、光、外在于身体的感受都只不过是词语。尽管其中居住着被囚禁于身体内部的唯我论心智，但这样一个世界无异于一个僵尸世界。

就此看来，在宇宙的最初时期，它的能量密度如此之大以致光无法传播。此后，经过一段时间的膨胀，宇宙的能量密度降下来，于是第一道光出现。可是，这时宇宙还是无意识的，在第一个有意识的生命诞生之前，宇宙将长时间地继续处于现象的黑暗中。在这样一个暗淡的宇宙中，在第一批有情众生出现之前，没有颜色，没有气味，没有声音，没有性质。然后，快速前进到今天，多多少少的有情动物和人类蜂拥而来，从南极到北极，遍布整个地球，其中每一个生物都怀有一盏特别的探照灯，它将每日体验到的颜色、声音、味道和气味带入存在。每个神经系统内数以亿计的神经元和突触协同努力，将这个系统点燃，它们将嗡嗡运转的持续的化学过程转化为人类体验这个奇迹。正如帕斯卡在他珍爱的《思想录》（Pensées）中所言："人只不过是一株芦苇，本质上是最脆弱的东西，但他是一株会思考的芦苇。"我们可能脆弱，但我们在自然界预订了一个中心的、特殊的地位。心智的火花在原本阴暗而无情的世界中点燃。我们在宇宙中是独特的！

这看起来多么令人信服、令人安心和令人欢喜啊，不是吗？不幸的是，它也是个无可救药的错误。

在这样一幅图景中，主体被认为在数字上与客体不同，并且在存在论上与客体分离。可是，在物理世界中，没有非物理性主体的立足之地。主体和客体不得不成为两个分离的具体的物理系统，每个都处在各自的时空位置。在它们之间，有相对微小的物质粒子和能量子（quanta of energy）在交换。由于这些交换，两者之一（即主体）以一种神秘的方式调制出了外部客体的复制品或表征。我使用"复制品"这个词，是因为，一旦你剥离了所有心智主义的术语，表征一定是物理存在物。关系的存在毫无可能，因为物理学中不存在关系。在物理世界中，我们既不能发现什么复制品也不能发现表征。只有物理存在物——客体——居于其中。因此，主体和客体只是两个具有各自物理特征和物理属性的对立且分离的物理系统。主体等同于身体。身体能以某种方式重新排列它们的内部结构，但仍然与它们的客体分离。若没有奇迹发生，为什么主体——它也是一个客体——要体验到客体？为什么一个客体要体验到另外一个客体？

我们曾经接受的观点是一系列未经证实的假设——比如，显象与实在的分离，以及"意识在我们身体内部"这种观念——的衍生物。难道我们不能发展出一个完全物理主义的关于体验和世界的观点吗？幸运的是，我们可以。弥散心智理论就是这样一个理论。

自然是由时空上弥散的、因果择选出来的客体构造而成的。每个客体都相对于另一个客体而存在或发生。在日常知觉中，我之所是就是分散在时空中的一团客体。我既不是神经活动，也不是我的身体与世界之间的相互作用。时间跨度从几百毫秒（红苹果例子中）到250万年（仙女座星系例子中）不等。空间距离在地球上从几毫米到几百千米不等，再者，如果我们盯着天文客体看，就会有数百万光年的距离。当我们做梦或者产生幻觉时，时间跨度就与我们的一生一样长。如果我梦见死于许多年前的亲属或者对其产生幻觉，那么这一插曲仍然是我当下的一部分，正如我感知到桌子上的红色苹果一样。时间间隔不能将我的体验与我体验到的客体分离，因为两者是同一的（图31）。时间间隔——不管它什么时候发生——使得客体和神经活动分离。

人的体验不在其身体发生的时空中，而在客体发生的时空中。

由于物理过程的速度有限，所以万物在物理上彼此分离，不仅仅在空间上分离，也在时间上分离。因此，"我们生活在与事件同时发生的世界中"这一错觉，是个无可救药的错误，因为身体和客体在空间和时间上都必然是分离的。没有任何关系能桥接这一鸿沟。如果我们——我

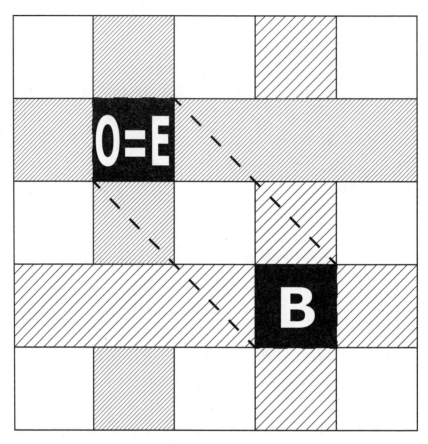

图31　人对客体的体验就是客体本身（E=O）。人不在其身体所在之处。人在体验到的客体所在之处。意识是物理的，而不是神经的。

们的体验——在身体之内，我们将无可挽救地与世界割裂。然而，我们——我们的体验（又叫作"我们的意识"）——是客体，而非身体。我们不是经由神秘莫测的关系通达客体的，而是已经直接超越了这一鸿沟。我们是"客体—身体"鸿沟另一边的那个客体。

　　由于因果过程的速度限制，我们感知到的一切事物必然处在不同的地点和时间。所以，一切皆在人体的过去中。然而，我们体验到的是客体，而非身体，因为我们是客体，而不是身体。我们处在客体所发生的地点和时间。这一理论使得幼稚的同时性错觉破灭了，并且揭示了客体和心智（两者是同一的）在时空上的弥散本性。

弥散心智理论勾勒出了一个完全不同的世界观。在动物和人类起源之前，世界不是黑暗的、无色彩的。世界和我们现在所看到的没有什么不同。当然，原始地球遗失了很多东西，例如，人类的史前器物。许多动物物种下落不明，有些灭绝了。环境中没有复杂的形式和客体。演化依照动物身体和因果结构择选出美丽的模式。不过，这个世界在现象学上并不是黑暗的。它一点也不黑暗。实际上，它充满了物理光线，这是唯一可能的光线。"现象体验"这个概念是骗人的东西。那时的世界可能比现在的样子简单，至少在某些方面如此，但它在其他方面与现在是相同的。客体是不同的，有可能更简单。自然选择和脑的发展创造了许多新的形式、新的物种、新的因果结构和新的客体。没有突然的间隔标志着第一批有情众生的发展：只有客体、动物和技能的持续且无缝衔接的增长与累积。从现象上黑暗的宇宙到现象上丰富多彩的宇宙，其间不存在任何间断。在我们出现之前存在客体，现在也只存在客体。

到目前为止，两种相互冲突的世界观占据着西方思想舞台的中心位置。如果一个人是坚定的物理主义者，那么对他来说，心智就是脑/身体内部的一个过程，身体则需要扮演灵魂的角色。如果一个人在存在论上更加开明，那么他会认为心智就是一种缥缈的存在物，它正通过种种感觉窥视着物理世界。然而，这两种选择都不尽如人意。弥散心智理论提出了第三种观点。意识确实自始至终都是物理的，不过它不是身体内部的过程。意识是一个客体，一个庞大的、相对的、弥散的客体，由我们在一定时间内意识到的一切事物组成。弥散心智理论解释了两种看似矛盾的直觉——我们不是我们的身体、我们参与了物理世界——是如何真正兼容的。

我们来看艾米莉生活中平常的一天。她上午6点半醒来。在浴室洗漱的同时，她的目光游荡着。她心不在焉地近乎机械地完成了早晨的家务。最终完成后，她去了健身房。虽然处在一个多云的季节，但非常出乎意料的是，今天阳光格外灿烂。在去健身房的路上，她后悔没有戴太阳镜。因此，她问了自己几个问题。她一直随身带着眼镜吗？没有。她沿途丢失了它吗？很有可能。那么，它在哪儿？她试着回忆。突然，她记起了最后在哪儿看到过它。它在浴室的架子上。她对准备出门之前看到过太阳镜这一点有生动的回忆。现在，她几乎可以看见它就摆在架子上。她是在她的心智中看见它的还是在她的浴室架子上看见它的呢？

传统的解释差不多是下面这种观点。在早上做家务期间，艾米莉在她脑中某处储存了相关信息，但并没有有意识地加工。后来，她的脑搜索了无意识储存的信息直至发现关于太阳镜的信息。然后，在某个心智仪表盘上，她得到的通知说，这些信息已经被发现；但为了让通知效果更明显，这些信息会以心智意象的形式投射到心智屏幕上。最后，她在心智内看到一个"她的太阳镜在浴室架子上"的意象——她看到的不是太阳镜，而是一个从她的记忆中拼凑出来的心智意象，加上一些额外的多媒体涂料。

这种解释极其复杂，而且需要在心智存在物与物理存在物之间重复往返。我认为，这种解释无可救药地被一些晦涩不清的术语困扰着，不管这些术语在当代有教养的读者面前显得多么体面，也没有为艾米莉回忆太阳镜这种体验的本质提供任何真知灼见。

另一方面，弥散心智理论则有不同的说法。当艾米莉走向健身房时，她在大时间跨度的事件中寻找（回忆）。她的脑结构（它可以使大部分临近事件发挥作用）发生了变化以便让更多的远程事件发挥其影响，直到过去那些事件中的一个发生，即艾米莉看到架子上的太阳镜那个事件。结果，艾米莉在她遗落太阳镜的架子上看见了太阳镜。她的太阳镜现在被因果地呈现在她眼前。由于她意识到她的身体已不在浴室，她称这种延时知觉为"记忆"，以区别于她的身体能抓住她感知到的东西这种事例。在这个解释中，艾米莉的意识是一组时空上分布的客体。她的身体是将这组客体统一起来的代理。因为艾米莉的身体一直在改变位置和内部结构，例如因为神经活动的变化，这组客体一直在变化。然而，艾米莉的心智弥散在她体验到的一切事物中。她拥有体验也即她等同于一组客体。于是，艾米莉弥散于她的时空生命期的多重体（manifold）中，而艾米莉的身体则在其所在的位置。身体赋予艾米莉的意识发生的机会，一次又一次。不过，那个身体不是艾米莉的意识。

以上的例子表明，我们不需要诉诸心智存在物，例如，用"储存的信息"去解释我们如何执行认知任务。我们也不需要储存在艾米莉内部的描述"太阳镜位于浴室架子上"这一心智意象。架子和太阳镜足以引发艾米莉的行为。现在艾米莉的太阳镜仍然在她的身体里产生作用。当然，由于邻近事件的步步紧逼，艾米莉需要重新调整身体以使太阳镜产生作用。但是，我们称之为"心智过程"的东西只不过是脑中结构的变化，这种变化使得过去的事件与当下产生因果关系。所有认知过程都是对这个世界因果结构的修改，这要归功于我们的脑和身体所例示的惊人的因果作用的狭窄通道。

在标准观点中，我们诉诸一长串可疑的存在物和高深莫测的关系——比如，意向性、表征、信息、特性、内容、意义、意象、现象体验和意识——它们是存在论上无尽之谜的来源，而且它们与自然世界的兼容性是暧昧不清的，更不用说迄今为止还没有人知道如何在物理世界中找到它们。在弥散心智理论中，两个自然法则——因果关系和同一性——足以击退一系列所谓的存在论上的二分，传统上，这些二分被视为实在构造中无法逾越的鸿沟。这种"二分"的列表很长：主体与客体、表征与被表征、现象与物理、显象与实在、心智与世界、过去与当下、虚构的与真实的、私人的与公共的、幻觉与知觉。在所有这些事例中，错误的假定都变成了无可争议的事实。

当我们向内审视自己的心智时，我们通达的始终是这个世界。甚至当我们回想遥远的过去时，我们回想的也是世界中的事件、事实、人和客体。我们从未碰到过一个纯粹心智的客体。我们的体验从不会停留于心智中，甚至更不可思议的是，不会停留于脑中。我们一直称为"内省"的东西，不如说是一种"外省（outspection）"。没有人曾经体验过思想，只体验过与思想相关的东西，即这个世界中的客体。我们越深入地审视自身内部，我们的体验就会抵达更广袤的世界。没有内部世界隐现于我们的脑中。当我们向内审视自身时，我们看见的不是一个内部的心智世界，而是宇宙本身。我们看见了宇宙，因为我们就是我们所看见的宇宙。

参考文献

Albus, A. (2000). *The Art of Arts, Rediscovering Painting*. Berkeley: University of California Press.

Aleman, A., & Larøi, F. (2008). *Hallucinations: The Science of Idiosyncratic Perception*. New York: American Psychological Association.

Aleman, A., van Lee, L., Mantione, M. H., Verkoijen, I. G., & de Haan, E. H. (2001). Visual imagery without visual experience: evidence from congenitally totally blind people. *Neuroreport, 12*(11), 2601—4.

Alexander, S. (1917). Space–Time. *Proceedings of the Aristotelian Society, 18,* 410—418.

Alexander, S. (1920). *Space, Time and Deity*. London: MacMillan.

Allen, P., Larøi, F., McGuire, P. K., & Aleman, A. (2008). The hallucinating brain: A review of structural and functional neuroimaging studies of hallucinations. *Neuroscience and Behavioral Analysis, 32*(1), 175—191.

Alleysson, D., & Méary, D. (2012). Neurogeometry of color vision. *Journal of Physiology, 106*(5–6), 284—96.

Amedi, A., Merabet, L. B., Bermpohl, F., & Pascual-Leone, A. (2005). The Occipital Cortex in the Blind. Lessons About Plasticity and Vision. *Current Directions in Psychological Science, 14*(6), 306—311.

Anstis, S., & Harris, J. P. (1975). Movement aftereffects contralateral on binocular disparity. *Perception, 3,* 153—168.

Arditi, A., Holtzman, J. D., & Kosslyn, S. M. (1988). Mental imagery and sensory experience in congenital blindness. *Neuropsychologia, 26*(1), 1—12.

Arieti, S. (1974). *Interpretation of Schizophrenia*. New York: Basic Books.

Armstrong, D. (1961). *Perception and the Physical World*. London: Routledge & Kegan Paul.

Arthurs, O. J., & Boniface, S. (2002). How well do we understand the neural origins of the fMRI BOLD signal? *Trends in Neurosciences, 25*(1), 27—31.

Association, A. P. (1975). *A Psychiatric Glossary*. New York: Basic Books.

Attwell, D., & Iadecola, C. (2002). The neural basis of functional brain imaging signals. *Trends in Neurosciences, 25*(12), 621—5.

Aurora, S. K., Welch, K. M. A., & Al-Sayed, F. (2003). The threshold for phosphenes is lower in migraine. *Cephalalgia, 23*, 258—263.

Ayer, A. J. (1940). *The Foundations of Empirical Knowledge*. London: MacMillan.

Ayer, A. J. (1956). *The Problem of Knowledge*. London: MacMillan.

Ayer, A. J. (1967). Has Austin Refuted the Sense-Datum Theory? *Synthese, 17*(2), 117—140.

Barbour, J. B. (1999). *The End of Time: The Next Revolution in Physics*. Oxford: Oxford University Press.

Bartels, A., & Zeki, S. (1998). The theory of multistage integration in the visual brain. *Philosophical Transactions of the Royal Society of London B, 265*, 2327—2332.

Bartels, A., & Zeki, S. (2004). The chronoarchitecture of the human brain—natural viewing conditions reveal a time-based anatomy of the brain. *NeuroImage, 22*, 419—433.

Bartels, A., & Zeki, S. (2005). The Chronoarchitecture of the Cerebral Cortex. *Philosophical Transactions of the Royal Society of London B, 360*, 733—750.

Bednar, J. A., & Miikkulainen, R. (2000). Tilt aftereffects in a self-organizing model of the primary visual cortex. *Neural Computation, 12*(7), 1721—40.

Benham, C. E. (1894). The Artificial Spectrum Top. *Nature, 51*(1313), 200.

Bennett, C. M., Wolford, G. L., & Miller, M. B. (2009). The principled control of false positives in neuroimaging. *Social Cognitive and Affective Neuroscience, 4*(4), 417—22.

Berrios, G. E., & Markova, I. S. (2015). Visual hallucinations: history and context of current research. In D. Collerton, U. P. Mosimann, & E. Perry (Eds.), *The Neuroscience of Visual Hallucinations* (pp. 3—22). New York: Wiley-Blackwell.

Bigelow, J., & Pargetter, R. (2006). Real Work for Aggregates. *Dialectica, 60*(4), 485—503.

Billock, V. A., Gleason, G. A., & Tsou, B. H. (2001). Perception of Forbidden Colors in Retinally Stabilized Equiluminant Images: An Indication of Softwired Cortical Color Opponency? *Journal of Optical Society of America, 18*, 2398—2403.

Billock, V. A., & Tsou, B. H. (2010). Seeing forbidden colors. *Scientific American*, *302*(2), 58–62.

Billock, V. A., & Tsou, B. H. (2012). Elementary visual hallucinations and their relationships to neural pattern–forming mechanisms. *Psychological Bulletin*, *138*(4), 744–74.

Blakemore, C. B., & Sutton, P. (1969). Size Adaptation: A New Aftereffect. *Science*, (July), 245–247.

Block, N. (1996). Mental Paint and Mental Latex. *Philosophical Issues*, *7*(Perception), 19–49.

Block, N. (2005a). Review of Alva Noë's "Action in Perception." *The Journal of Philosophy*, *102*(5), 259–272.

Block, N. (2005b). Two neural correlates of consciousness. *Trends in Cognitive Sciences*, *9*(2), 46–52.

Blom, J. D. (2010). *A Dictionary of Hallucinations*. Dordrecht (Holland): Springer.

Bonneh, Y. S., Cooperman, A., & Sagi, D. (2001). Motion–induced blindness in normal observers. *Nature*, *411*(6839), 798–801.

Borchers, S., Himmelbach, M., Logothetis, N. K., & Karnath, H. O. (2012). Direct electrical stimulation of human cortex—the gold standard for mapping brain functions? *Nature Reviews Neuroscience*, *13*, 63–71.

Borges, J. L., & Guerrero, M. (1967). *Imaginary Beings (Manual de Zoologia Fantastica)*. London: Viking Penguin.

Brelén, M. E., Duret, F., Gérard, B., Delbeke, J., & Veraart, C. (2005). Creating a meaningful visual perception in blind volunteers by optic nerve stimulation. *Journal of Neural Engineering*, *2*(1), S22–8.

Bressloff, P. C., Cowan, J. D., Golubitsky, M., Thomas, P. J., & Wiener, M. C. (2001). Geometric visual hallucinations, Euclidean symmetry and the functional architecture of striate cortex. *Philosophical Transactions of the Royal Society of London B*, *356*(1407), 299–330.

Brewer, B. (2006a). Perception and Content. *European Journal of Philosophy*, (1999),165–181.

Brewer, B. (2006b). Perception and its objects. *Philosophical Studies*, *132*(1), 87–97.

Brewer, B. (2009). How to Account for Illusion. In A. Haddock & F. Macpherson (Eds.), *Disjunctivism: Perception, Action and Knowledge* (pp. 169–180).

Brewer, B. (2011). *Perception and its Objects*. Oxford: Oxford University Press.

Brindley, G. S., & Lewin, W. S. (1968). The sensations produced by electrical stimulation of the visual cortex. *Journal of Physiology*, *196*, 479—493.

Broad, C. D. (1923). *Scientific Thought*. London: Kegan Paul.

Broad, C. D. (1952). Some Elementary Reflexions on Sense-Perception. *The Journal of the Royal Institute of Philosophy*, *27*(100), 3—18.

Brugger, P., Kollias, S. S., Müri, R. M., Crelier, G., Hepp-Reymond, M.-C. C., & Regard, M. (2000). Beyond re-membering: phantom sensations of congenitally absent limbs. *Proceedings of the National Academy of Sciences of the United States of America*, *97*(11), 6167—72.

Bruner, J. S. (1959). The Cognitive Consequences of Early Sensory Deprivation. *Psychosomatic Medicine*, *21*(2), 89—96.

Bu, C., Price, C. J., Frackowiak, R. S. J., & Friston, K. J. (1998). Different activation patterns in the visual cortex of late and congenitally blind subjects. *Brain*, *121*, 409—419.

Byrne, A., & Hilbert, D. R. (2003). Color realism and color science. *Behavioral and Brain Sciences*, *26*, 3—64.

Byrne, A., & Logue, H. (2009). *Disjunctivism: Contemporary Readings*. Cambridge (Mass): The MIT Press.

Chalmers, D. J. (1995). Facing Up to the Problem of Consciousness. *Journal of Consciousness Studies*, *2*(3), 200—219.

Chalmers, D. J. (2000). *What is a neural correlate of consciousness?* (T. Metzinger, Ed.) Cambridge (Mass): MIT Press.

Chalmers, D. J. (2006). Perception and the Fall from Eden. In T. Szabo Gendler & J. Hawthorne (Eds.), *Perceptual Experience* (pp. 49—125). Oxford: Oxford University Press.

Chapanis, N. P., Uematsu, S., Konigsmark, B. W., & Walker, A. (1973). Central phosphenes in man: a report of three cases. *Neuropsychologia*, *11*(1), 1—19.

Chekhov, A. (1904). *The Cherry Orchard*. http://www.gutenberg.org/ebooks/7986

Chemero, A. (2009). *Radical Embodied Cognitive Science*. Cambridge (Mass): MIT Press.

Chisholm, R. M. (1957). *Perceiving*. Ithaca: Cornell University Press.

Churchland, P. M. (2005). Chimerical colors: some phenomenological predictions from cognitive neuroscience. *Philosophical Psychology*, *18*(5), 527—560.

Clark, A. (2008). Supersizing the Mind. *8*(6), 79—99.

Clark, A., & Chalmers, D. J. (1998). The Extended Mind. *Analysis*, *58*(1), 10—23.

Cohen, J. (2009). *The Red and the Real: An Essay on Color Ontology*. New York: Oxford University Press.

Cohen, J., Hardin, C. L., & McLaughlin, B. P. (2006). True colours. *Analysis*, *66*(4), 335—40.

Cohen, L. G., Celnik, P., Pascual-Leone, A., Corwell, B., Falz, L., Dambrosia, J.,... Hallett, M. (1997). Functional relevance of cross modal plasticity in blind humans. *Nature*, *389*(11), 180—182.

Collignon, O., & De Volder, A. G. (2009). Further evidence that congenitally blind participants react faster to auditory and tactile spatial targets. *Canadian Journal of Experimental Psychology*, *63*(4), 287—93.

Collins, S. (2009). *Catching Fire [Hunger Games 2]*. New York: Scholastic.

Coltheart, M. (1971). Visual feature-analyzers and after-effects of tilt and curvature. *Psychological Review*, *78*(2), 114—21.

Conway, B. R. (2009). Color Vision, Cones, and Color-Coding in the Cortex. *The Neuroscientist*, *15*(3), 274—290.

Conway, B. R., Kitaoka, A., Yazdanbakhsh, A., Pack, C. C., & Livingstone, M. S. (2005). Neural basis for a powerful static motion illusion. *The Journal of Neuroscience*, *25*(23), 5651—6.

Cook, M. (1996). Descartes and the Dustbin of the Mind. *History of Philosophy Quarterly*,*13*(1), 17—33.

Cooray, V., Cooray, G., & Dwyer, J. (2011). On the possibility of phosphenes being generated by the energetic radiation from lightning flashes and thunderstorms. *Physics Letters A*, *375*(42), 3704—3709.

Cowey, A., & Walsh, V. Z. (2000). Magnetically induced phosphenes in sighted, blind and blindsighted observers. *Neuroreport*, *11*(14), 3269—3273.

Craik, K. J. W. (1940). Origin of Visual After-Images. *Nature*, *145*, 512.

Craik, K. J. W. (1966). On the effect of looking at the sun. In S. L. Sherwood (Ed.), *The Nature of Psychology* (pp. 98—101). Cambridge: Cambridge University Press.

Crane, H. D., & Piantanida, T. P. (1983). On seeing reddish green and yellowish blue. *Science*, *221*(4615), 1078—80.

Crane, T. (2017), How we can be, *The Times Literary Supplement Limited*, https://www.the-tls. co.uk/articles/public/mind-body-problem-tim-crane/

Daniel, P. M., & Whitteridge, D. (1961). The Representation of the Visual Field on the Cerebral Cortex in Monkeys. *Journal of Physiology, 159*, 203–221.

Davidson, D. (1967). Causal Relations. *The Journal of Philosophy, 64*(21), 691–703.

Davidson, D. (1969). The Individuation of Events. In N. Rescher (Ed.), *In Essays in Honor of Carl G. Hempel: A Tribute in the Occasion of his Sixty-Fifth Birthday* (pp. 295–309). Dordrecht: D. Reidel Pub. Co.

Davidson, D. (1970). Events as Particulars. *Noûs, 4*(1), 25–32.

Davies, P. (2005). *About Time: Einstein's Unfinished Revolution*. New York: Simon & Schuster.

Davis, G., & Driver, J. (1994). Parallel detection of Kanizsa subjective figures in the human visual system. *Nature, 371*, 791–792.

Daw, N. W. (1962). Why After-Images Are Not Seen in Normal Circumstances. *Nature, 4860*(4), 1143–1145.

De Beni, R., & Cornoldi, C. (1988). Imagery limitations in totally congenitally blind subjects. *Journal of Experimental Psychology, 14*(4), 650–5.

Dennett, D. C. (1969). *Content and Consciousness*. London: Routledge & Kegan Paul.

Dennett, D. C. (1978). *Brainstorms: Philosophical Essays on Mind and Psychology*. (1st ed.). Montgomery: Bradford Books.

Dennett, D. C. (1991). *Consciousness Explained*. (1st ed.). Boston: Little Brown and Co.

Dennett, D. C., & Kinsbourne, M. (1992). Time and the Observer: the where and the when of Consciousness in the Brain. *Behavioral and Brain Sciences, 15*(1992), 183–247.

Dileep, G. (2008). *How the brain might work. A hierarchical and temporal model for learning and recognition*. Stanford University.

Dobelle, W. H., & Mladejovsky, M. G. (1974). Phosphenes Produced by Electrical Stimulation of Human Occipital Cortex, and their Application to the Development of a Prosthesis for the Blind. *Journal of Physiology, 243*, 553–576.

Dobelle, W. H., Mladejovsky, M. G., & Girvin, J. P. (1974). Artificial Vision for the Blind: Electrical Stimulation of Visual Cortex Offers Hope for a Functional Prosthesis. *Science, 183*(4123), 440–444.

Dolev, Y. (1989). A Real Present without Presentism 1. *Forthcoming, 4311*, 1–14.

Dolev, Y. (2007). *Time and Realism: Metaphysical and Antimetaphysical Perspectives. Book* (Vol.

69). Cambridge (Mass): MIT Press.

Domhoff, W. G. (2003). The Scientific Study of Dreams: Neural Networks, Cognitive Development, and Content Analysis. *II* (I), 13—33.

Dowe, P. (1992). Wesley Salmon's Process Theory of Causality and the Conserved Quantity Theory. *Philosophy of Science*, *59*, 195—216.

Dowe, P. (2000). *Physical Causation*. New York: Cambridge University Press.

Dowe, P. (2007). *Causal Processes*. Stanford Encyclopedia of Philosophy.

Doya, K. (1999). What are the computations of the cerebellum, the basal ganglia and the cerebral cortex? *Neural Networks*, *12*(7–8), 961—974.

Dretske, F. I. (1977). Causal Theories of Reference. *The Journal of Philosophy*, *74*(10), 621. doi:10.2307/2025914

Dretske, F. I. (1995). *Naturalizing the Mind*. Cambridge (Mass): MIT Press.

Dretske, F. I. (2000). *Perception, Knowledge and Belief*. Cambridge: Cambridge University Press.

Driver, J., Haggard, P., & Shallice, T. (2007). *Mental processes in the human brain*. Oxford: Oxford University Press.

Dummett, M. (1978). *Truth and Other Enigmas*. London: Duckworth.

Ebersole, F. B. (1965). How Philosophers See Stars. *Mind*, *74*(296), 509—529.

Eddington, A. S. (1929). *The Nature of the Physical World*. New York: MacMillan.

Einstein, A. (1916). *Relativity*. London: Routledge.

Eliot, T. S. (1935). *Burnt Norton*. New York: Harcourt Brace.

Farennikova, A. (2012). Seeing absence. *Philosophical Studies*, *166*(3), 429—454.

Faubert, J., & Simon, H. A. (1999). The peripheral drift illusion: A motion illusion in the visual periphery. *Perception*, *28*, 617—621.

Feigl, H. (1958). *The Mental and the Physical*. United States of America: University of Minnesota Press.

Feyerabend, P. K. (1975). *Against Method: Outline of an Anarchistic Theory of Knowledge*. London: NBL.

Ffytche, D. H. (2005). Visual hallucinations: Charles Bonnet syndrome. *Current Psychiatry Reports*,

7, 168—179.

Ffytche, D. H., Howard, R. J., Brammer, M. J., David, A., Woodruff, P., & Williams, S. (1998). The anatomy of conscious vision: an fMRI study of visual hallucinations. *Nature Neuroscience*, *1*(8), 738—792.

Fischer, J., & Whitney, D. (2014). Serial dependence in visual perception. *Nature Neuroscience*, 1—9.

Fish, W. (2009). *Perception, Hallucination, and Illusion*. New York: Oxford University Press.

Fish, W. (2013). Perception, hallucination, and illusion: reply to my critics. *Philosophical Studies*, (163), 57—66.

Ford, L. S. (1974). The Duration of the Present. *Philosophy and Phenomenological Research*, *35*(1), 100—106.

Foster, J. (1985). *Ayer*. London: Routledge.

Fraser, A. B., & Wilcox, K. J. (1979). Perception of illusory movement. *Nature*, *281*, 565—566.

Furlong, E. J. (1951). *A Study in Memory*. London: Macmillan.

Gage, J. (1993). *Colour and Culture*. London: Thames & Hudson.

Gage, J. (2006). *Colour in Art*. London: Thames & Hudson.

Gale, R. M. (1971). Has the Present Any Duration? *Noûs*, *5*(1), 39—47.

Galilei, G. (1623). *The Assayer*. https://web.stanford.edu/~jsabol/certainty/readings/Galileo –Assayer.pdf

Gallese, V. (2000). The Inner Sense of Action. *Journal of Consciousness Studies*, *7*(10), 23—40.

Geisler, W. S. (1978). Adaptation, Afterimages and Cone Saturation. *Vision Research*, *18*, 279—289.

Gerrits, H. J. M., DeHaan, B., & Vendrik, A. J. H. (1966). Experiments with retinal stabilized images: Relations between the observations and neural data. *Vision Research*, *6*, 427—440.

Gerrits, H. J. M., & Vendrik, A. J. H. (1970). Simultaneous contrast, filling–in process and information processing in man's visual system. *Experimental Brain Research*, *11*, 411—440.

Ghiradella, H. (1991). Light and color on the wing: butterflies and moths structural colors in. *Applied Optics*, *30*(24), 3492—3501.

Gibson, J. J. (1979). *The Ecological Approach to Visual Perception*. Boston: Houghton Mifflin.

Gibson, J. J., & Radner, M. (1946). Adaptation, After-Effect and Constrast in the Perception of Tilted Lines. *Journal of Experimental Psychology*, *20*, 453–467.

Gilroy, L. a, & Blake, R. (2005). The Interaction Between Binocular Rivalry and Negative Afterimages. *Current Biology*, *15*(19), 1740–4. doi:10.1016/j.cub.2005.08.045

Goethe, J. W. (1810). *Theory of Colours*. London: Dover.

Gold, K., & Rabins, P. V. (1989). Isolated visual hallucinations and the Charles Bonnet syndrome: a review of the literature and presentation of six cases. *Comprehensive Psychiatry*, *30*(1), 90–8.

Gothe, J., Brandt, S. a, Irlbacher, K., Röricht, S., Sabel, B. A., & Meyer, B.-U. (2002). Changes in visual cortex excitability in blind subjects as demonstrated by transcranial magnetic stimulation. *Brain*, *125*(Pt 3), 479–90.

Grandin, T. (1996). *Thinking in Pictures: Other Reports from My Life with Autism*. New York: Basic Books.

Gregory, R. L., & Wallace, J. G. (1963). Recovery from early blindness: A case study. *Experimental Psychology Society Monograph*, *2*(2), 1–44.

Grieve, K. L., Acuña, C., & Cudeiro, J. (2000). The primate pulvinar nuclei: vision and action. *Trends in Neurosciences*, *23*(1), 35–9.

Haddock, A., & Macpherson, F. (2008). *Disjunctivism: Perception, Action, Knowledge*. (A.Haddock & F. Macpherson, Eds.) Oxford: Oxford University Press.

Haggard, P. (2011). Decision time for free will. *Neuron*, *69*(3), 404–6.

Haggard, P., & Cole, J. (2007). Intention, attention and the temporal experience of action. *Consciousness and Cognition*, *16*(2), 211–220.

Haggard, P., & Libet, B. (2001). Conscious Intention and Brain Activity. *Journal of Consciousness Studies*, *8*(11), 47–63.

Haggard, P., Newman, C., & Magno, E. (1999). On the perceived time of voluntary actions. *The British Journal of Psychology*, *90*(2), 191–303.

Hardin, C. L. (1993). *Color for Philosophers: Unweaving the Rainbow*. Indianapolis: Hackett.

Hardin, C. L. (2008). *Color Qualities and the Physical World*. (E. Wright, Ed.) Cambridge (Mass): MIT Press.

Harman, G. (1990). The Intrinsic Quality of Experience. *Philosophical Perspectives*, *4*(1990), 31—52.

Harnad, S., & Scherzer, P. (2008). First, scale up to the robotic Turing test, then worry about feeling. *Artificial Intelligence in Medicine*, *44*(2).

Hau, L. V. (1999). Light speed reduction to 17 metres per second in an ultracold atomic gas. *Nature*, *397.6720*, 594—598.

Haynes, J.-D. (2009). Decoding visual consciousness from human brain signals. *Trends in Cognitive Sciences*, *13*(5), 194—202.

Hedges, T. R. (2007). Charles Bonnet, his life, and his syndrome. *Survey of Ophthalmology*, *52*(1), 111—4.

Herbert, F. (1965). *Dune*. New York: Chilton Books.

Hering, E. (1878). *Zur Lehre vom Lichtsinne*. Wien: C. Gerold' s Son.

Hobson, A. J. (2002). *The Dream Drugstore. Chemically Altered States of Consciousness*. Cambridge (Mass): MIT Press.

Hobson, A. J. (2003). *Dreaming. A very short introduction*. Oxford: Oxford University Press.

Hofer, H., Singer, B., & Williams, D. R. (2005). Different sensations from cones with the same photopigment. *Journal of Vision*, *5*(5), 444—454.

Hofmann, A. (1983). *LSD: My Problem Child*. Los Angeles: J. P. Tarcher.

Hogan, E. R., & English, E. a. (2012). Epilepsy and brain function: common ideas of Hughlings-Jackson and Wilder Penfield. *Epilepsy & Behavior*, *24*(3), 311—3.

Holt, E. B. (1912). The Place of Illusory Experience in a Realistic World. In E. B. Holt, W.T. Marvin, W. P. Montague, R. B. Perry, W. B. Pitkin, & E. G. Spaulding (Eds.), *The New Realism* (pp. 303—373). New York: MacMillan Company.

Holt, E. B. (1914). *The Concept of Consciousness*. New York: MacMillan.

Holt, E. B., Marvin, W. T., Montague, W. P., Perry, R. B., Pitkin, W. B., & Spaulding, E. G. (1910). The Program and First Platform of Six Realists. *The Journal of Philosophy*, *7*(15),393—401.

Holt, E. B., Marvin, W. T., Montague, W. P., Perry, R. B., Pitkin, W. B., & Spaulding, E. G. (1912). *The New Realism*. New York: MacMillan Company.

Honderich, T. (1988). *The Consequences of Determinism. Book* (Vol. 2). Oxford: Clarendon Press.

Hopkins, R. (2000). Touching pictures. *The British Journal of Aesthetics*, *40*(1), 149—167.

Horton, J. C., & Adams, D. L. (2005). The cortical column: a structure without a function. *Philosophical Transactions of the Royal Society of London B*, *360*(1456), 837—862.

Hsieh, P. J., & Colas, J. T. (2012). Perceptual fading without retinal adaptation. *Journal of Experimental Psychology*, *38*(2), 267—71.

Hsieh, P. J., & Tse, P. U. (2006). Illusory color mixing upon perceptual fading and filling-in does not result in "forbidden colors". *Vision Research*, *46*(14), 2251—2258.

Huemer, M. (2001). *Skepticism and the Veil of Perception*. Cumnor Hill: Rowman and Littlefield.

Hume, D. (1758). *An Enquiry Concerning Human Understanding*. Chicago: Gateway.

Hurley, S. L. (1998). Vehicles, Contents, Conceptual Structure, and Externalism. *Analysis*, *58*(1), 1—6.

Hurovitz, C. S., Dunn, S., Domhoff, W. G., & Fiss, H. (1999). The Dreams of Blind Men and Women: A Replication and Extension of Previous Findings. *Dreaming*, *9*(2/3), 183—193.

Hurvich, L. M. (1981). *Color Vision*. Cambridge (Mass): Sinauer Associates Inc.

Hurvich, L. M., & Jameson, D. (1957). An Opponent-Process Theory of Color Vision. *Psychological Review*, *64*(6), 384—404.

Huxley, A. (1954). *The Doors of Perception*. New York: Harper & Row.

Jackson, F., & Pargetter, R. (1977). Relative Simultaneity in the Special Relativity . *Philosophy of Science*, *44*(3), 464—474.

Jackson, H. (1888). Epilepsy. *Brain*, *11*, 179.

Jacob, P. (2008). *Ways of Seeing*. London: Oxford University Press.

James, W. (1890). *The Principles of Psychology*. New York: Henry Holt and Company.

James, W. (1904). Does "Consciousness" Exist? *The Journal of Philosophy*, *1*(18), 477—491.

Johnston, M. (2001). Is Affect Always Mere Effect ? *Philosophy and Phenomenological Research*, *63*(1), 225—228.

Johnston, M. (2004). The Obscure Object of Hallucination. *Philosophical Studies*, *120*, 113—183.

Johnston, M. (2007). Objective Mind and the Objectivity of Our Minds. *Philosophy and Phenomenological Research*, *75(2)*, 233—268.

Jones, O. R. (1972). After-Images. *American Philosophical Quarterly*, *9*(2), 150—158.

Kalderon, M. E. (2011). Color Illusion. *Noûs*, *45*(4), 751—771.

Kammer, T. (1999). Phosphenes and transient scotomas induced by magnetic stimulation of the occipital lobe: their topographic relationship. *Neuropsychologia*, *37*, 191—198.

Kammer, T., Puls, K., Strasburger, H., Hill, N. J., & Wichmann, F. a. (2005). Transcranial magnetic stimulation in the visual system. I. The psychophysics of visual suppression. *Experimental Brain Research*, *160*(1), 118—128.

Kanai, R., Chaieb, L., Antal, A., Walsh, V., & Paulus, W. (2008). Frequency-Dependent Electrical Stimulation of the Visual Cortex. *Current Biology*, *18*(23), 1839—1843.

Kanai, R., & Kamitani, Y. (2003). Time-locked perceptual fading induced by visual transients. *Journal of Cognitive Neuroscience*, *15*(5), 664—72.

Kanai, R., Paulus, W., & Walsh, V. (2010). Transcranial alternating current stimulation (tACS) modulates cortical excitability as assessed by TMS-induced phosphene thresholds. *Clinical Neurophysiology*, *121*(9), 1551—1554.

Kandinsky, W. (1911). *Concerning the Spiritual in Art*. The Floating Press.

Kanizsa, G. (1976). Subjective contours. *Scientific American*, *234*, 48—52.

Kanizsa, G. (1991). *Vedere e pensare*. Bologna: Il Mulino.

Kanwisher, N. (2001). Neural events and perceptual awareness. *Cognition*, *79*, 89—113.

Kar, K., & Krekelberg, B. (2012). Transcranial electrical stimulation over visual cortex evokes phosphenes with a retinal origin. *Journal of Neurophysiology*, *108*(8), 2173—8.

Kaufman, D. M., & Solomon, S. G. (1992). Migraine visual auras. A medical update for the psychiatrist. *General Hospital Psychiatry*, *14*(3), 162—70.

Kennedy, J. M. (1993). *Drawing and the Blind*. London: Yale University Press.

Kennedy, J. M., & Fox, N. (1977). Pictures to See and Pictures to Touch. In D. Perkins & B. Leondar (Eds.), *The Arts and Cognition* (pp. 118—135). London: John Hopkins University Press.

Kennedy, J. M., & Juricevic, I. (2003). Haptics and projection: Drawings by Tracy, a blind adult. *Perception*, *32*, 1059—1071.

Kennedy, J. M., & Juricevic, I. (2006a). Blind man draws using diminution in three dimensions. *Psychonomic Bulletin and Review*, *13*(3), 506—9.

Kennedy, J. M., & Juricevic, I. (2006b). *Esref Armagan and perspective in tactile pictures. Report.*

Kerr, N. H., & Domhoff, W. G. (2004). Do the Blind Literally "See" in Their Dreams? A Critique of a Recent Claim That They Do. *Dreaming, 14*(4), 230—233.

Kim, J. (1989). The Myth of Nonreductive Materialism. *Proceedings of the American Philosophical Society, 63*(3), 31—47.

Kim, J. (1993). The Non-Reductivist's Troubles with Mental Causation. In J. Heil & A. R. Mele (Eds.), *Mental Causation* (pp. 189—210). Oxford: Clarendon Press.

Kim, J. (1998). *Mind in a Physical World.* Cambridge (Mass): MIT Press.

Kim, J. (2005). *Physicalism, or Something Near Enough.* Princeton: Princeton University Press.

Kirshfeld, K. (1999). Afterimages: a tool for defining the neural correlate of visual consciousness. *Consciousness and Cognition, 8*(4), 462—83.

Kitaoka, A. (2003). Phenomenal characteristics of the peripheral drift illusion. *Vision, 15,* 261—262.

Klüver, H. (1966). *Mescal and Mechanisms of Hallucinations.* Chicago: Chicago University Press.

Koch, C. (2004). *The Quest for Consciousness: A Neurobiological Approach.* Englewood (Col): Roberts & Company Publishers.

Koch, C., & Crick, F. (2001). The zombie within. *Nature,* (411), 893.

Köhler, W., & Emery, D. A. (1947). Figural After-Effects in the Third Dimension of Visual Space. *The American Journal of Psychology, 60*(2), 159—201.

Kosslyn, S. M. (1996). *The Resolution of the Imagery Debate.* Cambridge (Mass): MIT Press.

Kosslyn, S. M., & Koenig, O. (1992). *Wet Mind. The New Cognitive Neuroscience.* New York: The Free Press.

Krill, A. E., Alpert, H. J., & Ostfeld, a M. (1963). Effects of a hallucinogenic agent in totally blind subjects. *Archives of Ophthalmology, 69,* 180—5.

Kunzendorf, R. G., Hartmann, E., Cohen, R., & Cutler, J. (1997). Bizarreness of the Dreams and Daydreams Reported by Individuals with Thin and Thick Boundaries. *Dreaming, 7*(4), 265—271.

Kupers, R., Fumal, A., Maertens de Noordhout, A., Gjedde, A., Schoenen, J., & Ptito, M. (2006). Transcranial magnetic stimulation of the visual cortex induces somatotopically organized qualia in blind subjects. *Proceedings of the National Academy of Sciences of the United*

States of America, *103*(35), 13256—13260.

Kuriki, I. (2008). Functional brain imaging of the Rotating Snakes illusion by fMRI. *Journal of Vision*, *8*(10), 1—10.

Langsam, H. (2009). The Theory of Appearing Defended. In A. Byrne & H. Logue (Eds.), *Disjunctivism: Contemporary Readings* (pp. 181—207). Cambridge (Mass): MIT Press.

Le Poidevin, R. (2004). A Puzzle Concerning Time Perception. *Synthese*, *142*(1), Le Poidevin, Robin. 2003. Travels in Four Dimensio.

Ledoux, J. E. (2012). Rethinking the emotional brain. *Neuron*, *73*(4), 653—76.

Lennmarken, C., Bildfors, K., Enlund, G., Samuelsson, P., & Sandin, R. H. (2002). Victims of awareness. *Acta Anaesthesiologica Scandinavica*, *46*(3), 229—31.

Lewis, D. K. (1986). *On the Plurality of Worlds*. London: Blackwell.

Lewis, D. K. (1991). *Parts of Classes*. Oxford: Blackwell.

Libet, B. (1981). The Experimental Evidence for Subjective Referral of a Sensory Experience Backwards in Time: Reply to P. S. Churchland. *Philosophy of Science*, *48*(2), 182—197.

Libet, B. (1993). *Neurophysiology of Consciousness: Selected Papers and New Essays by Benjamin Libet*. Boston: Birkhauser.

Libet, B. (2002). The Timing of Mental Events: Libet's Experimental Findings and Their Implications. *Consciousness and Cognition*, *11*(2), 291—299.

Libet, B. (2004). *Mind Time: The Temporal Factor in Consciousness*. Cambridge (Mass).

Libet, B., Wright, E. W., Feinstein, B., & Pearl, D. K. (1979). Subjective Referral of the Timing for a Conscious Sensory Experience. *Brain*, *102*, 193—224.

Livitz, G., Yazdanbakhsh, A., Eskew, R. T., & Mingolla, E. (2011). Perceiving Opponents Hues in Color Induction Displays. *Seeing and Perceiving*, *24*(1), 1—17.

Lockwood, P. L., Iannetti, G. D., & Haggard, P. (2013). Transcranial magnetic stimulation over human secondary somatosensory cortex disrupts perception of pain intensity. *Cortex*, *49*(8), 2201—9.

Loewer, B. (2009). Why is there anything except physics? *Synthese*, *170*(2), 217—233.

Logothetis, N. K. (2008). What we can do and what we cannot do with fMRI. *Nature*, *453*(7197), 869—878.

Logothetis, N. K., & Wandell, B. a. (2004). Interpreting the BOLD signal. *Annual Review of Physiology*, *66*, 735–69.

Lopes, D. M. (1997). Art Media and the Sense Modalities: Tactile Pictures. *The Philosophical Quarterly*, *47*(189), 425–440.

Lopes, D. M. (2002). Vision, Touch, and the Value of Pictures. *The British Journal of Aesthetics*, *42*(2), 191–201.

Lopes da Silva, F. H. (2003). Visual dreams in the congenitally blind? *Trends in Cognitive Sciences*, *7*(8), 328–330.

Luna, L. E., & White, S. (2000). *Ayahuasca Reader: Encounters with the Amazon's Sacred Vine*. Santa Fe (New Mexico): Sinergetic Press.

Macpherson, F. (2013). The Philosophy and Psychology of Hallucination: An Introduction. In F. Macpherson & D. Platchias (Eds.), *Hallucination: Philosophy and Psychology* (pp. 1–38). Cambridge (Mass): MIT Press.

Magee, L. E., & Kennedy, J. M. (1980). Exploring pictures tactually. *Nature*, *283*, 287–288.

Malebranche, N. (1923). *Dialogies on Metaphysics and Religion*. London: George Allen & Unwin.

Manzoni, A. (1840). *I Promessi Sposi*. Milano: Tipografia Guglielmini e Radaelli.

Manzotti, R. (2006a). A Process Oriented View of Conscious Perception. *Journal of Consciousness Studies*, *13*(6), 7–41.

Manzotti, R. (2006b). Consciousness and existence as a process. *Mind and Matter*, *4*(1), 7–43.

Manzotti, R. (2011a). The Spread Mind: Is Consciousness Situated? *Teorema*, *30*(2), 55–78.

Manzotti, R. (2011b). The Spread Mind: Seven Steps to Situated Consciousness. *Journal of Cosmology*, *14*, 4526–4541.

Manzotti, R. (2011c). The Spread Mind: Phenomenal Process–Oriented Vehicle Externalism. In M. Blamauer (Ed.), *The Mental as Fundamental. New Perspectives on Panpsychism*. Berlin: Ontos–Verlag.

Manzotti, R., & Moderato, P. (2013). Neuroscience: Dualism in Disguise. In A. Lavazza & H. Robinson (Eds.), *Contemporary Dualism* (pp. 81–97). New York: Routldege.

Manzotti, R., & Tagliasco, V. (2001). *Coscienza e Realtà. Una teoria della coscienza per costruttori e studiosi di menti e cervelli*. Bologna: Il Mulino.

Margalit, E., Maia, M., Weiland, J. D., Greenberg, R. J., Fujii, G. Y., Torres, G., … Humayun, M. S.

(2002). Retinal Prosthesis for the Blind. *Survey of Ophthalmology, 47*(4), 335—356.

Martin, M. G. F. (2002). The Transparency of Experience. *Mind and Language, 17*(4), 376—425.

Martin, M. G. F. (2004). The limits of self-awareness. *Philosophical Studies, 120*(37-89), 37—89.

Mather, G., Verstaten, F. A. J., & Anstis, S. (1998). The Motion After-Effect. *Trends in Cognitive Sciences, 2*(3), 111—117.

McGinn, C. (1999). *The Mysterious Flame: Conscious Minds in a Material World*. New York: Basic Books.

McTaggart, J. E. (1908). The Unreality of Time. *Mind, 17*(68), 457—474.

Mellor, D. H. (1998). *Real Time II*. London: Routldege.

Melzack, R., Israel, R., Lacroix, R., & Schultz, G. (1997). Phantom limbs in people with congenital limb deficiency or amputation in early childhood. *Brain, 120*, 1603—20.

Merabet, L. B., Battelli, L., Obretenova, S., Maguire, S., Meijer, P., & Pascual-Leone, A. (2009). Functional recruitment of visual cortex for sound encoded object identification in the blind. *Neuroreport, 20*(2), 132—8.

Merabet, L. B., Maguire, D., Warde, A., Alterescu, K., Stickgold, R. J., & Pascual-leone, A. (2004). Visual Hallucinations During Prolonged Blindfolding in Sighted Subjects. *Journal of Neuro-Ophthalmology, 24*(2), 109—113.

Merabet, L. B., & Pascual-Leone, A. (2010). Neural reorganization following sensory loss: the opportunity of change. *Nature Reviews Neuroscience, 11*(1), 44—53.

Merleau-Ponty, M. (1945). *The Phenomenology of Perception*. London: Routledge & Kegan Paul.

Merricks, T. (1999). Persistence, Parts, and Presentism. *Noûs, 33*(3), 421—438.

Merricks, T. (2001). *Objects and Persons*. Oxford: Oxford Clarendon Press.

Millikan, R. G. (1993). Content and vehicle. In N. Eilan, R. McCarthy, & B. Brewer (Eds.), *Spatial Representation*. Oxford: Blackwell.

Mollon, J. (1974). After-effects and the brain. *New Scientist, 61*(886), 479—482.

Molyneaux, B. (2009). Why Experience Told Me Nothing about Transparency. *Noûs, 43*(1), 116—136.

Montero, B. G. (2001). Post-Physicalism. *Journal of Consciousness Studies, 8*(2), 61—80.

Montero, B. G. (2013). Must Physicalism Imply the Supervenience of the Mental on the Physical?

The Journal of Philosophy, *5*, 93—110.

Moore, G. E. (1903). The Refutation of Idealism. *Mind*, *12*(48), 433—453.

Moore, G. E. (1912). *Lectures in Philosophy*. London: C. Lewy.

Mountcastle, V. B. (1997). The columnar organization of the neocortex. *Brain*, *120*(4), 701—722.

Murakami, H. (2002). *Kafka on the Shore*. New York: Vintage.

Murzyn, E. (2008). Do we only dream in colour? A comparison of reported dream colour in younger and older adults with different experiences of black and white media. *Consciousness and Cognition*, *17*, 1228—1237.

Myers, G. E. (1957). Perception and the "Time-Lag" Argument. *Analysis*, *17*(5), 97—102.

Newton, I. (1704). *Opticks: or, A treatise of the reflexions, refractions, inflexions and colours of light: Also two treatises of the species and magnitude of curvilinear figures*. London: Smith S. & Walford B.

Ney, A. (2010). Are There Fundamental Intrinsic Properties? In A. Hazlett (Ed.), *New Waves in Metaphysics (New Waves in Philosophy)*. Palgrave MacMillan.

Ney, A. (2015). Fundamental Physical Ontologies and the Constraint of Empirical Coherence: A Defense of Wave Function Realism. *Synthese*, *192* (10), 3105-3124.

Nida-Rumelin, M., & Suarez, J. (2009). Reddish Green: A Challenge for Modal Claims About Phenomenal Structure. *Philosophy and Phenomenological Research*, *78*(2), 346—391.

Noë, A. (2004). *Action in Perception*. Cambridge (Mass): The MIT Press.

Nudds, M. (2013). Naive Realism and Hallucination. In F. Macpherson & D. Platchias (Eds.), *Hallucination. Philosophy and Psychology* (pp. 271—290). Cambridge (Mass): MIT Press.

O'Regan, K. J. (1992). Solving the real misteries of visual perception: the world as an outside memory. *Canadian Journal of Psychology*, 46(3), 461—488.

O'Regan, K. J. (2011). *Why Red Doesn't Sound Like a Bell. Understanding the Feel of Consciousness*. Oxford: Oxford University Press.

O'Regan, K. J., & Noë, A. (2001). A sensorimotor account of vision and visual consciousness. *Behavioral and Brain Sciences*, *24*(5), 939—73.

O'Regan, K. J., Rensink, R. A., & Clark, J. J. (1999). Change-blindness as a result of "mudsplashes". *Nature*, *398*(6722), 34.

Pascual-Leone, A., Amedi, A., Fregni, F., & Merabet, L. B. (2005). The Plastic Human Brain Cortex. *Annual Review of Neuroscience*, *28*, 377—402.

Paul, L. A., & Hall, N. (2013). *Causation: A User's Guide*. New York: Oxford University Press.

Paulus, W. (2010). On the difficulties of separating retinal from cortical origins of phosphenes when using transcranial alternating current stimulation (tACS). *Clinical Neurophysiology*, *121*(7), 987—91.

Pearl, J. (1998). *On the definition of actual cause*. Technical Report R-259, Department of Computer Science, University of California-Los Angeles, Los Angeles, CA.

Pearl, J. (2000). *Causality. Models, Reasoning, and Inference*. Cambridge: Cambridge University Press.

Penfield, W. (1950). *The Cerebral Cortex of Man*. New York.

Penfield, W. (1958). *The Excitable Cortex in Conscious Man*. Liverpool: Liverpool University Press.

Penfield W. (1972). The electrode, the brain and the mind. *Zeitschrift Für Neurologie*, *201*(4), 297—309.

Penfield, W. (1975). *The Mystery of the Mind: A Critical Study of Consciousness and the Human Brain*. Princeton: Princeton University Press.

Penfield, W. (1996). Some Mechanisms of Consciousness Discovered During Electrical Stimulation of the Brain. *Proceedings of the National Academy of Sciences of the United States of America*, *44*(6), 628—9.

Penfield, W., & Boldrey, E. (1937). Somatic Motor and Sensory Representation in the Cerebral Cortex of Man as Studied by Electrical Stimulation. *Brain*, 389—434.

Penfield, W., & Perot, P. (1963). The Brain's Record of Auditory and Visual Experience: A Final Summary and Discussion. *Brain*, *86*(4), 595—696.

Penfield, W., & Rasmussen, T. (1950). *The Cerebral Cortex of Man. A Clinical Study of Localization of Function*. New York: MacMillan Company.

Penrose, R. (1989). *The Emperor's New Mind*. Oxford: Oxford University Press.

Pessoa, L., Thompson, E., & Noë, A. (1998). Finding out about filling-in: A guide to perceptual completion for visual science and the philosophy of perception. *Behavioral and Brain Sciences*, *21*, 723—802.

Phillips, I. (2013). Afterimages and Sensation. *Philosophy and Phenomenological Research*, *87*(2), 417—453.

Pietrini, P., Furey, M. L., Ricciardi, E., Gobbini, I. M., Wu, W.–H. C., Cohen, L. G.,... Haxby, J. V. (2004). Beyond sensory images: Object–based representation in the human ventral pathway. *Proceedings of the National Academy of Sciences of the United States of America*, *101*(15), 5658–63.

Pietrobon, D., & Striessnig, J. (2003). Neurobiology of migraine. *Nature Reviews Neuroscience*, *4*(5), 386–98.

Place, U. T. (1956). Is consciousness a brain process? *The British Journal of Psychology*, *47*, 44–50.

Poggio, T., & Torre, V. (1990). *Ill–Posed Problems and Regularization Analysis in Early Vision*. MIT AI Lab.

Pollen, D. A. (2004). Brain stimulation and conscious experience. *Consciousness and Cognition*, *13*(3), 626–45.

Pollen, D. A. (2006). Brain stimulation and conscious experience: electrical stimulation of the cortical surface at a threshold current evokes sustained neuronal activity only after a prolonged latency. *Consciousness and Cognition*, *15*(3), 560–565.

Pons, T. (1996). Novel sensations in the congenitally blind. *Nature*, *380*, 479–480.

Power, S. E. (2010). Perceiving External Things and the Time–Lag Argument. *European Journal of Philosophy*, *21*(1), 94–117.

Power, S. E. (2011). The Metaphysics of the "Specious" Present. *Erkenntnis*, *77*(1), 121–132.

Ptito, M., Fumal, A., de Noordhout, a M., Schoenen, J., Gjedde, A., & Kupers, R. (2008). TMS of the occipital cortex induces tactile sensations in the fingers of blind Braille readers. *Experimental Brain Research*, *184*(2), 193–200.

Ptito, M., Kupers, R., Lomber, S., & Pietrini, P. (2012). Sensory deprivation and brain plasticity. *Neural Plasticity*, *2012*, 810370.

Purves, D., & Beau Lotto, R. (2002). The empirical basis of color perception. *Consciousness and Cognition*, *11*(4), 609–629.

Putnam, H. (1967). Time and Physical Geometry. *The Journal of Philosophy*, *64*(8), 240–247.

Ramachandran, V. S., & Gregory, R. L. (1991). Perceptual filling in of artificially induced scotomas in human vision. *Nature*, *350*(6320), 699–702.

Ramachandran, V. S., & Hubbard, E. M. (2001). Synaesthesia: A windows into perception, thought and language. *Journal of Consciousness Studies*, *8*(12), 3–34.

Ramachandran, V. S., & McGeoch, P. D. (2007). Occurrence of phantom genitalia after gender reassignment surgery. *Medical Hypotheses*, *69*(5), 1001—3.

Ramachandran, V. S., & McGeoch, P. D. (2008). Phantom Penises In Transsexuals: Evidence of an Innate Gender-Specific Body Image in the Brain. *Journal of Consciousness Studies*, *15*(1), 3—26.

Reber, A. S. (1992). The Cognitive Unconscious: An Evolutionary Perspective. *Consciousness and Cognition*, *1*, 93—133.

Reddy, L., & Kanwisher, N. (2006). Coding of visual objects in the ventral stream. *Current Opinion in Neurobiology*, *16*(4), 408—414.

Reichenbach, H. (1958). *The Philosophy of Space and Time*. New York: Dover.

Reichenbach, H. (1971). *The Direction of Time*. Berkeley: University of California Press.

Revonsuo, A., & Salmivalli, C. (1995). A content analysis of bizarre elements in dreams. *Dreaming*, *5*(3), 169—187.

Rizzolatti, G., Fogassi, L., & Gallese, V. (2001). Neurophysiological mechanisms underlying the understanding and imitation of action. *Nature Reviews Neuroscience*, *2*, 661—670.

Robinson, H. (1994). *Perception*. London: Routledge.

Rockwell, T. (2005). *Neither Ghost Nor Brain*. Cambridge (Mass): MIT Press.

Russell, B. (1912a). On The Notion of Cause. *Proceedings of the Aristotelian Society*, *13*, 1—26.

Russell, B. (1912b). *The Problems of Philosophy*. London: T. Butterworth.

Russell, B. (1927). *The Analysis of Matter*. London: Routledge & Kegan Paul.

Russell, B. (1948). *Human Knowledge, Its Scope and Limits*. New York: Simon & Schuster.

Ruzzoli, M., Gori, S., Pavan, A., Pirulli, C., Marzi, C. a, & Miniussi, C. (2011). The neural basis of the Enigma illusion: a transcranial magnetic stimulation study. *Neuropsychologia*, *49*(13), 3648—55.

Saadah, E. S., & Melzack, R. (1994). Phantom limb experiences in congenital limb-deficient adults. *Cortex*, *30*(3), 479—485.

Sacks, O. (1970). *Migraine*. Berkeley: University of California Press.

Sacks, O. (2012). *Hallucinations*. Canada: Alfred E. Knopf.

Sadato, N., Pascual-Leone, A., Grafman, J., Ibanez, V., Deiber, M.-P., Dold, G., & Hallett, M.

(1996). Activation of the primary visual cortex by Braille reading in blind subjects. *Nature*, *380*, 526—528.

Salminen-Vaparanta, N., Vanni, S., Noreika, V., Valiulis, V., Móró, L., & Revonsuo, A. (2013). Subjective Characteristics of TMS-Induced Phosphenes Originating in Human V1 and V2. *Cerebral Cortex*, 1—10.

Salmon, W. C. (1969). The Conventionality of Simultaneity. *Philosophy of Science*, *36*(1), 44—63.

Salmon, W. C. (1997). Causality and Explanation. *Philosophy of Science*, *64*(3), 461—477.

Sayin, H. Ü. (2014). Does the Nervous System Have an Intrinsic Archaic Language? Entoptic Images and Phosphenes. *Neuroquantology*, *12*(3), 427—445.

Schaal, D. W. (2005). Naming Our Concerns about Neuroscience: A Review of Bennett and Hacker's Philosophical Foundations of Neuroscience. *Journal of the Experimental Analysis of Behavior*, *84*(3), 683—692.

Schaffer, J. (2014). The Metaphysics of Causation. *Stanford Encyclopedia of Philosophy*.

Schellenberg, S. (2010). The particularity and phenomenology of perceptual experience. *Philosophical Studies*, *149*(1), 19—48.

Schellenberg, S. (2011). Ontological Minimalism about Phenomenology. *Philosophy and Phenomenological Research*, *83*(1), 1—40.

Schlesinger, G. N. (1970). Change and Time. *The Journal of Philosophy*, *67*(9), 294—300.

Schutter, D. J. L. G., & Hortensius, R. (2010). Retinal origin of phosphenes to transcranial alternating current stimulation. *Clinical Neurophysiology*, *121*(7), 1080—4.

Schwitzgebel, E. (2002a). How Well Do We Know Our Own Conscious Experience? The Case of Visual Imagery. *Journal of Consciousness Studies*, *9*(5-6), 35—53.

Schwitzgebel, E. (2002b). Why did we think we dreamed in black and white? *Studies in History and Philosophy of Science*, *33*(4), 649—660.

Schwitzgebel, E. (2007). Do You Have Constant Tactile Experience of Your Feet in Your Shoes? Or Is Experience Limited to What's in Attention? *Journal of Consciousness Studies*, *14*(3), 5—35.

Schwitzgebel, E. (2008). The Unreliability of Naive Introspection. *Philosophical Review*, *117*(2), 245—273.

Schwitzgebel, E., Huang, C., & Zhou, Y. (2006). Do we dream in color? Cultural variations and skepticism. *Dreaming*, *16*(1), 36—42.

Searle, J. R. (1984). *Minds, Brains, and Science*. Cambridge (Mass): Harvard University Press.

Searle, J. R. (1992). *The Rediscovery of the Mind*. Cambridge (Mass): MIT Press.

Sekuler, R. W., & Ganz, L. (1963). After-effect of seen motion with a stabilized image. *Science*, *139*, 419—420.

Sellars, W. (1960). Philosophy and the Scientific Image of Man. In R. Colodny (Ed.), *Frontiers of Science and Philosophy* (pp. 1—40). Pittsburgh: University of Pittsburgh Press.

Senden, V. (1932). *Raum und Gestaltauffassung bei operierten Blindgeborenen vor und nach der Operation (conception of space and gestalt in congenital blind children before and after surgery)*. Leipzig: Verlag Jd Ambrosus Barth.

Seymour, B., & Dolan, R. (2008). Emotion, decision making, and the amygdala. *Neuron*, *58*(5), 662—671.

Shams, P. N., & Plant, G. T. (2011). Migraine-like visual aura due to focal cerebral lesions: case series and review. *Survey of Ophthalmology*, *56*(2), 135—61.

Shanon, B. (2002). Ayahuasca Visualizations: A Structural Typology. *Journal of Consciousness Studies*, *9*(2), 3—30.

Shanon, B. (2010). The epistemics of ayahuasca visions. *Phenomenology and the Cognitive Sciences*, *9*, 263—280.

Shapley, R. (2002). Neural mechanisms for color perception in the primary visual cortex. *Current Opinion in Neurobiology*, *12*(4), 426—432.

Shapley, R., & Hawken, M. J. (2011). Color in the cortex: single- and double-opponent cells. *Vision Research*, *51*(7), 701—17.

Shepherd, R. K., Shivdasani, M. N., Nayagam, D. a X., Williams, C. E., & Blamey, P. J. (2013). Visual prostheses for the blind. *Trends in Biotechnology*, *31*(10), 562—71.

Shimojo, S., Kamitani, Y., & Nishida, S. (2001). Afterimage of Perceptually Filled-In Surface. *Science*, *293*(August), 1677—1681.

Shoemaker, S. S. (1969). Time Without Change. *The Journal of Philosophy*, *66*(12), 363—381.

Shoemaker, S. S. (1990). Qualities and Qualia: What's in the Mind? *Philosophy and Phenomenological Research*, *50*(May), 109—131.

Shum, D. (1999). Implicit and Explicit Memory in Children with Traumatic Brain Injury. *Journal of Clinical and Experimental Neuropsychology (Neuropsychology, Development and Cognition: Section A)*, *21*(2), 149—158.

Sider, T. (2001). *Four-Dimensionalism*. Oxford: Oxford Clarendon Press.

Sider, T., & Braun, D. (2007). Vague, so Untrue. *Noûs*, *41*, 133—146.

Siegel, K. (1978). Cocaine Hallucinations. *American Journal of Psychiatry*, *135*, 309—314.

Siegel, S. (2010). *The Contents of Visual Experience*. Oxford: Oxford University Press.

Simons, D. J. (2000). Attentional capture and inattentional blindness. *Trends in Cognitive Sciences*, *4*, 147—155.

Simons, D. J., & Chabris, C. F. (1999). Gorillas in our midst: Sustained inattentional blindness for dynamic events. *Perception*, *28*(28), 1059—1074.

Simons, D. J., Lleras, A., Martinez-Conde, S., Slichter, D., Caddigan, E., & Nevarez, G. (2006). Induced visual fading of complex images. *Journal of Vision*, *6*(10), 1093—101.

Simons, P. M. (1987). *Parts: A Study in Ontology*. Oxford: Clarendon Press.

Skow, B. (2010). On the meaning of the question"How fast does time pass?" *Philosophical Studies*, *155*(3), 325—344.

Skow, B. (2011). Experience and the Passage of Time. *Philosophical Perspectives*, *25*, 359—387.

Smart, J. J. C. (1959). Sensations and Brain Processes. *The Philosophical Review*, *68*(2), 141—156.

Smart, J. J. C. (1963). *Philosophy and Scientific Realism*. London: Routledge & Kegan Paul.

Smith, D. A. (2002). *The Problem of Perception*. Cambridge (Mass): Harvard University Press.

Smolin, L. (2013). Temporal naturalism. *arXiv Preprint*, 1—42.

Spillmann, L., Otte, T., Hamburger, K., & Magnussen, S. (2006). Perceptual filling-in from the edge of the blind spot. *Vision Research*, *46*(25), 4252—4257.

Stevens, W. (1971). *The Collected Poems*. New York: Alfred E. Knopf.

Stoerig, P. (1996). Varieties of vision: from blind responses to conscious recognition. *Trends In Neurosciences*, *19*(9), 401—406.

Stokes, J. (2005). The blind painter and the Cartesian Theater.

Strawson, G. (2005). *Why physicalism entails panpsychism*. Danish National Research Foundation.

Strawson, G. (2008). *Real Materialism and Other Essays*. Oxford: Oxford Clarendon Press.

Suchting, W. A. (1969). Perception and the Time-Gap Argument. *The Philosophical Quarterly*,

19(74), 46—56.

Tanaka, K. (1997). Columnar organization in the inferotemporal cortex. *Cerebral Cortex*, *12*, 469—498.

Taylor, J. G. (2001). *The Race for Consciousness*. London: Bradford Books.

Thompson, E. (2007). *Mind in Life: Biology, Phenomenology, and the Sciences of Mind*. Cambridge (Mass): The Belknap Press of the Harvard University Press.

Thompson, E., & Varela, F. J. (2001). Radical embodiment: neural dynamics and consciousness. *Trends in Cognitive Sciences*, *5*(10), 418—425.

Tong, F. (2003). Primary visual cortex and visual awareness. *Nature Reviews Neuroscience*, *4*(3), 219—229.

Tong, F., & Pratte, M. S. (2012). Decoding patterns of human brain activity. *Annual Review of Psychology*, *63*, 483—509.

Tonneau, F. (2004). Consciousness Outside the Head. *Behavior and Philosophy*, *32*(February 2002), 97—123.

Tooley, M. (1997). *Time, Tense, and Causation*. Oxford: Oxford University Press.

Tootell, R. B. H., Silverman, M. S., Switkes, E., & De Valois, R. L. (1982). Deoxyglucose Analysis or Retinotopic Organization in Primate Striate Cortex. *Science*, *218*(4575),901—903.

Travis, C. (2004). The Silence of the Senses. *Mind*, *113*(1), 449—467.

Trimble, M. R. (2007). *The Soul in the Brain: The Cerebral Basis of Language, Art, and Belief*. Baltimore: John Hopkins University Press.

Tsuchiya, N., & Koch, C. (2005). Continuous flash suppression reduces negative afterimages. *Nature Neuroscience*, *8*(8), 1096—1101.

Tye, M. (2002). Representationalism and the Transparency of Experience. *Noûs*, *36*(1), 137—151.

Tye, M. (2010). The Puzzle of Transparency. In A. Byrne, J. Cohen, G. Rosen, & S. Shiffrin (Eds.), *The Norton Introduction to Philosophy*. London: Norton.

Uttal, W. R. (2001). *The New Phrenology: The Limits of Localizing Cognitive Processes in the Brain*. Boston: MIT Press.

Valberg, J. J. (1992). *The Puzzle of Experience*. Oxford: Clarendon Press.

Van Boxtel, J. J. A., Tsuchiya, N., & Koch, C. (2010). Opposing effects of attention and consciousness on afterimages. *Proceedings of the National Academy of Sciences of the United States of America*, *107*(19), 8883—8.

Van Inwagen, P. (1990a). Four-Dimensional Objects. *Noûs*, *24*(2), 245—255.

Van Inwagen, P. (1990b). *Material Beings*. *Book* (Vol. 53). New York: Cornell University Press.

Van Inwagen, P., & Zimmerman, D. W. (2007). *Persons. Human and Divine*. (P. van Inwagen & D. W. Zimmerman, Eds.) Oxford: Oxford University Press.

Vandenbos, G. R. (2007). *APA Dictionary of Psychology*. (G. R. Vandenbos, Ed.) Washington (DC): American Psychological Association.

Varela, F. J. (1999). *The Specious Present: A Neurophenomenology of Time Consciousness*. (J. Petitot, F. Varela, P. Pachould, & J. M. Roy, Eds.) Stanford (Cal): Stanford University Press.

Virsu, V., & Laurinen, P. (1977a). Long-Lasting Afterimages Caused by Neural Adapatation. *Vision Research*, 853—860.

Virsu, V., & Laurinen, P. (1977b). Long-Lasting Afterimages Caused by Neural Adaptation. *Vision Research*, *17*, 853—860.

Vlasov, Y. A., O'Boyle, M., Hamann, H. F., & McNab, S. J. (2005). Active control of slow light on a chip with photonic crystal waveguides. *Nature*, *438*(7064), 65—9.

Von Campenhausen, C., & Schramme, J. (1995). 100 Years of Benham's Top in Colour Science. *Perception*, *24*(6), 695—717.

Von Uexküll, J. (1909). *Umwelt und Innenwelt der Tiere*. Berlin: Springer.

Von Uexküll, J. (1957). *A Stroll Through the Worlds of Animals and Men*. In C. H. Schiller (Ed.), *Instinctive Behavior. The Development of a Modern Concept* (pp. 5—80). New York: International University Press.

Vukusic, P., & Sambles, J. R. (2003). Photonic structures in biology. *Nature*, *424*(6950), 852—5.

Vukusic, P., Sambles, J. R., Lawrence, C. R., & Wootton, R. J. (2001). Now you see it—now you don't. *Nature*, *410*(303), 36.

Wachowski, A., & Wachowski, L. (1999). *The Matrix*. *Movie*.

Weiskrantz, L. (1990). *Blindsight: A Case Study and Implications*. Oxford: Clarendon Press.

Wheeler, R. H. (1918). Visual Phenomena in the Dreams of a Blind Subject. *Psychological Review*, *18*(3), 315—312.

Whitehead, A. N. (1925a). *Science and Philosophy*. New York: Philosophical Library.

Whitehead, A. N. (1925b). *Science and the Modern World*. New York: Macmillan Company.

Whitehead, A. N. (1929). *Process and Reality*. London: Free Press.

Whitehead, A. N. (1933). *Adventures of Ideas*. New York: Free Press.

Winawer, J., Juk, A. C., & Boroditsky, L. (2008). A Motion Aftereffect From Still Photographs Depicting Motion. *Psychological Science*, *19*(3), 276–282.

Woolf, V. (1923). *Mrs. Dalloway. Book*.

Yablo, S. (2004). Advertisement for a Sketch of an Outline of a Prototheory of Causation. In N. Hall, L. A. Paul, & J. Collins (Eds.), *Causation and Counterfactuals* (pp. 119–137). Cambridge (Mass): MIT Press.

Yarrow, K., Haggard, P., & Rothwell, J. C. (2004). Action, arousal, and subjective time. *Consciousness and Cognition*, *13*(2), 373–390.

Zaidi, Q., Ennis, R., Cao, D., & Lee, B. B. (2012). Neural locus of color afterimages. *Current Biology*, *22*(3), 220–4.

Zajonc, A. (1995). *Catching the Light*. Oxford: Oxford University Press.

Zeki, S. (1973). Colour coding in rhesus monkey prestriate cortex. *Brain Research*, *53*(2), 422–7.

Zeki, S. (1978). Functional specialization in the visual cortex of the rhesus monkey. *Nature*, (274), 423–428.

Zeki, S. (2001). Localization and Globalization in Conscious Vision. *Annual Review of Neuroscience*, *24*, 57–86.

Zeki, S., & Moutoussis, K. (1997). Temporal hierarchy of the visual perceptive systems in the Mondrian world. *Philosophical Transactions of the Royal Society of London B*, *264*, 1415–1419.

Zeki, S., Watson, J. D. G., & Frackowiak, R. S. J. (1993). Going beyond the information given: the relation of illusory visual motion to brain activity. *Philosophical Transactions of the Royal Society of London B*, *252*(1335), 215–22.

Zubek, J. P. (1969). *Sensory Deprivation: Fifteen Years of Research*. New York: Appleton-Century-Crofts.

阅读是一座随身携带的避难所

（英）毛姆 著

◆ 文学随笔

读一切的美妙与趣味

阅读和哲学的洞见之书

文学巨匠的八卦之书

耶路撒冷告白

（孟加拉）利皮卡·佩拉汉 著

◆ 纪实文学

一本书揭开耶路撒冷神秘面纱

BBC著名记者八年时间穿越耶路撒冷各个阶层

为你呈现一个完整、真实、可感的上帝之城

人是一根会思考的芦苇

（法）帕斯卡 著

◆ 人生哲学

欧洲近代哲理散文三大经典之一

影响每一代学人的知识巨著

我们全部的尊严就在于思想

大势将至，未来已来

王鹏 著

◆ 经济读物

总阅读量超亿的新锐公号"摩登中产"文章首度结集出版

破解有关中产、财富、AI、房产、教育、雾霾等的一切焦虑与谜题

醒来：凡真实的，必会相遇

丁锐 著

◆ 心理疗愈

张德芬被其触动并作序推荐

揭开皮囊之下灵魂深处的真相

暗黑、疗愈、直击人心

任正非：除了胜利，我们已无路可走

周显亮 著

◆ 经营管理

任正非30年反复锤炼、一以贯之的企业制胜精髓

一本书读懂任正非，读通华为

唐望三部曲：
巫士唐望的教诲、解离的真实、前往伊斯特兰的旅程

（美）卡洛斯·卡斯塔尼达 著

◆ 心理疗愈

畅销欧美五十年、新时代思潮的开山力作 / 一位人类学家学习印第安巫术的奇特纪录 / 一个关于心灵成长与自由意志的传奇故事